〈政治思想研究　第16号〉

政治思想における意志と理性

政治思想学会 編

風行社

まえがき

『政治思想研究』第一六号は、これまでの号と同様に、政治思想学会会員の精力的な研究の成果である論文、書評、研究会報告を掲載している。本号の特集「政治思想における意志と理性」は、二〇一五年の政治思想学会研究大会（五月二三日、二四日、武蔵野大学有明キャンパス）の統一テーマに基づくものである。このテーマは、政治の規範的基盤を意志に求めるのか、あるいは理性に求めるのか、という古代以来の伝統的問いに直結するだけでなく、政治が体現ないし反映するとされる集合的な意志とはどのような性質をもつものか、また集合的な意志に基づく政治的決定に合理性はどう関わり、また非合理的であるとされてきた感情はいかなる役割を担うのか、といった種々の重要な問いにも連なる。シンポジウム報告のうち、五名の会員に執筆をいただき、理性と意志をめぐって展開された、ホッブズから南原繁やドゥルーズにいたる幅広い思想家を扱った論考を収めることができた。

研究大会の詳細については、研究会報告を参照していただきたい。この関連でご報告とお詫びがある。本号は、「シンポジウムⅢ　秩序再建をめぐる意志と理性」（司会：杉田敦、討論：宇野重規）の報告を収めていない。これは、編集の最終段階である校正作業の際に、「シンポジウムⅢ」の報告執筆の依頼を失念していたことに気が付き、掲載をやむなく断念したことによる。報告を掲載できなかったことについて、司会者、報告者、討論者を始めとして当シンポジウムに参加された方々、また学会員の皆さんに、ここに深くお詫び申し上げたい。なお、三つの報告のうち二つは論文として提出していただき、本号に掲載されている。

韓国政治思想学会からの寄稿は、例年掲載されているが、今回はなかった。日韓政治思想学会共同学術会議の開催がマーズの影響で遅れたことから、論考の掲載を次号に持ち越すことになったためである。

公募論文については、厳正な審査の結果、四本を掲載している。うち三本が政治思想学会研究奨励賞受賞論文となった。査読を引き受けて詳細なコメントを書いて下さった多くの査読者の方々に、心より感謝申し上げたい。例年に比べ少ない掲載数となったが、もちろんこれは、あえて厳しくして掲載数を少なくしようとする意図に起因するものではなく、あくまでも査読者の評価に基づいた結果である。公募論文の審査を振り返って、掲載の可否を左右したものがなんであったかを自分なりに考えていえば、以下のように指摘できるように思われる。ほとんどの場合、可否を左右したのは、主題について研究したことを、明確な目的と命題の設定のもとで論理的かつ説得的な仕方で簡潔に整序し、最も重要な部分を最大限の紙幅を割いて十分に論じているか否かという点であった。陳腐な指摘かもしれない。しかしながら、ほぼすべての投稿者が対象を時間をかけて深く研究し、知識の蓄積があることを、投稿論文が物語っていたが、右の成否のかなめについては開きがあった。この点をぜひ留意したうえで、今後も多くの研究者に公募論文に積極的にチャレンジしていただきたい。

今回の公募論文審査では、字数制限を厳守しない投稿論文があった。「執筆要領」は、「この字数を超えた論文は受理しない」と明記している。ぜひとも字数制限を守っていただきたい。実際、字数超過ゆえに掲載の可能性を失った投稿が今回あった。字数超過のひとつの要因は、研究の過程で見いだした論点をできるだけ多く論文に組み込みたいという、誰もが駆られる自然な欲求ないし誘惑であろうが、前述したように、掲載成否のかなめは論点の多さではなく、論点の説得力にある。加えていえば、字数制限には、論点の取捨選択をわれわれに迫り、それを通じて研究者が陥りがちな誘惑からわれわれを解放するという副次的効果もある。また字数制限に関連する問題として、欧文の数え方について混乱があったので、「執筆要領」に欧文の数え方に関する規定を新たに加えた。この点もぜひ留意していただきたい。

書評については、会員による学術的な単著で、過去二年以内に刊行されたものの中から、一〇冊をとりあげた。

編集作業、ひいては事務作業一般に不慣れな主任として、多くの方に迷惑をおかけしながら、これまた多くの方に助けられて、どうにか第一六号の出版まで漕ぎ着くことができた。依頼論文、公募論文、書評、研究会報告でご協力下さった方々、副主任の苅部直氏を筆頭に、頼りない主任を支えてくれた編集委員の皆さんにお礼申し上げたい。編集作業を進めるなか、実に色々と助けてくださった風行社の犬塚満氏には深く感謝申し上げたい。また財団法人櫻田会からは、出版助成を戴いた。長年にわたるご支援にお礼申し上げる次第である。

編集主任　木部尚志

政治思想における意志と理性（『政治思想研究』第16号）〈目　次〉

【書評】

【二〇一五年度学会研究会報告】

意志と理性の結託と緊張

——ホッブズ政治思想三部作の比較考察[1]

●——川添美央子

政治における意志と理性の関係を扱う場合、意志と理性の間の緊張に焦点が当てられることが多いだろう。例えば意志の暴走や逸脱にいかに理性的な歯止めをかけうるか、といった具合である。しかしホッブズの政治思想における意志と理性の関係を考える場合、両者の緊張を扱うのみでは十分ではない。かつてオークショットは、「理性（reason）、合理的（rational）、推論（reasoning）は相互に関連はあるものの、同一ではない様々な人間の力、資質、傾向を表す」ことを指摘し、自己保存のための合理性と、そこから導出できない「他者を自分と同等な者と承認する視点」との双方がホッブズの中にあることを述べた[2]。オークショットのように理性が二、三種類あるという表現をとらなくとも、ホッブズが人間本性や社会を把握する仕方は一つではないことは、様々な論者が多様な観点から主張してきた[3]。すなわち、ホッブズが理性と呼ぶものには様々な側面があり、そのあるものは意志と緊張関係を保つが、別のものはむしろ意志と結託しながら、我々に対しその理性に基づく視座を受け入れることを迫る。従って、これらいくつかの理性の側面を区別しながら、それぞれと意志との関係を考察する必要がある。

そこで本稿では、まずはホッブズの理性を、意志と結託して共謀する人工的理性と、意志に対し幾許かの緊張関係を保ちうる自然（第三者的）理性とに大まかに腑分けして議論を進める。そして、これらそれぞれと意志との関係を辿ってみることで、「結託と緊張」とも呼ぶべき、ホッブズにおける意志と理性のダイナミズムを描き出してみたい。

一　自然理性――『法の原理』『市民論』を中心に

1　第三者としての仲裁者

　さて、オークショットの解釈として、自己保存のための合理性と、それとは異なる「他者を自分と同等な者と承認する視点」の存在を紹介した。すなわち自然状態で自己の利益の最大化を追求する人間像だけでは、コモンウェルス設立契約もなく、他者もまた自分と同じ権利を持つことを受け入れる人間像は出てこないゆえ、自己保存のための計算能力とは異なる後者の理性が要請されることとなる。この、自己利益のための計算と異なる理性とは、自らを数多いる同等な権利主体の一人として、つまり自らをも第三者のような目で眺めうることを可能にするため、まずはここでこのような理性を第三者的理性と呼んでおきたい[4]。そして『リヴァイアサン』以上に、ホッブズはむしろ『市民論』において、そのような視点の存在を、実際に「第三者」の語を用いながら詳しく説明している。それを確認するため、『市民論』三章の自然法論における「仲裁者（arbiter）」をめぐる一連の議論に注目してみたい。

　当事者どうしで何らかの争いが起きた時に、別の人間を仲裁者として立ててそれに服従すべきという筋書きは、『リヴァイアサン』『市民論』の双方に見られるものだが、『市民論』のほうが、仲裁者のあり方に細かい注文が付けられており、結果的に第三者的理性についてイメージが抱きやすくなっている。

　第一に、実際に「第三者（tertium aliquem, tertius）」の語が、このあたりの議論に複数回登場する[5]。そして「第三者」にこめられた意味が、次のように説明されている「なぜなら各人はごく自然に自分自身にとっての利益を追求するものであり、公正（justum）を追い求めるのは平和のためだけに、偶然的にである。従って自然法によって命じられたあの平等（aequalitas）を、第三者がなすであろうほど入念に尊重することはできない」（DCi 3:21）。これはさりげない記述ではあるが、『リヴァイアサン』には見られない表現であり[6]、双方の平等な扱いを能う限り実現できる者としての公平な第三者像を明確に示している点で重要と思われる。

第二に、その仲裁者について、「自分の事件の仲裁者になるべからず」「報酬・賄賂を受け取るべからず」など、『リヴァイアサン』と『市民論』に共通の規定もあるが、『市民論』三章二四節では当事者と仲裁者はいかなる約束もしてはならず、また仲裁者は「自分が公平だと思う判決を下すよう拘束されるべき」という注意事項が付されている点など、『リヴァイアサン』以上に詳しい注文も付けられている。ここでも、くどいようだが、『市民論』において「第三者」「仲裁者」には、できる限り公平性を追求する者であるために、詳細な規定が付されていることが分かる。

これら一連の記述から、人間は第三者として事に当たる時には、当事者達を平等に扱わなければならないし、逆に言えば人間にはそれができると考えていたことがうかがえる。したがってこの時に働く理性を「第三者的理性」と呼びうると考える。すなわちそれは、仲裁者の立場に立った時に、ここで要求されている注意事項を守りつつ務めを果たしうる、つまり他者達をそれぞれ平等な権利の持ち主として扱いうる理性である。自分の立場や責任、他者の権利を含めた三者関係を、どこか突き放した地点、いわば上空から眺めつつ問題に対応できる理性と言えるだろう。

ところで、『リヴァイアサン』の議論にある程度親しんだ後に『市民論』を読むと、理性の人工的側面がほとんど強調されていないということに気付く。『リヴァイアサン』では四章に言語論があることによって、言語の人為的性格・理性的推論の人工性がそこで説明される。対するに『市民論』では対応する章（言語論）を欠くためか、むしろ理性が自然的なものとして登場している観がある。[7] 実際に『市民論』三章で様々な自然法が列挙されているが、「約束を守るべき」や侮辱・依怙贔屓の禁止等は、何も『リヴァイアサン』四—五章にある言語と推論の規則を学習しなくても、対人経験の中で身につくであろうものばかりである。

ただし、この点については異論がありうるかもしれない。『市民論』において理性の人工的性格が言及されないのは、あくまでこの作品が（哲学三部作の一つであるため）認識論を扱わないことからくるものであり、『市民論』で言及されないからといって、理性の人工性が前提されていないとは言えない、という異論である。そこで、この点を確かめるために、比較的時期の近い作品で、認識論にも一定の紙数を割いている『法の原理』に着目してみよう。

2 『法の原理』と自然理性

『法の原理』においては、確かに「理性の人工性」につながる議論も芽生えてはいるものの、まだ十全に展開されてはおらず、「理性の自然性」への信頼が存在することがわかる。一つ二つ例を挙げて確認してみたい。

第一に、『法の原理』ではまだ名前と対象自体とのつながりが保たれている。たとえば「名付けられるものは、人間などの対象自体か、形や運動など人間について我々が持つ概念(conception)自体か、……である。」(ELI 5:3)というように。(8) 約一〇年後の『物体論』において、名辞(nomina)はあくまで概念(conceptum)のしるしであって、事物自体(ipsarum rerum)のしるしではないこと(DCo 2:5)が強調されていることを考えると、言葉が事物そのものとしての自然から遊離していなかったことは重要である。すなわち、同じ「事物としての自然」の中で生を営み、その自然に根を張った言語を用いて生きる人々は、同じ言葉でものごとの道理を共有しあえる存在と見なされうる。そのことが理性の自然性を支えていたと考えられる。

第二に、前述の論点の帰結ともいえるが、自然な論理(natural logic)という語が登場していることも注目に値する。三段論法(syllogism)に言及しつつ、ここでそこに深入りしないと述べるに際し、ホッブズはその理由を次のように書いている。「というのも私が以後この議論において出す結論が、良く出されているか悪く出されているかを十分に見分けるための、自然な論理を持っていない人など殆どいないだろうから。従ってここでは次のことだけを述べておこう。三段論法を作ることが、我々が理性的思惟(ratiocination)や推論(reasoning)と呼ぶものなのである」(ELI 5:11)。推論の手続きについて具体的な説明もなく、自然な論理があるから分かるはずだという形で議論を進めるところに、人々が有する自然な論理の共通性への信頼があらわれている。しかもそれが推論を支えるとしているところに、この時期のホッブズが抱いていた、理性や推論の自然性が明らかである。続く一二節において、「経験による疑いえない原則」「自明な真理(evident truth)」などの表現が、それを導き出す手続きの解説もなく登場していることをみても、自明な真理の理解をもたらす自然理性の共有を、ホッブズが前提としていたことは明らかだろう。(9)

かくして、この時期のホッブズが想定していた理性は、かなり自然なもので、後に目立つようになる人工的性格を帯びていなかったと考えてよい。このことをふまえた上で、あらためて『市民論』に戻りたい。『市民論』に見られる理性の特徴として最後に指摘しておきたいことは、この理性が実践とのつながりを失っていなかったと考えられることである。たとえば次のような記述が興味深い。「何故なら人々は、なすべきことやなすべきでないことについて考えるとき、法律の知識よりもしばしば自然理性にしたがって（per rationem naturalem）熟慮するものだからである。容易に覚えられる以上の法律があったり、理性自体が禁じていないことが法律によって禁じられているようなところでは、（中略）人々は必然的に、罠に落ちるように、法律にひっかかってしまう」（DCi 13:15）。余計な法律を無闇に作るべからずと述べたこの箇所でホッブズはこのように、人々が自然理性によって適切に判断することへの信頼を示している。また、『リヴァイアサン』に比べると『市民論』のほうが、権力によらない自発的な合意形成や共同実践の存在の余地があるという傾向が見られることも注目すべきだろう。たとえば国家が形成される前の段階で多数決を促す六章二節においては、ばらばらの状態から多数派が形成され、それと残る人々が合意しうる可能性が描かれている。また、国家以外に人格（persona civilis）を認め、いわば中間団体を許容するような議論においても（DCi 5:10）、国家の許可を得たうえではあるが、人々がある目的のもとに集まると記されている。[10] 権力が恐怖を以て強制せずとも、人々が自発的に相互的な関係を築いている場面が時折描かれている点が、『リヴァイアサン』とは異なる趣きを与えている。[11] これらもまた、理性が実践的性格を持っており、自発的に共同性を支えうる能力であったことの状況証拠と言えるのではないか。

かくしてこの時期のホッブズは、我々を実践へと促し、実践の場で適切な判断を下す能力として理性を捉えており、冒頭で言及した第三者的理性も、そのような自然な性格の理性だったと言えるだろう。また何よりも序文において、哲学三部作の最後の部分のはずの『市民論』を最初に公にする理由として、それが「経験から知られる固有の原理に依拠するものだから」（DCi: 151）と述べていることも示唆的である。その後『リヴァイアサン』においては、経験が生み出すことができるのはあくまで慎慮（Prudence）であって、理性と科学は原理（principle）にのっとるため、慎慮とは別系列のものと位置づけられていることを考えると（Lev35/72）、哲学三部作の一つであるはずの『市民論』が方法や原則に言及せず、経験を前面に出していることは意外な印象を与える。[12] かくして、『市民論』において前提とされていた理性は、経験のうちに根を張り、実践とのつながりを保った理性だったと述べうるのではないか。

二　意志と人工的理性——『リヴァイアサン』における展開

1　理性の人工的性格

以上のような理性をめぐる議論は、『リヴァイアサン』においてどのように変化したのだろうか。『リヴァイアサン』になると、『法の原理』に見られた「自然な論理」の語は一度たりとも登場しなくなる。そして自然な論理の自明性の後退に歩調を合わせるかのように、理性の人工的性格が際立ってくる。具体的に確認してゆきたい。

第一に、理性と言語の使用は表裏一体のものとして提示されるようになり、しかもホッブズにとってその言語がきわめて人為的なものと考えられている。たとえばそれは「子供は言語の使用を身に付けるまでは理性を身に付けたとは言えない」「人間精神の光は明瞭な言葉である」などの言明に現われる。[13] この点については、『リヴァイアサン』四章にも「普遍的なものは名前だけである」（Lev26/52）というエッセンスは述べられているが、時期の近い作品で、より詳しく説明されている『物体論』の議論を援用しよう。そこでは言葉は、記号（nota）にせよ、言語の最小単位である名辞にせよ、それは自然が人間に刻印したものではなく、人間の側が意志によって（arbitrio）記憶の喚起や整理のために付したものだと強調されている。「名前とは、それによって以前考えたことと類似の考えが精神において喚起されることを可能にするような記号たるために、そしてまた、それが他者に対する発話の中に置かれたとき、彼らに対して、その話し手の中でいかなる思惟が先行していたりしていなかったりしたのかを示すしるしとなるために、人間の意志によって採択された語である。…事物の本性が自らに対しその名を供給すると考えることなどできようか。」（傍点はホッブズによ

る強調。DCo 2:4）

また、そこで特徴的なのは、ある名前の誕生の段階においては、共同性が不可欠のものとは必ずしも考えられておらず、むしろ個人が単独で部屋の中で生み出すような場面も描かれていることである。

さらに、言語の通常の使用がどうあろうと、自分の知を他者に伝える哲学者たちには、彼が表そうとする考えが理解されるような仕方で、自分の望むような新しい名を採用する力と必要性が、今までもあったし、今後もあるだろう。なぜなら数学者たちは、自ら発明した図形を放物線、双曲線、疾走線、正方形と呼んだり、ある大きさをA、またはあるものをBと名付けるために、自分以外の誰かに尋ねなければならない必要はなかった。（DCo 2:4）

別言すれば、言語は個人の意志の決定に起源を持ちうるという要素が、ホッブズの言語論の重要な一側面として存在する。従って、理性的思惟を可能にする言語が、意志の産物でもあるというこの段階で、言語を結び目とした意志と理性の結託が、既に予示されている。

続いて、理性の人工的性格の第二の側面を、推論および学問について論じた『リヴァイアサン』五章に目を向け、Reasonが動詞として用いられる場合を手がかりに確認しておこう。推論の要諦は、名辞の適切な定義とそれらの計算である。(14) そしてその「人工性」が際立ち、『市民論』との違いを感じさせるのは、推論は生まれつき具わっているものでも、慎慮のように経験によって獲得されるものでもなく、勤勉（Industry）によって獲得されるのであり、そこには適切な名辞の付与と、良く秩序づけられた方法が伴っているべきだと言われていることである（Lev35/72）。『市民論』においては、ごく普通に人間に与えられているようなものとして理性が登場し、正しい方法に基づく学習がとりたてて要請されていなかったこと、さらに『法の原理』では自然な論理が推論を基礎づけていたことを思い起こすと、『リヴァイアサン』になってにわかに推論（Reasoning）は人工的な性格を帯び、正しい手法を教え込むことで習得するようなものとされているのが印象的である。そしてそれに対応するかのように、『リヴァイアサン』では「理性の使用（use of reason)」という表現が増えているのも興味深い[15]。

第三に、意志の産物である言語（名辞）を計算するという、このような人工的な理性の概念は、制作という営みと親和的であり、国家の制作や構成を思惟の次元で可能にしている。すなわち人工的理性は、人工的な制作物のための理性でもある。これについても『物体論』のほうが明快に述べられているため、そちらで確認しておこう。まず一章八節において、哲学の主題となるものは「分解や構成の余地のあるもの。すなわちその生成やそれが持つ何かしらの固有性について、理解することのできる全ての物体」（DCo 1:8）であることが述べられたうえで、続く九節において哲学の二つの部分が挙げられる。一つが自然でもう一つが国家であるが、後者は「人間の意志および人間の合意や約束によって作られたもの」（DCi 1:9）と言われ、その探求のためには人間の性向、感情、習慣を知ることが必要であるから、それは倫理学と政治学から成るべきだとされる。これら全体を通じて、国家についての学問を計算（とくに足し算）として提示しようとする意図を読み取ることができる。人間の性向、感情を定義し、権利や義務をも足し合わせ組み合わせた産物として国家を構想するということは、計算としての推論（reasoning）のなせるわざであると同時に、国家の形成自体が、意志の産物でもある（a voluntate constitutum）。ここにも意志と人工的理性が手に手を取って進もうとするあり方を看取でき、実践と結びついた自然理性が、制作と結びついた人工的理性に取ってかわられたことを暗示する。

ただし、これまで意志と人工的理性の結託について強調してきたが、この結託が見られるのは……別言すれば理性の語が一定の頻度で登場するのは、主に基礎付けの部分である。すなわち、国家制作の模範として政治学を構想し、自然権や自然法や義務を一から定義したうえで『リヴァイアサン』を提示するという面、またその政治学を構成する、ホッブズによって新たに様々に定義されたところの言語とその計算という次元において、理性と意志の結託が見られるのであり、実際の契約や授権という段になると、理性は影をひそめる。すなわち契約や国家形成や授権についての箇所とその前後において、圧倒的に言葉として頻出するのは、つまり主導権を握っているのは意志（Will, Voluntas）であり、それらの場面で理性はあまり言及されていない[16]。この点については三節で検討するが、要するにおよその設計図を理性がひいたあとは、国家というのはもっぱら意志が推進力となり、意志が形作るということができる。

2　理性（自然法）の弱体化

さて、こうして国家が設立されたあとで下される決定は、我々が権利を委ねた主権者の意志に依拠する、という構造自体は、『市民論』も『リヴァイアサン』もかわらない[17]。しかしできあがった国家のあり方には、よく見ると若干の違いが見られる。一言で述べれば、主権者の意志の独り歩きに対し理性（特に理性の命令である自然法）によって歯止めをかけようとする傾向が、『市民論』に比べると『リヴァイアサン』では弱まっているように見受けられる。このことを、理性の人工性とも関連づけながら理解しなおしてみよう。

まず、『市民論』のほうが、自然法を国法に浸透させるべく、踏み込んだ提言をしている。自然法が主権者や国法を拘束するものであり、主権者は自然法にのっとって法を制定しなければならないという構図は、『リヴァイアサン』にも『市民論』にも共通する議論である[18]。しかし『リヴァイアサン』に無い議論が『市民論』には存在する。一四章一九節においてホッブズは、十戒後半部分のいわゆる対人倫理（殺すな、両親を敬え、姦淫するな、盗むな、隣人に対し偽証をするな）について、自然法もこれと同内容を命じていると述べる。そしてこれらは（所有権の成立していない自然状態では不可能にしても）、国家が成立するや所有権も成立するのであるから、国法となると述べている。『リヴァイアサン』において国法に反映されるべき自然法としてあげられているのは、「正義、信約の履行と、各人に彼のものを与えること」（Lev185/418）と、かなり簡素化していることと比べると、十戒後半部は国法たるべしとする『市民論』の提言は、自然法を国法に実質的に浸透させようとする意図において、かつてのホッブズは『リヴァイアサン』よりも積極的だったことをうかがわせる。

第二に、自然法は曖昧であり解釈が必要だという議論が、『リヴァイアサン』になってから導入される。『市民論』でも解釈の必要の話は一応言及されるが、それは布告された法（leges promulgatae）の解釈であって、自然法の解釈ではない（DCi 14:13）。これに対し『リヴァイアサン』では、自然法の解釈が必要だという議論が延々と続けられ（Lev190-191/430）、解釈者は勿論、主権者が任命した裁判官だと述べられる。

すると、十戒後半部を国法に含めるべしとする勧告のある『市民論』と、自然法は解釈が必要で解釈者は主権者が決めるとする『リヴァイアサン』とを比較すれば、後者においてはるかに、自然法の上位規範としての拘束力が骨抜きにされようとしていることは、一目瞭然である。すなわち『リヴァイアサン』では、主権者の意志の独り歩きを理性や自然法によって抑制しようという動機が、はるかに弱まっていることが分かる。

第三に、「推論における仲裁者」の議論が、このような事態を既に準備していたことを指摘したい。推論について扱った『リヴァイアサン』五章の仲裁者についての議論を見てみよう。これは先程の一節で扱った、当事者どうしの争いの調停者としての仲裁者とは少し違い、推論どうしがぶつかった（たとえば異なる結論が出た）場合に、どちらの推論が正しいかを決める仲裁者である。もともと『市民論』にはこの主題の章が存在しないため、『リヴァイアサン』固有の議論でもある。少し長くなるが引用する。

算術が確実で不可謬の学芸ではないのと同様に、推論自体も常に正しい推論ではない。一人の人間の推論も、何人かの推論も、決して確実ではない。それは、たくさんの人々が一致して認めたからといって、ある計算がうまくいっているわけではないのと同様である。よって計算について論争がある場合は、双方は自発的に、双方ともが受け入れうる仲裁者（Arbitrator）または審判の推論を、正しい推論として定めなければならない。でなければ彼らの論争は、自然によって作られた正しい推論が欠けているために、なぐりあいになるか、未決のままになってしまう（Lev32-33/66）。

『法の原理』においては、自然な論理があるから自分の述べることを皆理解できるはず、と言っていたにもかかわらず、一一年後の『リヴァイアサン』においては掌を返したように、「自然によって作られた正しい推論の欠如」と言っているのが興味深い。そして、契約や授権を扱うよりはるか手前のこの章の議論において、理性と仲裁者の関係が、その後の理性と主権者の関係を暗示するものとなっている。すなわち、理性はこのように人工的になったがゆえに、それだけでは自らを真理として押しつける強制力を持たない(19)。その結果、人々の意志によって立てられた仲裁者の理性が正しい理性となるために、この仲裁者を縛る正しい理性や真理は存在しないことになる。この構造が主権者と理性、主権者と自然法の関係にも引き継がれてゆくのである。

これまでの議論をまとめるなら、『市民論』では理性の人工性が強調されなかったがゆえに、自然法も多くの人々が共通に理解できるようなものとして、自然にあるかのように扱われていた。そのことが、公平な判断を下せる「第三者」についての詳細な規定を可能にもしていた。しかし『リヴァイアサン』において理性の人工性、主観性が前面に押し出されてくるにつれて、自然法の国法に対する実質的な影響力が弱まるような細工がなされ、主権者の意志、および彼が手中に握ることになった人工的理性が、国のあり方を規定する力を持つようになった。このことは、第三の点として指摘した、推論の裁定者を拘束する正しい推論《リーズニング》の欠如という図式が、そのまま国家レベルへ拡大されていることを示す。何が真理で、何が正しい自然法の解釈なのか、事柄そのものが直接私達に知らせることが無いために、委託された裁定者や主権者が巨大な決定権を持つようになってしまったのである。

三　意志の位置付けの変化

1　主体から客体へ

ところで、ここまで理性の概念に焦点を当て、『法の原理』から『リヴァイアサン』にいたる展開を辿ってきた。上述のように「理性」については、自然的で共有が自明視されていたものから、一方的人工的な性格の理性へ、という変化が見られたわけだが、「意志」を叙述するにあたっては、初期作品から『リヴァイアサン』への違いというものは見られるのだろうか。あるいは、そもそもホッブズによる意志の描き方には、どのような特徴があるのだろうか。willやvoluntas の語の使われ方に着目しながら、考えてみたい。

まず、『法の原理』から『リヴァイアサン』への三つの作品に共通してみられる、「意志」の扱われ方の特徴について述べておこう。簡単に言えば、自然状態や契約による国家形成の段階までは、意志はいわば「主体」として描かれる。換言すれば、我々の意志が何かを示したり為したりするゆえに国家も作られてゆく、その過程全体を牽引する主体として意志は登場する。しかし、一旦設立された国家における様々な問題を論ずる段階になると、様子がかわる。勿論、法とは命令する者の意志であり（Lev186/420）、「様々な職務の者が執行する事柄は、主権者の意志に依存する」（Lev166-167/376-378）などのように、主に主権者の意志としての登場ではあるが、意志が何かを形作る主体としてあらわれる場面は依然として存在する。しかしそれ以上に、意志は主体であるよりも客体として、解釈をほどこされるべき対象として登場する場面が増えてくるのである。つまり、ある状況においては、ある人は然々の意志を持っていると見なすべきだ、といった具合に、意志はその意味を読み取くべき記号のごときものとなって現われる。そして自然状態や契約の話をする以前の段階では、意志はまだ「主体」として扱われるものの、契約の話題および国家設立後になると、客体として登場することが顕著に増えるという傾向は、細かい違いはあっても『法の原理』から『リヴァイアサン』にいたるまで共通に見られると言ってよい。その詳細をテクストに添って確認しておこう。

まず押さえておくべきは、自発的行為とは意志から生まれるものであり（ELI 12:3）、また我々は自らにとっての善や利益を意志すること（ELI 14:6）[20]である。しかし、意志の主体としての機能において着目すべきは、意志が人と人とのつながり、関わりを作るものとして描かれる点であろう。人と人とが何かにおいて合意する「同意」じたいが、「ある一つの行為へ向けての人々の意志の一致（concurrence）」として理解される（ELI 19:6）が、実際にそれが実効的なものとなるには、「約束」「結合」そしてその究極の帰結である「主権の設立」が必要となる。そして各々の過程において、「意志」こそがこれらを為す主体として登場する。

たとえば『市民論』では「約束とは約束する者の意志なくしては成立しない」（DCi 2:14）として、約束をさせるものとしての意志の重要性を指摘したあと、その約束が合意を産み、やがて「一人または一つの会議体の意志への、全員の意志の服従」としての合一を産み、それが国家や社会（societas civilis）となる道程を描く（DCi 5:6-9）。『市民論』ではこのように、人々を結びあわせ、結合し、国家を作り上げる過程の随所において意志（voluntas）の語が登場し、意志が人々の集合体形成の主導権を握っているさまが見てとれる。『法の原理』や『リヴァイアサン』でも事情は同様であり、両作品においても描かれている、同意から意志の一致へ、ひいては意志の結合へという道程において、意志が牽引役をつとめていることにかわりはない（ELI 12:7-8、Lev97-98/212-214）。

このように人々を結合へ牽引する主体として描かれてきた「意志」は、しかしやがて解釈の対象としての側面を見せ始める。「解釈する（interpret）」「理解する（understand）」「想定する（suppose）」「見なす（presume）」などの語句の使われ方に着目しながら、その様子を見ておこう。

まず、契約や権利の移動の場面において、上述の「見なし」を意味する言葉は少しずつ使われはじめる。そもそも、「既にそこに付随する利益を受け取っているために、約束だけをする者は、権利の移動を意図していたと解される」（Lev95/206）とあるように、同時に行う物々交換でもない限り、約束や契約に「見なし」は不可欠である。また、全ての権利が譲渡可能ではないことを説明する箇所において、「誰も、言葉やその他のしるしによって、放棄したり譲渡したと解されえない権利がある」と述べられ、そこで「もし人が言葉またその他のしるしによって、この目的を放棄することを意図しているように見えても、それが彼の意図や意志であったと解してはならない」（Lev93/202）と、他人の行為やサインを解釈する方向について指示が与えられている。つまり仮に実際にある人が自殺しようとしていたとしても、彼は「自分の振る舞いがどう見えるかについて無知な人」と理解されなくてはならず、本当に死のうとしたと見なされてはならないのである。すなわち、ここに見られるホッブズの議論の大きな方向性の一つは、誰がどの人物の行為に視線を向けるとしても、「人は自己保存の欲求に動かされている」という方向で解釈しなければならない、ということである。

約束や契約と「見なし」の関係についてもう一点指摘しておきたいのは、約束や契約を梃子に国家を設立する前提にあるのは、人々相互の対等性、平等性もまた「想定」されなければならない、ということである。「平和のためには、人々が平等であると見なされなければならない（ut pro aequalibus habeantur）ことが必要」（DCi 3:13）なのである。相手を自分と対等と見なし、なされた約束をお互いに同じ重さで受け止めることこそが平和を確立してゆく、という前提があらわれている。

このように、約束や契約、あるいは自然法を述べる時に前提とされていた対等性、平等性は、しかしやがてコモンウェルス設立以後、主権者と個人の非対称性に取ってかわられるかに見える。その非対称性は、国家の意思を個人の意志と見なす『市民論』においても明らかだが（DCi 5.9、10.5など）、権威づけの議論が登場する『リヴァイアサン』において決定的となる。「代表者が言ったりなしたりすることについて、彼らは多数の本人達として理解される」（Lev114/250）という言葉にあらわれているのは、もはや主権者と人々との平等な関係ではない。我々には予測不能であっても、主権者が行う様々な事柄について、「私達はそうしてもらおうとする意志を持っていた」ことにされてしまう。[21] 国家設立後のホッブズの「見なし」の理論において、個々人が主権者の巨大さに呑み込まれてしまうように見えるのは、主権者の行為や命令を自分の意志として受け取るため、いわば大文字の視線によって、不断に自分の意志を読み取り直さなければならない構造へと巻き込まれるからである。たとえば征服権力が立ち上がる時などに、この大文字の視線の優位は端的にあらわれる。[22]「人がある統治のもとに公然と暮らすなら、人はその統治に服従したものと解される」（Lev485/1135）。このようにして我々の意志は、我々のあずかりしらぬところで、我々の意志を解釈する誰かの視線の客体となり、思いがけない意味を持たされてゆくのである。

ただしこのことは、主権者が我々の意志を好きなように解釈するという、主権者からの視線の一方性だけを招くわけではない。主権者の意志や振る舞いもまた、我々の解釈の対象であり、解釈すべき方向性もあらかじめホッブズによって指示されていることに注意を向けなくてはならない。

主権者の意志の解釈が問題となるのは、たとえば君主政において継承権が問題になる局面だろう。遺言などの明白なしるしもなく、慣習も欠いている場合は、「君主の意志は統治に関して君主政の存続を願っていると解すべきである」（Lev137/302）。また、主権者が一見不可解なふるまいに出ている時には、それを理解可能な方向に解釈しなおさなくてはならない。

もしも君主または主権を持つ合議体が、国民のすべてまたはある者に、ある自由を与え、しかもそれをそのまま認めていては彼らの安全を確保できない場合は、その自由の容認は無効である。（中略）自由のこの容認は彼の意志ではなく、その容認が主権者の権力と両立しないことへの無知から生じたと理解すべきである（Lev153/342）。

主権者が捕虜として幽閉されたり、身体の自由を持っていない場合も、主権者の権利を放棄したと解すべきではない（Lev154/346）。

これらの記述を見れば、何らかの意志を「持っていると見なされる」のは、人民に限った話でもないのは明らかだろう。主権者もまた我々による、解釈の視線を免れ得ない。『リヴァイアサン』は行為の指示書である以上に、見なしの指南書の観を呈しているのである。

そして、上述の様々な見なしの指南の方向を規定するものこそ、理性だと言いうる。その理性は、主権者にも人民にも共有可能であり、コモンウェルス設立の目的やその維持の必要性を理解しうる理性である。この「見なし」を規定する理性は自然理性なのか人工的なのか、どのような性質のものなのかは、後に四節で検討する。ここでは、次の記述の意味だけを理解しておこう。「なぜなら他者の意志は、彼自身の言葉や行為、あるいは彼の意図や目的から推測すること以外によっては理解されえないからである。そしてコモンウェルスという人格の意図と目的は、常に衡平と理性に一致すると想定されるべき（it is to be supposed）である」（Lev188/424）。ここに、我々が主権者の意志を解釈しようとするとき、「衡平と理性に一致すべき」という「見なしの方向性の先行」がはっきり宣言されている。我々の意志であれ主権者の意志であれ、理性の示す方向性から逸脱する現象は、見なす者の視界からこぼれ落ちてゆくのである。

2　意志としるし

以上に見てきたような、主体としての意志から視線の向かう客体へという位置づけの変化は、おおむね『法の原理』

から『リヴァイアサン』へ至る三作品に共通して見られる傾向である。では、この傾向に関して、三作品の間で何らかの違いは見られるだろうか。

あえて一点だけ前二作品からの変化を挙げるとすれば、「しるし」の語が「意志」と結びついて使われる回数が、『リヴァイアサン』において増える、ということであろう。

ある人の持つ意志がしるしによって推し量られるという記述は、『法の原理』にも見られる。[23]ただし、『リヴァイアサン』において幾度となく登場する「意志のしるし（signs of the will）」という言葉は、『法の原理』においてはただ一度登場するのみである。「したがって相互的な利益を考慮してなされる約束は、信約であり意志のしるしであり、熟慮の最後の行為である」（ELI 15:9）。しるしについての議論には十分な紙幅が割かれてはいるが、崇敬や軽蔑のしるし、力や富や知識のしるしなど、情念や徳のしるしについての議論が多く、ある事柄をどのような「意志のしるし」として読み解くべきか、という問題についての掘り下げた議論はまだ見られない。

『市民論』において、「しるし」の語が用いられる重要な文脈も、『法の原理』からの上述の引用箇所と同様の、契約や権利の移譲に関する場面となる。「ある人が単純に権利を放棄するのは、彼がそれを明白なしるしなり、あるいは以前には彼が正当になしえたあることをなすことが、もはや彼に許されなくなってもかまわないことを示す十分なしるし（signis idoneis）によって明らかにした時である」（DCi 2:5）[24]。『市民論』における「しるし」の用例から見てとれるのは、いかなる言葉や振る舞いが何を意味するかについての共通理解、すなわちしるしの共有が、約束や権利移譲を可能にするという前提である。そして、この作品において、何がどのようなしるしであるかについて詳細な議論が見られないことは、それを説明するまでもないとホッブズが考えていたこと、すなわちしるしに関する広範な共通理解の存在へのホッブズの信頼を物語っていると言えよう。

上述の二作品に比べると、『リヴァイアサン』では「意志」と「しるし」が結びついて使用されるケースが増えてくる。そこには、『市民論』と同様の、約束や権利の移譲を成立させる土台として使われる場合も勿論ある。[25]しかしそれ以外に、前項で論じたように、読み解くべき対象としての意志を問題にする場合に、「意志のしるし」という言葉が使用される。たとえば勝利者が被征服者への支配権を確立するのは、「表明された言葉や十分な意志のしるしによる」（Lev141/312）とする記述や、支配の分割を防ごうとする箇所において、「言葉から生じる帰結は、他の諸帰結が反対の事柄のしるしであるときは、彼の意志のしるしというより、誤謬と誤算のしるしである」（Lev156/350）と言われる箇所に見られる。後者の引用箇所で論じられているのは、主権者が他の団体に絶対的代表者を認めたように見えるときでも、それは支配の分割につながるため、主権者の意志をそのように解してはならない、ということである。ここでも顕著なのは、まず解釈の方向が定まっており、それに基づいて何を意志のしるしと見なし、あるいは見なさないかを振り分ける、見なしの枠組の先行性である。加えて以下の記述にも着目したい。

私は国法（civil law）を次のように定義する。国法とは各々の臣民に対し、正しいことと間違ったことの区別に役立てるために、コモンウェルスが言葉、文書、あるいは他の十分な意志のしるしによって命令した諸規則である。（Lev183/414）

このように国法の不可欠な構成要素の一つとして意志のしるしが挙げられていることは、前二作品のそれと比べ、『リヴァイアサン』の描くコモンウェルスが一層、「しるしの空間」としての性格を強めていることを物語る。[26] そしてこのことは、『リヴァイアサン』において際立つ理性の人工的性格と歩調を合わせて生じていることに、我々は気付かざるをえない。意志が何かを形成する主体というよりも、読み取られるべき対象と化し、「しるし」と結びついて登場する場面が増えていったことは、解釈の枠組みを規定する人工的理性が頭をもたげてきたことと、軌を一にしているのではないだろうか。

四　意志と理性

さて、二節で確認したのは、前作品では自然的で共有が自明視されていた理性が、『リヴァイアサン』において人工的になり、それと同時に特定の人物（主権者）の意志との結託が容易になったことであった。続く三節で明らかになったのは、ホッブズの描く意志は、契約の場面に始まり国家設立以後になると、行為の主体というより視線の向かう客体といった様相を呈しはじめ、さらに『リヴァイアサン』では「意志」が「しるし」と結びついて登場することで、しるしの空間としての国家という性格が顕著になったことであった。では、前節で言及したところの、見なしの方向性を規定する理性とは、どのような性質の理性なのだろうか。

1　自然理性と人工的理性

この問題を考えてゆくためにも、あらためて一節で扱った自然理性と、二節で明らかにした人工的理性の関係を明らかにしておこう。この二つは、橋のかかっていない二つの島のような全く別物の存在なのか、あるいは離れた二つの極ではあるが、地続きなのだろうか。

結論から言えば、両者は全く接点の無いかけ離れた二つの能力というわけではなく、二つの能力の間に通路や架け橋は存在する。離れた二つの極と言えるのは、人工的理性は特定の人間の観点を起源として持つ傾向があるのに対し、第三者的理性を含む自然理性は共有された地平において働く理性であるからである。しかし人工的理性が生み出すものが、「共有されているもの」から完全に遊離していたら、その人工的理性の産物が人々の間に定着することはない。たとえば『リヴァイアサン』という作品そのものは、独特に定義された自然権や自然法や臣民の義務といった概念が組み合わされてできた、ホッブズその人の人工的理性による作品である。しかしこれは読んで理解されなければ目的を果たせないし、ホッブズもこれがいつの日か、テキストとして教えられ、理解されることを期待していた（Lev254/574）。同じことはコモンウェルスそのものについても言える。主権者の意志によって法が制定され布告され、様々な職務が創設され配置されても、それが理解され受け入れられないと、国家は維持されえない。

従って、人工的理性を構成する言語と論理は、「人工的」ゆえの一定の新奇さ、斬新さを備えているかもしれないが、人々の間にもともと根付いていた言語や共通了解から完全に遊離してしまったら、新しい意味空間を根付かせるという本来の目的を果たすことができなくなる。従って、どこかで自然理性との通路が確保されていなければならない。

そしてその通路ないし媒介項となるものの一つが、幾何学的理性—幾何学、設計図、組織図などを理解できる能力であり、換言すれば上空から物事を眺めうる視点——だと言えるだろう。[27]幾何学的理性は図形を操作する幾何学者の頭に起源を持ち、公平を旨とする第三者的理性は実践の場に由来するため、本来全く出自の異なるものではあるが、この幾何学的理性と第三者的理性は次の二点においてのみ重なり合うと考えうる。第一に、双方とも自分の利益や情念に汚染されていないという点であり、第二に、この両者がともに全体を見渡せる視点でもある点である。[28]幾何学的理性が設計図を見下ろすように、第三者的理性は、自己中心の視界から脱却しており、自分が現に含まれている社会の全体を、距離をとって観察できる。このように全体を見渡せる理性こそ、政治学という学問を構築することもそれを理解することもできる。この点において幾何学的理性と第三者的理性は、重なりあっていると言えるのではないか。

このような共通点があるからこそ、幾何学的理性に（第三者的理性との）媒介項たることを期待するかのように、ホッブズによって国家の設計図（政治学）は、幾何学に範を取って提示されることとなった。人工的理性すなわちホッブズと、そのプランを基に統治する主権者の側に言わせれば、この設計図は人々の自己保存権を守るといった、人々が同意するはずの要素を土台にして作り上げた設計図である。第三者的理性の側から見れば、この設計図は一応、一人一人を平等な権利の持ち主として扱うことを前提として成り立つ設計図なので、個々人を平等な権利の主体と見なす第三者的理性の観点から言っても、ぎりぎり受け入れられるものである。この人工的と自然的、二つの理性が重なりあう面において、国家を我々の自然権を守るものとして受け入れ、その方向にそってあらゆるものを「見なし、解釈する」我々の思考態度が培われてゆくのである。

2　第三者的理性の抑制力

以上の行論から、設立後の国家における意志と理性のダイナミズムが見えてくるだろう。一方では人工的理性と主権者の意志が結託し、様々な法を制定したり、公的代行者を立てて様々な職務を遂行させたりする。他方で、主権者も人民も、第三者的理性と混ざり合った幾何学的理性に基づいて、互いに相手の行為や言葉を理性に添った方向で解釈しようとし、そこにおいてそれぞれの意志は「見なす視線」の客体と化す。人工的理性が（主権者の）意志と結託する理性だとすれば、最後に問うべきは、ホッブズの理論において意志に対峙し緊張を保つ理性は機能しているのか。国家社会における諸事象を、理にかなった方向へと解釈する我々の第三者的理性は、主権者の意志への抑制となっているか否か、ということであろう。

結論からいえば、わずかながら緊張を保ってはいるが、ごく弱い抑制しか働かせないと言わざるをえない。『リヴァイアサン』においてこの理性が機能するのは、人々の間でということであれば、約束遵守等の主要自然法を守る、という場面においてであろう。しかし、対主権者となると、第三者的理性が機能するのは、人々が服従の正当性を納得するという場面のみだと考えられる。つまり、政治学は契約説という形をとり、国家は自己保存権を守るものという形で支配のあり方に一定の枠組を設けていることによって、人々は服従の義務の必要性を納得する、という筋書きとなっている。こうして、国家は自然権保護のための契約に由来するという前提が、主権者の制作がその内にとどまるべき、一定の外枠を設定しており、人民の生命を奪うような政治的決定を押しとおすことを、困難たらしめている。ここにおいて、意志と理性の緊張は、わずかながら残存しているとは言える。しかしいずれにせよ行動を起こしたり、牽制機関を設けるなどの形を取ることのない、見えない抑制にとどまることにかわりはない。いわば『市民論』において比較的実践に根ざしていた第三者的理性は、『リヴァイアサン』において幾何学的理性へと吸収され、支配の正当性を理解し服従する静かな能力へと変貌した、と言えるのではないか。『リヴァイアサン』において「意志のしるし」の表現が増えたことも、人々に要請されるものが、実践から「見なし」へと変化していったことのあらわれなのではないだろうか。

結

これまでの議論をふりかえってみたい。『法の原理』『市民論』から『リヴァイアサン』『物体論』へ至る歩みというのは、自然理性が弱体化し、そこへ人工的理性が取ってかわってゆく道程であった。その過程で、第三者的理性はかつて持っていた生き生きした実践的性格を奪われ、幾何学的理性へと吸収されていった。すなわち実践的な能力から幾何学的な理解能力へと変容させられた。その結果、服従の正当性を納得することでコモンウェルスの維持の一端を担う、という消極的働きのみをなす理性となった。勿論、『市民論』においても、善悪の判断に基づく抵抗権やら、主権者に対する公的異議申し立てが認められていたわけではないことを考えると、二つの作品で描かれた国家は実質的にそれほど大きな差はないと言うことも可能である。(29) しかし、理論的なレベルにおいて『市民論』では自然法や自然理性が、『リヴァイアサン』におけるほど骨抜きにされていなかったことも、これまで見てきたとおりである。

したがって、『市民論』から『リヴァイアサン』への道のりを辿ってきた我々は、次のように言えるだろう。理性が意志に対し一定の緊張関係を保持しうるのは、あるいは意志に対し良き導き役となりうるのは、理性が実践とのつながりを失っていない時、あるいは理性のうちに実践的な能力も含まれるような時なのではないか。理性が単なる理論的な理解能力と化してしまったとき、理性は意志に対する批判や指導の機能を甚だしく弱めるのではないかという問題を提起して、本論文の結びとしたい。

ホッブズの原典からの引用は、『物体論（DCo）』『市民論（DCi）』については、略号のあと章と節を示し、『法の原理（EL）』については、略号のあと部（ローマ数字）、章、節を示す。ただし『市民論』序文に関してはモルスワース版の頁数を示す。『リヴァイアサン（Lev）』については略号のあと、タック版およびマルカム版の頁数を示す。引用中の強調のための傍線はすべて川添による。典拠としたホッブズのテクストは以下である。

Elements of Law, natural and politic, ed. by Ferdinand Tönnies with a new introduction by M. M. Goldsmith, Frank Cass & Co. Ltd. 1969.

Libri de Cive sub titulo libertatis, in Opera Philosophica quae Latine scripsit Omnia, ed. by William Molesworth, Thoemmes Press, 1999. vol. 2.

De Corpore, Elementorum philosophiae section prima, Karl Schuhmann et Martine Pécharman, J. Vrin, 1999.

Leviathan, ed. by Richard Tuck, Cambridge University Press, 1991.

Leviathan, vol. 1-3, ed. by Noel Malcolm, Oxford University Press, 2012.

（1）本稿は二〇一五年五月二三日の政治思想学会シンポジウムⅠ「秩序形成をめぐる意志と理性」における報告原稿に加筆をほどこしたものである。報告では時間の関係上、主に理性に焦点を当てた議論になったため、本論文ではあらたに意志を扱った三を加えた。当日質問やご指摘を下さった方々に、あらためて感謝申し上げたい。

（2）M. Oakeshott, *Hobbes on Civil Association*, Liberty Fund, Indianapolis, 1937/1975（中金聡訳『リヴァイアサン序説』法政大学出版局、二〇〇七年）、p. 88（訳書一一〇頁）およびpp. 97-99（訳書一二〇―一二二頁）。

（3）Patrick Riley, "Will and Legitimacy in the Philosophy of Hobbes: Is He a Consent Theorist ?", in *Political Studies*, no. 21, 1973, pp. 500-501. J. Roland Pennock, "Hobbes's confusing clarity: the case of liberty", in K. C. Brown (ed.), *Hobbes*, pp. 112-113など。

（4）『リヴァイアサン』において第三者的理性を救いだそうとする試みについては、以下を参照。拙著『ホッブズ　人為と自然：自由意志論争から政治思想へ』創文社、二〇一〇年、五章一節。

（5）たとえば「対立する双方が第三の誰かにおいて合意することが必要である（ut ambo dissidents in tertium aliquem consentiant）」（DCi 3:20）であったり、その節の最後「自ら第三の者の裁量に服す（submittere se alicujus tertii arbitrio）」（DCi3: 20）など。

（6）なお、『リヴァイアサン』における同様の議論にも「第三者」の語は登場するが、裁判官よりも証人（Witness）を指しているところであり、「公平な仲裁者」像を示す議論とは目的が異なる（Lev109/238）。

（7）たとえば「法とはある種の正しい理性であって、これは（他の感情などに）劣らず人間本性の一部であるから、自然なものとも言われる（Est lex quaedam recta ratio quae. cum non minus sit pars naturae humanae. ……naturalis quoque dicitur）」（DCi2: 1）など。

（8）ただし、後につながる議論として、「名前は恣意的に付与（impose）されたもの」（ELI 5:2）という議論も登場してはいる。

（9）『リヴァイアサン』においては、学問は条件的なものと述べられているのに対し（Lev47/98）、言葉と事物のつながりが絶たれていない『法の原理』では、学問についてそのような留保が付されていない（ELII 8:13）点も、このことと関連があるだろう。

（10）団体に冠されるPersonaの語句が、『市民論』においてはまだ中間的団体についても用いられていたのに対し、『リヴァイアサン』においては国家のみに用いられるようになった様子については、トリコーの以下の論文が詳細に記している。F. Tricaud, “An Investigation concerning the Usage of the Words ‘Person’ and ‘Persona’ in the Political Treatises of Hobbes”, in *Thomas Hobbes*, ed by J. G. van der Bend, Amsterdam 1982.

（11）その他最初の人々の集まりは民主主義だと言われる（DCi 7:5）など。

（12）『リヴァイアサン』が理性とそれ以外の知力や判断力を区別する議論としては、自然な知力（Wit）と獲得された知力を分け、後者を正しい理性の使用によるとする八章の記述などがある（Lev53/110）。なお、三作品における理性と慎慮の関係性の変遷についてはウェーバーが論じている。ウェーバーいわく、学問と対比される慎慮の規定について三作品に大きな違いはないが、『リヴァイアサン』においては議論の深化が見られる。付け加わったものは預言（prophecy）と慎慮の違いを明確にする議論であり、人間の慎慮の可謬性を強調している。つまり『リヴァイアサン』では慎慮の脆弱性を以前にもまして強調するようになったことで、政治学の必要性に説得力を持たせているというのがウェーバーの理解である。Dominique Weber, *Hobbes et le désir des fous: Rationalité, prévision et politique*, Paris: PUF, 2007, pp. 241-253.

（13）その他の同趣旨の箇所としては、「子供は言語の使用を身に付けるまでは、理性を備えてはいない」（Lev36/74）など。

（14）「人が推論するときに行っていることとは、各部分を加えて総計を考えること、ないしはある総計から他の部分を引き算して残りを考えることに他ならない」（Lev31/64）。

（15）『市民論』では二回、『リヴァイアサン』では七回登場する。

（16）たとえば一〇章冒頭、一七章の（Lev120-121/260）など。

（17）なお、『リヴァイアサン』になって権威付け（authorisation）の議論が登場したことの重要性は多くの論者が指摘し、実際それによって主権者の行為のもともとの本人は実は自分なのだ、と見なさなければならなくなった。しかし、その原型となる（やがて権威付けの議論へと発展してゆく）発想は『市民論』にも散見される。主権（Summum imperium）を持つ者の意志が個々人の意志を包括するであるとか（DCi 6:14）、ゆえにその者から出た法はもとをたどれば人々の意志に由来する（DCi 13:2）、などである。

(18)『市民論』でそのような議論をしているのは、本論で扱う箇所のほかには（DCi 13:2, 13:15, 14:10, 14:14, 14:21）などである。

(19)ここでホッブズに対し、数学的真理に争論の余地はないはずだという批判もありえるかもしれないが、ホッブズはここではあえてその点を通過し、理性の正しさや真理は事柄そのものや自然そのものの中にはないという面を前面に出す。なお、『リヴァイアサン』ではこの点について口を閉ざしたとしても、たとえば物体の落下の速度の割り出し方などは人間の意志が決めるものではないため、ホッブズは数学や機械論の命題については規約主義ではなかったと主張するのがソレルである。Tom Sorell, *Hobbes*, London: Routledge & Kegan Paul, 1986, pp. 46-49.

(20)その他以下の箇所などがある。「なぜなら人の意志は正義によって形作られるのではなく、彼がなそうとしている事柄のもつ明白な便益によって形作られるからである」（Lev104/226）。

(21)ホッブズにおける、我々が「持っていることにされてしまっている意志」について鮮やかに描いてみせたのは以下の論考である。上野修「意志・徴そして事後――ホッブズの意志論」『デカルト、ホッブズ、スピノザ――哲学する一七世紀』講談社、二〇一一年所収。

(22)「見なし」を重視する本稿と類似の着眼点から、ホッブズをデ・ファクト理論家（デ・ファクトな権力があればデ・ユレな権威のために十分とする理論）と解釈することに疑義を呈するのがフークストラである。いわく、デ・ファクト理論と結び付けたがるスキナーは『リヴァイアサン』の特異性を強調しすぎるのであって、勝者が被征服者に対し支配権を持つという話は『法の原理』にも登場する。フークストラによればホッブズは、想定された同意（presumed consent）、解釈的同意（interpretative consent）を多用したことによるまぎれもない同意論者であり、その観点から政治的義務と権威の関係について三作品を通じて持続的に考えていたのである。K. Hoekstra, "The *de facto* Turn in Hobbes's Political Philosophy", in Sorell and Foisneau eds. *Leviathan After 350 Years*, Oxford, 2004, pp. 62-72.

(23)「それを話した人の意志がその他のしるしからも読み取れるとき」（ELI 15:6）。

(24)その他（DCi 2:7, 2:11）などがある。

(25)「しかしもし言葉以外にも、権利の移譲を示す他の意志のしるしがあれば、その贈与が無償であっても、権利は未来についての言葉によって移動すると理解される」（Lev95/206）。その他契約が無効になるときのしるしを示す（Lev96-97/210）も参照せよ。

(26)この点に着目し、コモンウェルスを主権者からの一方的な記号産出によって構成される空間として描くのは、ザルカの以下の論考である。Y. C. Zarka, *Hobbes et la pensée politique moderne*, Paris: PUF, 1995, Ch. 4, 5.

(27) 本論文で扱ういくつかの理性を図示してみると次のようになる。ただし、この図はあくまで本論文の問題に添って設定した座標軸であるため、筆者はこの図がホッブズのすべての理性を整理できると考えているわけではない。

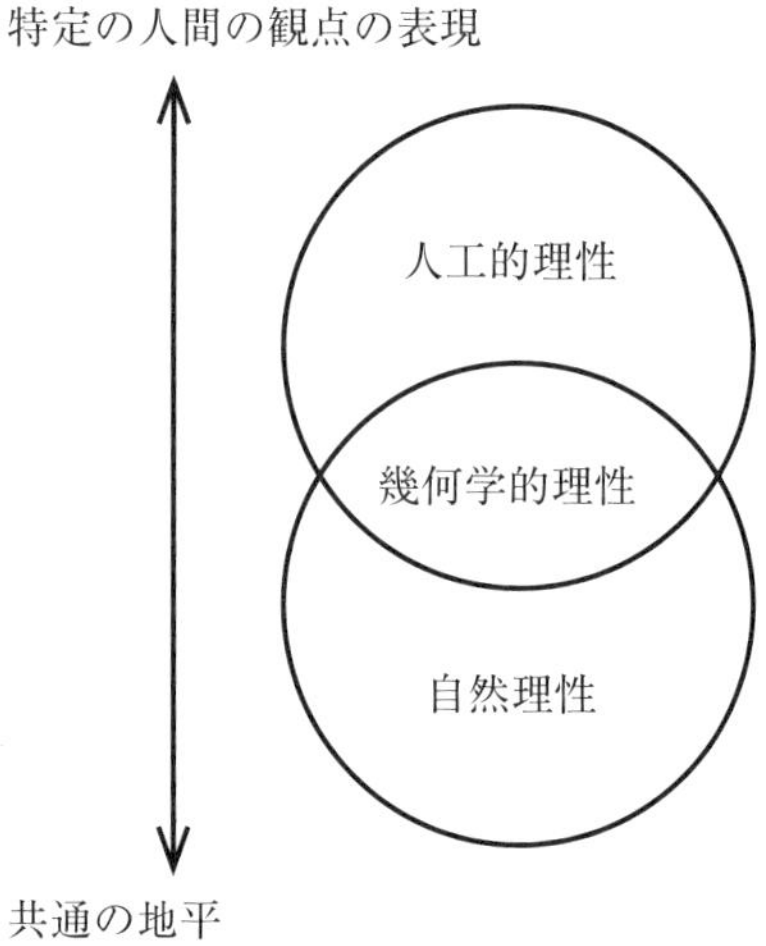

図1

(28) 第三者的理性と幾何学的理性の関係についての詳しい議論については以下を参照。前掲拙著一三六—一四二頁。

(29) なお、本稿では前二作品から『リヴァイアサン』に向けての変化に強調点を置いたが、『市民論』と『リヴァイアサン』の連続性を強調するのはシューマンである。シューマンによれば、『リヴァイアサン』が前作品を大きく超えているのは宗教論だけであり、それ以外ではいたるところに『市民論』の痕跡が見てとれるという。ただしシューマンのこの主張は、両作品が取り上げる話題や材料、用いる引用などの比較を基に導かれたものであり、必ずしも理性の性質の変化を注意深く観察しているわけではない。とはいえ両作品の詳しい異同がわかる点で有益である。Schuhmann, K., "*Leviathan and De Cive*", in Sorell and Foisneau eds., *Leviathan After 350 Years*. これとは逆に『市民論』から『リヴァイアサン』への深化、発展を強調するのはマルカムである。後者において権威づけの議論が登場したことなどはお馴染みの論点だが、そのことと人体への比喩の登場を関連づけて論じている点は興味深い。N. Malcolm, "Introduction" in Thomas Hobbes, *Leviathan: 1 Introduction*, ed. Noel Malcolm, Oxford, 2012, pp. 12-24.

代表制と理性に基づく統治
——フランス革命期の、シスモンディ、スタール、ならびにコンスタンの代表制論

●——古城　毅

序

意志とは何か、理性とは何か。意志に基づく統治、理性に基づく統治とはいかなるものであり、両者はどのような関係に立つか。これは西洋の哲学・政治学史上、多様かつ精緻に論じられてきた巨大な問いである。本稿では、この問いを大幅に縮小・単純化し、代表制——そこでは少数者が国民の意志を代表する（としばしば主張される）統治形態——は、理性に基づく統治になりうるかという問題として捉えたい。[1] そのうえで、この問題についての、シスモンディ、スタール、ならびにコンスタンの議論を検討することとしたい。三人は、フランス革命が代表制の下で衆愚政（恐怖政治：一七九三—一七九四）、寡頭政（総裁政府：一七九五—一七九九）、さらには軍事的専制（ナポレオン政権：一八〇〇—一八一四）を生み出していくのを目撃しつつも、代表制が理性に基づく統治となりうることを、ルソーの代表制批判に抗する形で示そうとした。[2]

一　ルソーの代表制批判[3]

ジャン＝ジャック・ルソー（一七一二―一七七八）は人民が法律制定に直接参加して自らの意志を表明しうることを、正当な政治体制の不可欠の要件とした。人民は立法権を持つことによってのみ、私益と公益の関係を認識し、理性的な法律に自発的に服従しながら生きることができるからである[4]。

しかし、そう述べる際、ルソーは二つの条件を付した。第一に、人民は良俗を持たなければならない。腐敗した人民はむしろ、党派的な立法を行うからである[5]。そのため、正当な政治体制の確立時には、人民を良俗へと導く立法者が必要となる[6]。また確立後には、市民の良俗を保つための措置――貧富の格差を是正するための経済政策、有徳な市民を育成するための公教育、良俗を保つための監察、不寛容を説く宗教に対する統制など――が講じられなければならない[7]。

第二に、正当な政治体制が、衆愚政あるいは寡頭政に堕すことを回避しなければならない[8]。そのためには、まず貴族政――立法権と統治権とを区別し、後者は選挙された少数者に委ねる統治形態――を採用しなければならない。人民は一般的な法律の制定のみならず、個別的な統治案件にも関与するとき、腐敗するためである[9]。つぎに、貴族政を人民の圧力から守る一方で、貴族政が寡頭政へと堕落するのを防ぐために、特殊な混合政体を採用しなければならない。混合政体であった共和政ローマでは、元老院に統治権を委ねつつ、人民に選ばれた護民官が、元老院と人民の調停役となるという仕組みを採った。しかし、常設であった護民官はやがて民意を僭称して職権を乱用するようになった。そこで非常設の護民府 Tribunat を設置するべきである[10]。最後に、貴族政が寡頭政となり、人民の立法権を簒奪しようとする時、人民は臨時の人民連盟 confédération を形成し、必要があれば、抵抗権を行使しなければならない[11]。

以上のようなルソーの議論の特徴は、第一に、衆愚政よりも寡頭政を遥かに強く懸念していることである。彼にとって、政治体制の不可避的な歴史とは、統治者が人民の立法権を徐々に奪っていく過程に他ならない[12]。第二に、貴族政の寡頭政化を阻むためには、護民府のような制度的保証のみでは不十分であり、人民が良俗を持たなければならないとすることである。良俗が祖国愛を育み、祖国愛が人民の抵抗権発動を可能とするからである[13]。

このように考えるルソーは、代表制を厳しく批判する。代表制は人民の腐敗を前提とし、かつその腐敗を促進して必然的に寡頭政を生むためである。すなわち、「商業や技芸に従事することに伴う心配、金儲けへの貪欲さ、軟弱さ、快適さへの欲求」(*Du Contrat social*, III-15, p. 429)ゆえに、代表者に立法権を委ねた人民は、そのことによって己の私益と公益との関係を思考する習慣を失い、一層腐敗していく。その結果、代表者を自任する議会がイギリスの庶民院のごとく寡頭政に堕すのを黙認してしまう[14]。

二 シスモンディの代表制擁護[15]

これに対して、ジュネーブ生まれのシスモンディ(一七七三―一八四二)は、ジュネーブの混合政体が一八世紀を通じて不安定であったこと、およびフランス革命によって確立されたフランスの代表制が、衆愚政(恐怖政治)を生んだ後に、総裁政府の下で寡頭政化しつつあることを踏まえて、ルソーに反論してイギリスの代表制を擁護した。

人民は良俗を身に付け、立法に参加することが望ましいとルソーは主張したのに対して、シスモンディは近代社会において人民の相対的な腐敗は不可避であると考える。良俗は、公教育や宗教政策ではなく、経済的な平等によって形成されるが、近代ヨーロッパの経済構造は不可避的に顕著な経済的不平等を生むからである[16]。それゆえ、人民の立法参加は、衆愚政を生むため認めるべきではない。他方、代表制の下で衆愚政と寡頭政を回避し、理性に基づく統治を実現すること――すべての国民の基本的な権利を保証しつつ、国民中の諸階層の多様な利益を調整し、公正な政策を実施すること――は、制度的な工夫によって十分可能である[17]。つまり、ルソーとの比較におけるシスモンディの政治論の特徴は、人民の相対的な腐敗を前提とする点、衆愚政と寡頭政を等しく懸念する点、ならびに良俗ではなく政治制度に期待する点である。

1　イギリス型代表制の擁護

この観点からシスモンディは、ルソー的な混合政体、およびフランス革命期のフランスの代表制を批判し、イギリスの代表制を擁護する。まず、ルソー的な混合政体においては、護民府は当初は常設でなくても、腐敗した人民の中から常に台頭してくるデマゴーグによって間もなく常設化され、権限を濫用するようになるだろう[18]。また、腐敗した人民に抵抗権を認めることは非常に危険である。

つぎに、フランス革命期のフランスで確立された、世襲身分制を完全に排した代表制も批判される。まず、それは、恐怖政治の発生が示すように、衆愚政を防ぐことができない。また、それは、総裁政府期のフランス政治が示すように、寡頭政を防ぐこともできない。著しい経済的不平等が存在する中で、平等に基づく代表制を導入すれば、富者が不満を抱く貧困層を押さえつけようとして寡頭政を樹立するからである[19]。つまり、代表制も、制度的工夫を欠けば、混合政体と同様に衆愚政と寡頭政の間で動揺する。

これに対して、イギリスの代表制は、世襲君主および世襲貴族制を組み込むことによって理性に基づく統治の実現に成功した。第一に、イギリスでは世襲君主と貴族院が庶民院と対峙する仕組みが存在する結果、デマゴークの台頭が予防される。すなわち、庶民院議員のうちで野心に満ちた者は、世襲君主の側から、貴族院入りをはじめとする、名誉や利権を提供され、これを受け入れれば人民の信頼を失い、拒否すれば世襲君主の側から警戒されて早期に力を奪われる[20]。

第二に、イギリスでは世襲貴族制が存在することによって、庶民院の寡頭政化も阻止される。すなわち、一方では、寡頭政を本性的に好む富裕層が、貧困層に対抗する制度的な保証としての世襲的特権を獲得することによって、寡頭政への志向を弱める[21]。他方では、富裕層の多くが貴族院に吸収される結果、庶民院は、理性に基づく統治を欲する階層の出身者によって主導される。

第三に、イギリスでは理性に基づく統治を標榜する庶民院を支える、理性的かつ活発な公論が形成される。まず、混合政体においては、立法権を有する人民は、知力に欠けるために法案作成を統治者やデマゴーグに委ねざるを得ない。また、法案の採否を短期間で決しなければならない。そのため悪法が制定されやすいが、それは人民の名において制定されている以上、改廃しづらい。つぎに、寡頭政化した代表制の下では、一方では悪法が制定され、他方では人民が政治への関心を失って公論は衰弱する。[22] これに対して、イギリスのように、公正かつ知性に富んだ庶民院が存在する場合、大多数の法律は良法である。また、まれに悪法が制定されても、立法に関与しなかった人民は、そうであるがゆえに容易に悪法改廃のための公論を形成し、必要があれば、集団的な請願を行うこともできる。しかも、誰でも参加しうる人民集会での意志形成とは異なり、公論の形成は、知的水準の高い階層によって主導される。[23] つまり、イギリスにおいては、公論を指導する理性的な階層が下位の諸階層の意向をいわば濾過しながら汲み取り、庶民院に伝える仕組みが確立している。

2　イギリス型代表制論の課題

しかし、公正な庶民院と公論とが連携して理性に基づく統治を実現するというシスモンディの政治構想は果たして実現可能なのだろうか。

シスモンディに少し先だってイギリス擁護論を展開し、シスモンディにも影響を与えたジャック・ネッケルの観点に立てば、公正な庶民院を核とするシスモンディの政治構想には疑問符が付く。[24] ネッケルによれば、イギリス代表制の特徴は、宗教、世襲身分制、ならびに経済的不平等が互いを支えあっている点に存する。すなわち、教会の喚起する神への崇敬が、世襲君主および世襲貴族層に対する崇敬を支え、宗教的権威と世襲身分的な権威とが経済的不平等を正当化する一方で、経済的不平等が、教会および世襲身分を物質的に支える。[25] これに対してシスモンディにあっては、経済的不平等は、宗教や世襲身分制とは切り離され、腐敗を生むものの、国富を増大させるためには不可避の現象として、理性的かつ消極的に擁護されるのみである。また、世襲身分制も宗教的権威とは切り離され、経済的な不平等が寡頭政を生むのを阻止するという観点から理性的かつ消極的に擁護されるのみである。しかし、このような擁護論によって、経済的・身分的な不平等を維持することはできるだろうか。

そして経済的・身分的な不平等が脆弱であるとき、公正な庶民院を実現することは難しくなるのではないか。ネッケルによれば、庶民院が、統治権を握る世襲君主側の越権を適度に抑制しうるのは、第一に、経済的・身分的な不平等が安定しているため、庶民院の構成員が君主・世襲貴族層と協調関係に立ちつつも、自分たちの下位に位置する貧困層を恐れず、むしろ貧困層の利益を擁護する精神的な余裕を持っているためである。第二に、宗教的・世襲身分的権威に基づく王威を世襲君主が持っているため、庶民院は統治権の濫用を批判する際、世襲君主ではなくその大臣を標的とし、その結果、統治権の掣肘と統治の安定とが両立するからである。これに対して、シスモンディが描くイギリスにおいては、経済的・身分的な不平等の正当性が脆弱であるため、一方では、庶民院が世襲君主側と厳しく敵対し、王威なき君主の政治責任を直接問い、その結果、統治が不安定化する危険がある。他方では、より大きな危険として、庶民院が貧困層を恐れ、公正な立法を行わなくなる可能性がある。

さらに、公正な庶民院を支える公正かつ活発な公論に期待する、というシスモンディの立論も、彼自身の議論に照らして問題を抱えている。まず、経済的不平等に起因する社会対立があるにもかかわらず、公論を指導する階層が、なぜ公正な立場をとりうるのか、シスモンディは理由を示していない[26]。また、なぜ公論が活発でありうるのかも不明である。シスモンディによれば、公論や請願が活発であるのはアメリカ合衆国であるが、彼の地では、誰でも容易に財産を作れるという特殊条件があるため、経済的・知的な不平等が抑制され、人民は良俗を有する。また地方自治の仕組みが人民に政治参加の機会を保証している。つまり、良俗と地方自治が活発な公論を支えている[27]。これに対してイギリスにはこれらの条件は存在しないとされる[28]。

概括すれば、経済的不平等による人民の相対的な腐敗を理由にして代表制を採用しつつ、それを制度的な工夫によって理性に基づく統治と合致させようとするシスモンディの政治構想は、経済的不平等と代表制が生み出す諸弊害――とりわけ寡頭政化の危険――に対処する方法を明示していない。興味深いことに、後年のシスモンディは、経済的不平等の是正を説く立場に転じ、イギリスを厳しく批判するようになる[29]。

三　スタールの代表制擁護(30)

スタール（一七六六―一八一七）は、シスモンディと同時期に、ルソーと対話しながら、彼らとは異なる政治構想を提示した(31)。まず、スタールは、シスモンディとは異なり、代表制の下では、衆愚政よりも寡頭政の危険の方が大きいと考える。さらに、寡頭政に対する不満が高まって軍事的専制が生まれることを懸念する。そのため、人民の腐敗を追認するのではなく、平等で有徳な社会を形成しようとした。以上の点ではルソーにむしろ近い(32)。

しかし同時に、スタールはルソーと多くの点で対立する。第一に、ルソーが古典古代的な男性市民を称揚したのに対して、スタールは、一般市民に対して共感や憐憫のような、女性的とされる諸徳を持つことを求めた。第二に、彼女はルソーとは異なり、制度を通じた良俗形成論に対して警戒的であった。第三に、代表制を積極的に擁護した。一般市民は立法に直接関与する能力は持っていないが、有徳な政治指導者を敬愛し、彼らを選挙する能力は持っており、それゆえ代表制こそが、理性に基づく統治――自然的貴族政――を実現しうると考えるからである(33)。

1　自然的貴族政

スタールからすれば、シスモンディやネッケルのようにフランス革命期の恐怖政治を根拠にして、政治的平等に基づく代表制は衆愚政への恒常的な傾向を内包すると考えるのは誤りである。恐怖政治は、身分的不平等に基づく政治体制がフランス革命によって平等に基づく政治体制へと急激に移行した際に一時的に生じた現象に過ぎない(34)。

フランス革命前のフランス社会の特徴は、第一に硬直的な身分制を維持するために、各階層内のエゴイズムが促進され、他者不信と嫉妬が人間関係の基調となっていたことである(35)。第二に、不正な不平等体制を支えるためにカトリック的な迷信が利用され、無知と盲従の傾向が助長されていたことである。そのような状況下でフランス革命が生じ、突如として政治的平等に基づく代表制、および反カトリック政策が導入されると、不信と嫉妬に満ちた国民は、政治指導者が情実を交えた政治を行っていると疑い、政治指導者は、嫌疑を晴らすために、政治的狂信を煽る急進的な政策を実施せざるを得なかった。また、カトリック的迷信に代わるものを国民に与えるためにも、政治的狂信に基づく政治が必要となった[36]。

しかし、平等社会への移行が完了すれば、このような衆愚政の危険はなくなる。身分的不平等および迷信から解放された国民は、他者不信、嫉妬、盲従といった悪徳からも解放され、利害計算に基づき、他者と平和的に共生することができるようになるだろう。その結果、大多数の国民は、平和的に金儲けをすることが最も理に適った生き方であると考え、政治から可能な限り距離を置くことを望むようになる[37]。少数者に統治を委任する代表制は、このような商業社会と適合的な政治制度である。

だが、商業社会に立脚する代表制の下では、大多数の国民が過度の政治的無関心に陥り、その結果、野心的な少数者による寡頭政が樹立されかねない[38]。そこでスタールは国民の政治的関心を高めることを目標とする。彼女によれば、それは実現可能である。社会の平等化は、蓄財欲を一般化させると同時に、他者への共感や憐憫といった徳を普及させ、社会正義に対する人々の感度を高める可能性を秘めているからである[39]。そして、この可能性は、有徳な指導者が雄弁を振ったり、優れた知識人・文学者が論説や小説を通じて有徳な人間を称揚したりすることによって開花しうる[40]。

つまり、スタールが理想とする代表制――自然的貴族政――においては、一方では有徳な政治・知的指導者層が政治空間および公論・文学の空間において優れた言葉を用いて一般市民に働きかけ、他方ではそれによって徳に目覚めた一般市民が、選挙人あるいは聴衆・読者として指導者層を敬愛し、支えるという好循環が成立する[41]。

自然的貴族政を実現するために、スタールは、イギリス型の代表制を退け、独特の共和政機構を提案する。

スタールは、シスモンディのようにイギリス型の代表制をフランスに導入しようとする論者を三点にわたって批判する。第一に、世襲身分制は、経済的不平等によって生じる社会対立を抑制するどころか、長期的にはかえって社会対立を激化させ、政治体制を崩壊させる。その典型は共和政ローマであるが、イギリスも将来的に危うい。よって均質の国民を作り出し、そこから均質の政治指導者層が選ばれるようにしなければならない[42]。

第二に、フランスは、その地政学的条件ゆえに、イギリス型代表制を導入することができない。イギリスのような島国とは異なり、国防のために強大な軍隊を持たざるを得ない大陸国家フランスにおいては、君主（独任の統治者）は軍隊統率のために軍事的カリスマを持たなければならない。[43] しかし、そのような統治は不安定である。不安定を避けるためには、フランス君主政のように、君主が軍事的カリスマと宗教的・世襲身分的な権威との双方に依拠し、また君主と連帯する軍事的な世襲貴族層が軍隊統率を担うことが必要である。イギリスのように軍事的カリスマを欠いた立憲君主と文官的な貴族層に依拠する代表制とでは、フランス的課題に対処することはできない。[44]

第三に、そもそも社会の知的進歩によって宗教的権威が失墜した以上、世襲身分的な権威に基づく君主政は、フランス型であれ、イギリス型であれ、もはや維持することができない。

したがって、寡頭政、および不安定な軍事的専制を避けるための唯一の道は、以下のような共和政機構を確立することである。第一に、文官と武官の区別を廃し、政治指導者が、知識人であると同時に勇敢な軍人でもあるようにしなければならない。[45] 第二に、段階制 gradualité ――ルソーが『ポーランド統治論』において提案した制度であり、すべての公職を公選制としたうえで、上位の公職に就く条件として、下位の諸公職の歴任を課すという仕組み――を採用し、かつ各公職に合議制を導入しなければならない。[46] 以上の仕組みの下では、人民から継続的な支持を受けた文武両道の政治指導者層が集団指導体制を布くことになるため、寡頭政、および軍事的専制が予防される。また、政治指導者層の一体性が確保されるため、諸権力の間の対立というシスモンディ的な問題も自然と解消される。

以上のような制度の下では、理性に基づく統治を支える、理性的で活発な公論も実現される。先述のようにシスモンディは公正な公論を指導する階層の実在を説得的に示すことができなかった。これに対して、スタールは、公正な知識人、および有徳な一般市民層が実在することを前提とする。そのうえで、知識人の活躍に期待をかける。すなわち、知識人は、従来、私的な徳とみなされてきた共感や憐憫を有し、それゆえ一般市民と連帯関係に立つが、彼らの一部は、文武両道の統治者となり、武断的で情念に囚われやすい統治を、理性に即したもの、さらには共感や憐憫の徳を尊重するものに修正する。[47] 他方で、女性文学者を典型とする、統治に直接関与しない知識人も、私的領域における徳行を主題

とする作品を通じて、共感や憐憫の徳に対して公的な輝きを新たに付与する。(48)

2 自然的貴族政論の課題

しかし、スタールの議論を精読すると、彼女が果たして自分の政治構想の実現に自信を持っていたのか、定かではなくなる。

まず、過度の政治的無関心に陥りやすい一般市民を有徳な市民にうまく転換させられるのか、定かではない。スタールはフランス革命期にルソーの影響下で試みられた公民化政策を、統治者による恣意的な統制を可能にするものとして批判する。しかし、商業社会が日々の経済活動において助長する政治的無関心を、時折、雄弁や文学に触れることによってのみ抑制することなどできるのだろうか。スタール自身、自信を持っていないように見える。(49)

つぎに、有徳な指導者層を確保しうるのかも、定かではない。シスモンディやネッケルは、経済的不平等の下で、経済的に恵まれた階層から優れた指導者層が輩出されると想定する。これに対して、スタールは富が徳を生むという議論を排し、『ポーランド統治論』を参考にして、段階制によって有徳な人間を指導者に選抜しようとする一方で、公教育には熱心ではない。(50) しかし、ルソーからすれば、経済的な不平等に抗して有徳者の指導を確立するためには、段階制の採用に先立って公教育を充実させることが不可欠である。有徳な人材がいなければ、それを選抜することはできないからである。(51)

最後に、知識人の活躍によって統治を私的な諸徳に適ったものに転換しうるのかも、定かではない。まず、スタールは軍人や統治者と知識人との間には架橋しがたい溝が横たわっていることを暗に認めざるを得ない。(52) また、男性の統治者が女性文学者の判断を尊重するべきであるという性別分業論を展開したうえで、公的な名誉を追求する男性は女性の幸福に対して無関心になりやすいと繰り返し嘆いていることからも示唆されるように、彼女は統治に必要な徳と被治者としての徳とを和解させることが難しいことを暗に認めている。(53)

スタールは、総裁政府の下で、一般市民が政治的無関心に陥っていること、文武両道の優れた指導者など見当たらず、むしろ無知な政治家や好戦的な軍人に人気が集まっていること、知識人が公論の指導者となって統治の理性化と私的諸徳の尊重に寄与するどころか、ジャーナリストが統治者に媚びを売ったり、人々の私生活のスキャンダルを暴いたりしていることを嘆いている[54]。しかし、このような状況は過渡期のものに過ぎない、と断言することが彼女にはできなかった。

スタールの直面した困難を概括すれば、第一に、ルソーのような良俗形成論を統治者による徳の押し付け論として拒否し、言葉の力――雄弁、文学作品――のみに依拠して有徳な指導者層と一般市民層を形成することは容易ではない。第二に、ルソー的な政治参加型の市民論を排し、代表制の下での、統治者と区別された一般市民の非政治性・弱さを認めながら、武断的になりやすい統治を理性的なもの、一般市民に配慮するものに転換することは難しい。

この隘路から脱するために論理的に採りうる一つの道は、統治者による徳の押し付けを避けながら、同時に、雄弁や文学作品よりも効果的な徳化の方法を見出すこと、かつそれによって、文武両道の統治者になりうるような資質を全国民に等しく持たせることである。

スタールはそのように考え、宗教感情に期待をかけたと推測される。スタール曰く、人々は、カトリック的な迷信から解放され、宗教感情を奉じるようになれば、政治的対立の渦中でも良心に従って正しく行動することができるようになる。宗教感情は、雄弁や文学作品のように散発的な効果しか持たない徳化手段とは異なり、日々の暮らしにおいて信者を導きうる。またすべての信者に等しく強い精神を付与しうる[55]。

しかし、総裁政府期のスタールの宗教政策論を読む限り、彼女の宗教感情論は自発的で力強い徳を生み出すものにはなっていない。実際、彼女は、カトリック的迷信を打破して宗教感情を普及させるためには、統治権が金銭的な誘導によってカトリック信者を改宗させなければならないと述べている[56]。

ナポレオンの軍事的専制が成立し、自然的貴族政の確立構想が挫折した後、スタールは文武両道の政治指導者を待望することを止める一方で、統治と理性・徳とをどのように和解させるかという課題に引き続き取り組んでいく[57]。

四　コンスタンの代表制論[58]

総裁政府期以降、フランス政治において政治家として活躍したコンスタン（一七六七―一八三〇）は、総裁政府期にはスタールと同様に、寡頭政から軍事的専制が生じる危険を懸念した。しかし、彼が示した対処策はスタールのそれとは異なり、自然的貴族政の確立ではなく、統治の消滅と国際平和の確立である。そして代表制は、統治の消滅に至るまでの過渡期に、必要悪として許容されるに過ぎないとされる。しかし、ナポレオン政権が成立すると、コンスタンは統治の消滅論を撤回し、シスモンディ、ルソー、ならびにスタールの政治構想をいわば折衷したような政治構想を提示するに至る[59]。

1　総裁政府期の政治構想

(1)　国民の理性化による統治の消滅

総裁政府期のコンスタンは、フランス革命によって生じた混乱の中から軍事的専制が生じてくるのを回避するために、次のような展望を示した[60]。

まず、現段階では、フランス革命によって導入された代表制・議会政治を一時停止し、理性的で人類愛に富む統治者に統治を委任することを視野に入れるべきである[61]。現在のフランス国民はフランス革命以前の君主政の下で身に付けた悪徳から未だに解放されておらず、その結果、代表制は政情不安と好戦主義を生み出しているからである。治安維持のために代表制を停止することは正当である。統治者の第一の義務は、国民の意志に従うことではなく、治安を維持し、それによって国民の基本的な自由を保証することに存するからである。また、国民の理性化、人類愛の確立というより高次の政治目標を実現するためにも、治安維持が前提条件となるからである。けだし、治安が維持されて初めて、思想の自由と進歩が可能になる。コンスタンは、治安維持に専念する理性的な統治者の下で、知識人が公論を通じて国民を理性化していくことを望む[62]。

次に、国民の理性化がある程度達成されれば、代表制は再開されるべきである。なぜなら、そこでは、もはや代表制が大きな混乱を生む惧れはなくなるからである。また、この段階では、国民はまだ完全には理性化されていないため、少数の者が政治的に活躍して栄誉を獲得したいと願い、大多数の国民が政治を通じて己の利益を実現しようと望んでおり、代表制によってこれらの欲求を充足させることは秩序の安定にとって有用だからである。

最後に、国民全体が、理性的な統治者や知識人と同様に、完全に理性化され、理性にのみ従って行動しうるようになれば、代表制のみならず、統治そのものが消滅する。すべての国民が栄誉欲や利己心から解放され、自明の公益にそって自律的に行動するようになるからである[63]。

以上のようなコンスタンの議論は、ルソーおよびスタールと比較した場合、以下の特徴を持つ。第一に、軍事的専制を回避するために、国民全体が、統治権すら不要となるほどの力強い理性を持つべきだと考えるコンスタンは、それゆえ、スタールとは異なり、商業社会における啓蒙された利己心はもちろんのこと、共感や憐憫といった徳も、国民の弱さを助長するものとして退ける。さらには、スタールが最後に期待をかけようとした宗教感情も批判する。神の意志に服従することを命じる宗教は、いかなる形態であれ、本質的に信者の受動性を助長すると考えるからである。コンスタンが求めるのは、古典古代の哲学者的な偉人のごとく、公益のためには私情を捨て、命すら投げ出すことのできるような国民である[64]。商業社会および宗教（キリスト教）を批判し、古典古代的・男性的な徳を称揚するという点では、この時期のコンスタンの立場はルソーのそれに近い。

第二に、コンスタンにあっては、理性化の際の自発性が非常に重視され、政治一般――立法、政治集会、あるいは選挙への参加――に対する評価が、ルソーともスタールとも異なり、極めて低い。ルソーは、人民に対して、制度を通じて良俗を身に付けること、および立法参加を通じて判断力を向上させることを求める。またスタールは、制度を通じた良俗形成論を批判するものの、統治者が言葉を用いて一般国民を徳化することは肯定する。それゆえ、彼女は人民の立法参加論は退けたものの、選挙や政治集会を、国民徳化の場として重視する。

これに対してコンスタンは、ルソー的な良俗形成論のみならず、スタール的な徳化論も他者による徳の押し付け論であるとして退ける。彼が他律的な徳を批判するのは、それが真に力強いものにはならないからである。各人は道徳的真理をその明証性ゆえに自発的に奉じるというのでなければならない。それゆえ、知識人による国民の理性化は、道徳的な真理を発見し、国民に提示することにとどまり、スタールの徳化論のように国民の情動に働きかけるものではない。またコンスタンにとって政治は、ルソーが考えるような、利益衡量を通じて判断力を育成するための営みではなく、またスタールが考えるような、徳化を推進するための仕組みでもなく、未だ十分に理性的ではない国民の不満を解消するための必要悪に過ぎない。

(2) 統治消滅論の課題

しかし、政治への関与を、国民の理性化への障害とみなし、人々を可能な限り政治から引き離そうとする一方で、人々に対して、軍事的専制にも対抗しうるような力強い理性を求める、というコンスタンの政治構想は、精読すると理論的に成り立っていない[65]。

コンスタンは国民の理性化の過程を二通りに説明している。第一の説明によれば、国民の理性化は、知識人の間で学問的真理が普及していくのと同様に、理性の自明性がすべての国民を拘束することによって実現される。これは、知識人が国民を理性化しうることを示すための議論である。

第二の説明によれば、国民の理性化は、誰もが日常生活において容易に用いている利害計算能力を強化さえすれば、実現される。これは、国民全体の理性化が容易であることを証明するための議論である。すなわち、誰でも日常生活において己の短期的利益を長期的利益のために犠牲にする能力、すなわち啓蒙された利己心を行使している以上は、この能力を強化することによって、誰でも国益、さらには人類の幸福のために自己利益を犠牲にすることができるようになるとされる。

しかし、両論とも成り立っていないことをコンスタンは暗に認めている。第一に、一般国民の理性化と学問的な真理の普及との類比論は成り立たない。後者は、典型的には数学の発展がそうであるように、政治的情念の影響を受けにくいのに対して、前者は政治的情念に打ち克つことを必要とするからである。ここからは、知識人による国民の理性化は困難であるという結論が導き出される。

第二に、日常生活における利害計算とは異なり、政治的情念を、己の理性的な利益のために犠牲にするためには、強力な習慣、あるいは別種の情念が必要である。さらに進んで、国益や人類の幸福といった、必ずしも自分の利益にはならない目的のために犠牲にするためには、一層特殊な情動が必要である。ここからは、一般国民が自発的に理性的になることも、理性的で人類愛に満ちた統治者――軍事的専制を阻止しうるような統治者――を確保することも、難しいという結論が導き出される。

コンスタンは総裁政府の下で、理性的で人類愛に富む統治者など存在せず、むしろ政治的情念に基づく好戦的な政策が採用され、軍人の人気が高まっていること、優れた知識人が知的影響力を持つどころか、党派的な公論空間の中で無視されていること、国民が自発的に理性化するどころか、統治者による思想の刷り込みが行われていることを認めているが、彼はこのような状況を理論的に批判することができなかった。政治的情念の渦中に身を置きつつ、これを克服しうるような精神の在り様を示すことができなかったからである。

2 『政治の原理』における理論転換とその挫折、そして最終的な構想

ナポレオン政権が成立すると、フランス政界からの引退を余儀なくされたコンスタンは、主著『政治の原理』(一八〇六)において、全国民の理性化という一元的かつ抽象的な政治構想に代えて、統治権を統御するための、より具体的な社会論・制度論を展開する。しかし、それは上手く成り立たない。そのため、『政治の原理』後、コンスタンは再び政治構想を大きく転換していく(66)。

(1) 商業社会論とその課題

総裁政府期のコンスタンは、理性的な統治者の統制下では、代表制・議会政治は安定し、知識人による国民の理性化を妨げないと考えた。これに対して『政治の原理』におけるコンスタンは、統治者は本性的に権力を濫用し、また代表制は政情不安を生みやすく、そこでは知識人の活躍が妨げられると考えるようになる。

その結果、コンスタンはそれまで批判していた商業社会を再評価しようとする。商業社会の第一の長所は、財の動産化・流動化を促進したり、公債制度を確立したりすることによって、統治権の濫用を抑制する手段――資本の国外流出や信用力の低下――を作り出すことである。かつてのコンスタンは商業社会化が政治的無関心を増大させ、統治の寡頭政化を促進することを懸念したが、『政治の原理』においては、商業社会化が経済的利害に基づく別種の政治的関心を生むと主張するに至る。商業社会の第二の長所は、政治対立を助長しやすい代表制とは異なり、市場を通じて平和的な利害調整を実現することである。利害調整のための代表制は依然として必要であるが、その役割は非常に小さくなる。商業社会の第三の長所は、かくして国内平和を実現することによって、知識人による国民の理性化を容易にすることである[67]。

しかしコンスタンの議論をよく検討すると、彼が商業社会に対してあまり期待をかけていないことが明らかになる[68]。第一に、権力拡張欲が強く、しばしば理性を欠く統治者に対して、資本流出や信用力の低下といった牽制手段は十分な効果を有さない。第二に、商人は自律的な徳を有しておらず、したがって市場が平和的な利害調整の場になるのは、公正な統治権が取引の自由・公平性を保証する場合に限り、そうではない場合にはむしろ統治権と商人の癒着が生じるが、先述のように商業は公正な統治権を作り出す力を十分に持たない。第三に、商人的な利己心が議会政治に持ち込まれるようになれば、政治対立が亢進する。第四に、経済競争に人々が没頭する商業社会において、知識人が、実利的知識を求める社会的圧力に抗すること、および人々に対して知的影響を及ぼすことは容易ではない[69]。

(2) 農業社会論および保全権力論と、その課題

以上のような商業社会化の難点を解決するために、コンスタンは地主層、および自作農層によって構成される農業社会が商業社会に対して優位に立つことを望む。そのため、地主層と自作農のみに選挙権を与えるべきだとする。農業社会の長所は、第一に、知的で温和な地主層から統治者が輩出されることによって、統治権の武断的側面が抑制されることである。第二に、知的で温和な地主層、および統治から距離を置き、農業に専念する自作農層が商人層に対して政治的に優位に立つことによって統治権と商人層の癒着が阻止されることである。第三に、地主層出身者が統治のみならず議会政治を主導することによって、統治者と議会の対立が抑制されることである。第四に、経済的に安定した地主層が公論を指導することによって、御用知識人やデマゴーグの知的影響力が抑制されることである。[70]

コンスタンの農業社会論は、彼が『政治の原理』の執筆時に参照したシスモンディの政治構想を修正したものということができる。[71]後者は、公正な社会階層が政治を主導することに期待をかけるものであったが、経済的不平等が生み出す社会対立によってこの階層が寡頭政に傾く可能性を排除することができなかった。これに対してコンスタンによれば、まず商業社会化は、貧富の格差を増大させるよりも、むしろ財の分割によって貧富の格差を縮小させるため、地主層が寡頭政支持に傾く惧れはない。また、シスモンディが支持した世襲身分制は宗教的権威の失墜に伴い維持不可能になったものの、地主層は、知的優位を保つ限り、下位の階層に対する権威を維持しうる。

しかし、以上のようなコンスタンの農業社会論は問題を抱えている。第一に、商業社会が経済競争を活発にし、財の分割を進めていく趨勢に抗って、精神的・経済的に余裕のある地主層、および商人的精神に毒されていない自作農層を存続させることは難しい。とすれば、統治権の穏和化、および統治権と議会の協調を実現することは難しくなる。

第二に、知的で温和な地主層出身の政治指導者は、党派的な情念に衝き動かされた政治家や軍人に競り勝って政治を主導することができない。コンスタンはこのことを総裁政府期からすでに認識し、それゆえ古典古代的な徳を有する指導者層が必要だと主張していたが、『政治の原理』ではこの主張を取り下げた結果、軍事的専制の掣肘という彼の主たる政治目標を果たせなくなってしまった。[72]

農業社会が統治権の濫用、および代表制による混乱を防ぐものとはなりえないという問題を背景にして、コンスタンは、ルソーの護民府を想起させる、保全権力pouvoir préservateurを設置すべきだと提唱する。保全権力は公選の合議体であり、議会の解散権、および執行権の即時罷免権を随時行使する。そのことによって、統治権と議会の癒着によって生まれる寡頭政と、統治権に議会が従属することによって生まれる専制政治とを防ぐとされる。つまり、コンスタンは政治制度による解決を図る。

しかし、この解決にも問題がある。ルソーは、統治権による簒奪を阻止するためには護民府のみでは不十分であり、有徳な市民による抵抗権の行使が最終局面では必要になるとしたが、実はコンスタンもこれに同意する。すなわち彼は、常備軍を国境のみに配置し、国内の治安維持は可能な限り民兵に委ねることを提案し、そのうえで、保全権力の決定に統治権が従わない場合、武力行使も辞さない市民層が保全権力を支援することに期待をかける。しかし、温和な地主層や、非政治的な傾向を持つ自作農層に、なぜそのような役割を期待できるのか、説得的な説明がなされない[73]。

ここまでのコンスタンの思想軌跡を概括すれば、総裁政府期のコンスタンは、政治的情念によって腐敗させられやすい市民に対して、政治的情念に対抗しうる力強い理性を自発的に身に付けるよう求めるというアポリアに陥った。これをうけて、『政治の原理』のコンスタンは、政治への関与は理性を害すると考え続ける一方で、力強い理性を持つ市民を育成するという議論は取り下げる。すなわち、一方では温和な地主層の活躍に期待し、他方では、市民の理性に依らない統治権の抑制方法——資本流出や信用力低下、保全権力による制裁——に期待をかけるようになる。しかし、この理論転換は、軍事的専制に対抗するという彼の政治目標を達成不可能にしてしまう。

(3) 宗教論の挫折と、『政治の原理』以後の理論転換

隘路から脱するために、コンスタンは、力強い徳を有する国民を創出する方法を新たに模索せざるを得なかった。その結果、『政治の原理』では、商業社会論・農業社会論に接ぎ木される形で、宗教に基づく社会構想が展開される。

総裁政府期のコンスタンは、スタール流の宗教感情論を拒否していた。聖職者の圧制から解放された宗教感情といえども、神への服従を説く点では迷信と変わらず、それゆえ信者の受動性を助長すると考えたからである。これに対して

『政治の原理』のコンスタンは、宗教の本質に関する批判を取り下げ、宗教的多元主義――諸宗派が自由に結成と分裂を繰り返す状態――が実現されれば、聖職者による圧制も、宗教が信者の受動性を生み出すことも、なくなると主張するようになる。聖職者による圧制がなくなるのは、宗教的多元主義の下では、宗派離脱の自由が信者に保証されるからである。また、宗教が信者の受動性を生まなくなるのは、諸宗派が他派に対する自派の道徳的優越性を示そうと競う中で、信者が道徳的な活力を手に入れるからである。

つまり、宗教的多元主義の実現によって、宗教の弊害を除去すると同時に、信者・市民に道徳的な活力を注ぎ込み、それによって軍事的専制を阻むに足るだけの力を持つ国民を創出するというのが、コンスタンの宗教社会構想である。

しかし、この構想も、その実現可能性に疑問符が付く。第一に、コンスタンは諸宗派を衝き動かしているものが、自律的な宗教感情ではなく、一種の党派精神であることを認めている。したがって実は、公正な統治権による調停なしには、諸宗派の共存は成り立たず、またその介入なしには、各宗派内での信者の抑圧は防げない。ところが、そのような公正な統治権を確保する見通しをコンスタンは示すことができない。第二に、自己犠牲を本質とする宗教に基づく社会構想と、自己利益の追求を本質とする商業社会――コンスタンによれば、近代世界の不可避的な特徴である――とをどのように共存させるのか、コンスタンは何ら説明していない。[74]

概括すれば、コンスタンは、政治的情念を力強い理性によって克服するという議論を取り下げた後、まず商業的利己心に期待をかけて挫折し、つぎに宗教的な党派精神に敢えて依拠しようとして失敗した。つまり、政治、知的活動、商業、宗教のいずれも、軍事的専制に対抗しうるような国民を創出することができないという結論に至った。

『政治の原理』執筆後のコンスタンは、ナポレオンの軍事的専制に対する目立った抵抗運動がフランス国内から全く生じてこないことを反省し、自らの政治構想を再び大きく改鋳していく。その成果である晩年の大著『宗教論』（一八二四～一八三一）においてコンスタンは、『政治の原理』では一旦厳しく批判した古代アテナイのデモクラシーを、ルソー流の古代・近代対比論とはかなり異なる枠組みの中で再評価する。[75]すなわち、古代アテナイにおいては、人民の政治参加、商業、哲学・文学、ならびに多神教の間に独特の調和が成立し、それが専制政治の成立を阻んだと評価する。そして、近代世界は、古代アテナイとは異なる条件——代表制と一神教——の下で、古代アテナイと類似の調和を確立しなければ、専制政治に屈してしまうだろうと警告する。換言すれば、当初コンスタンは代表制を、統治の消滅に至るための必要悪に過ぎないと考えたのに対して、晩年の彼は、代表制が一定の改革を経たうえで積極的な役割を担うべきだと主張するようになる。すなわち、代表制が、人民の政治参加、商業活動、哲学・文学、ならびに宗教活動と調和的に機能する時はじめて、市民は独特の精神を有し、専制政治を防ぐことができると考えるに至る。(76)

結語

人民から立法権を奪う代表制は、人民の腐敗を前提とし、かつ腐敗を促進する寡頭政であるというルソーの批判に反論する形で、フランス革命期のシスモンディ、スタール、ならびにコンスタンは、代表制が理性に基づく統治になりうることを示そうとした。しかし、これに失敗した結果、三人はそれぞれ新たな政治構想へと踏み出す。

シスモンディは、経済的に不平等な社会においても、代表制は制度上の工夫によって理性に基づく統治——諸階層の諸利害を公平に調停する統治——を実現しうると主張した。しかし、彼は、そのような統治を支える社会階層が実在することを説得的に示すことができなかった。その結果、経済的不平等の是正を説くようになる。スタールは、平等に基づく代表制の下で有徳な指導者と有徳な一般市民との協力関係が生まれ、その結果、武断的統治とは異なる、理性に基づく統治——私的領域の諸徳に配慮した統治——が実現されると主張した。しかし、彼女は主張の根拠を示すことができなかった。その結果、文学や宗教はいかにすれば国民の徳化に貢献しうるのかという問題をさらに掘り下げていく。コンスタンは、理性に基づく統治——好戦的な政治的情念が真理愛・人間愛によって克服され、統治が消滅する状態——を目指して挫折した後、政治的情念に動かされる統治権の存在を所与としたうえで、統治権を商業社会あるいは農業社会によって制御することで理性に基づく統治を実現しようとして再び挫折した。そして、どちらの試みにおいても代表制は必要悪として許容されていたに過ぎない。これに対して晩年の構想においては、代表制の改革・活用が課題とされる。すなわち、代表制を改革し、政治参加、商業活動、哲学・文学、ならびに宗教活動と連帯的に機能させることによって、理性に基づく統治――人間の有する対立する諸性向を均衡させる能力を持った国民によって専制政治が阻止される状態――を実現することが目標とされるに至る。

本稿で取り上げた三人は、ルソーを批判したフランスの自由主義者、代表制支持者として一括されることが多い。しかし、彼らの間には実は少なからぬ違いがある。とすれば、彼らがその一角を占めるところのフランス革命期の代表制論争――一〇年以上に亘って、西洋政治学史の知的遺産を参照しながら展開され、一九世紀以降の代表制論に多大な影響を与えた論争――は、全体として、今日認識されている以上に極めて多様で豊かであることが予想される。したがって、本稿では不十分な素描にとどまった三人の政治構想のみならず、当時の代表制論群全体に対して、今後改めて光を当てていくことは、代表制を巡る論争、公正な政治を巡る論争が活発な現代において、少なからず有意義であるように思われる。[77]

＊本稿は、政治思想学会第二二回（二〇一五年度）研究大会（武蔵野大学）のシンポジウムⅠ「秩序形成をめぐる意志と理性」での報告を加筆修正したものである。研究大会の準備をしてくださった多くの方々、聴衆の方々、司会の犬塚元氏と討論者の眞壁仁氏、共同報告者の渡辺浩氏と川添美央子氏に厚く感謝申し上げる。
なお本研究は学習院安倍能成記念教育基金学術助成金に基づく研究成果である。

（1）もちろん、代表制も「理性」に適った統治も、政治学史においては、本稿で取り上げる四人も含めて、多様に定義されてきた。フランス革命期の多様な代表制論については、Marcel Gauchet, *La Révolution des pouvoirs. La souveraineté, le peuple et la représentation 1789-1799*, Paris : Gallimard, 1995（『代表制の政治哲学』富永茂樹・前川真行・北垣徹訳、みすず書房、二〇〇〇年）. 代表制を巡る近年の邦語文献としては、早川誠『代表制という思想』風行社、二〇一四年。本稿の考察時期における「理性」に基づく統治の論争性については Bertrand Binoche, *Religion privée, opinion publique*, Paris : Vrin, 2012.

（2）本稿では、紙幅の制限ゆえ、（本来、必須であるべき）各人の概念の詳細な比較作業を行う余裕はない。そのため、比較・説明の便宜上、用いることとする。近似値的に定義すれば、理性的な統治の不可欠の要件であるところの公正な立法権が、腐敗した人民（実際には人民の権威を僭称する少数のデマゴーグ）によって簒奪される場合は衆愚政、少数者によって簒奪される場合は寡頭政、そして一人の軍人によって簒奪される場合は軍事的専制である。

（3）本稿では、シスモンディ、スタール、ならびにコンスタンがルソーの政治論をどのように読んだかという（重要であるにもかかわらず、これまで研究が十分に蓄積されていない）観点から、ルソーの政治論を解釈する。そのため、検討対象を、三人がその政治論において主として参照した『社会契約論』および『ポーランド統治論』に基本的に限定している。ルソーの諸作品の包括的な解釈に基づく、国内外の豊かな先行研究群と、本稿の限定的解釈との関係整理は、筆者の力量不足ゆえに果たされていない。ただし、ブリュノ・ベルナルディの諸論考（とくに『ジャン＝ジャック・ルソーの政治哲学――一般意志・人民主権・共和国』三浦信孝編、永見文雄ほか訳、勁草書房、二〇一四年）は参考にした。

（4）J.-J. Rouseeau, *Du contrat social*（1762）, Œuvres complètes, éds. B. Gagnebin et M. Raymond, Bibliothèque de la Pléiade, 5vols., Paris : Gallimard, 1959-1995, t. 3, I, p. 351 ; I-8, pp. 364-365（以下CSと略記）。

（5）CS, IV-1, p. 438 ; III-4, p. 404.

（6）CS, II-6, II-7.

（7）貧富の格差是正の必要についてはCS, II-11, pp. 391-392. ルソーの経済政策と、シスモンディらがルソー的と考えて批判するフランス革命期の経済政策とは、もちろん区別する必要がある。後者についてはJean-Pierre Gross, *Fair Shares for All. Jacobin Egalitarianism in practice*, Cambridge University Press, 1997. 習俗を維持するための監察についてはCS, IV-7. 良き習俗は良き法律によって形成される一方で、法律は「第四の法」――習俗、慣習、とりわけ世論――の支えを必要とする（CS, II-12, p. 394）。法律と習俗・世論の関係についてはベルナルディ前掲書、第三章、および川出良枝「公共の利益のための学問――ルソーとフィジオクラット」『政治思想研究』第一四号、二〇一四年。公教育の重要性については*Considérations sur le gouvernement de Pologne*（1771-1772）, in *Œuvres Completes*, t. 3, IV, pp. 966-970（以下CGPと略記）. フランス革命期の公民化政策――共和国祭典、公教育等――についてはMona Ozouf, *La fête révolutionnaire, 1789-1799*, Paris : Gallimard, 1976. 不寛容な宗教を統制する必要についてはCS, IV-8, p. 469. フランス革命期の市民宗教論に対するルソーの影響についてはMichaël Culoma, *La religion civile de Rousseau à Robespierre*, Paris : L'Harmattan, 2010.

（8）CS, III-1, p. 397 ; CS, III-10, p. 423.

（9）CS, II-4, pp. 373 ; CS, III-5.

（10）CS, IV-5, p. 454. ルソーの護民府構想の後世に対する影響については、同構想とペンシルヴェニア州憲法の Council of Censors（1776-1790）との関係、後者を参照したフランス革命期のブリッソーやコンドルセの憲法構想との関係、フランスの一七九三年憲法の国家大陪審 Juré nationale や共和暦八年憲法の保全元老院 Sénat conservateur との関係、フランス革命後期の保全権力構想群（コンスタン、セイ、デステュット・ド・トラシらのもの）との関係、などに注意しながら、今後検討される必要がある。

（11）『社会契約論』と『ポーランド統治論』を併せて読む際、護民府と臨時人民連盟をどのように解釈するかは難しい問題である。『ポーランド統治論』では護民府論は展開されておらず、他方、『ポーランド統治論』においては、臨時人民連盟が、寡頭政化よりも、むしろ他国による侵略が懸念される状況を念頭において擁護されるが（CGP, IX, pp. 998-999）、『社会契約論』では一度その存在が示唆されるにとどまる（CS, III-13, p. 426）。本稿では、シスモンディおよびコンスタンの視点に沿って、統治権の濫用を抑制するのが護民府、立法権の簒奪を防ぐのが臨時人民連盟および人民の抵抗権であると解釈する。

（12）CS, III-10, p. 421.

（13）CGP, I, p. 955 ; III, p. 960 ; XII, p. 1018

（14）CS, III-15.

（15）フランス革命後半期にシスモンディが執筆した大部の政治論の原稿は、二〇世紀後半になって二つのバージョンが活字化されている。Jean Charles Léonard de Sismondi, *Recherches sur les constitutions des peuples libres*（1797-1801）, éd. Marco Minerbi, Genève : Droz, 1965 ; Ibid., *Essais sur les constitutions des peuples libres*（1797-98）, in Roberta De Reda, *Libertà e scienza del governo in Sismondi*, Roma : Jouvence, 1998, vol. 2. この二作品は、原稿の執筆時期、および考察対象に異同がある。本稿ではシスモンディのイギリス論およびフランス論が含まれている De Reda 版を用いる（以下、ECP と略記する）。作品の思想史的文脈については Minerbi および De Reda の解説を参照。シスモンディとスタール、コンスタンとの比較検討は未だ十分になされていない。

（16）ECP, II-15, p. 365 ; IV-10, p. 569.

（17）シスモンディは自由の語義の曖昧さがフランス革命期の政治的混乱の原因であると考え、自由を市民的自由（市民の諸権利の保証）、民主的自由（政治参加の権利）、ならびに政治的自由（国民中の諸階層間の均衡）に分けることを提唱する。彼によれば、政治体の存在理由は市民的自由の保証であり、それを党派的専制から守るのが政治的自由である。民主的自由は祖国愛を生む点では評価されるものの、政治的自由を破壊しやすい点で警戒される（ESP, I-2）。

（18）ECP, II-13, p. 342; III-9, p. 429.

（19）ECP, V-2, p. 592.

（20）ECP, III-7, p. 419.

（21）ECP, III-8, p. 425.

（22）シスモンディは総裁政府が集団的請願権を禁止したことを批判する（ESP, V-7, p. 666）。フランス革命期の請願権を巡る論争についてはRaymonde Monnier, *L'espace public démocratique : Essai sur l'opinion à Paris, de la Révolution au Directoire*, Paris : Kimé, 1992.

（23）ECP, III-10.

（24）Jacques Necker, *Du pouvoir exécutif dans les grands États*（1792）; *De la Revolution française*（1796）, in *Œuvres complètes*, Paris : Treutell et Würtz, 1820-21, t. 8, et t. 9-10. 二作品のうちシスモンディが引用するのは前者であるが（ECP, pp. 454, 633）、後者も参照したと推測される。ネッケルが総裁政府期のスタール、およびコンスタンの主要な論敵である点については、古城毅「フランス革命期の共和政論——コンスタンと、メストル、ネッケル、スタール」『国家学会雑誌』第一一七巻第五・六号、二〇〇四年（以下、古城（二〇〇四）と略記）、および、同「商業社会と代表制、多神教とデモクラシー——バンジャマン・コンスタンの近代世界論とフランス革命論（一）〜（五）」『国家学会雑誌』第一二七巻三・四号〜一一・一二号、二〇一四年（以下、古城（二〇一四）と略記）。ネッケルの革命前の政治経済論については、安藤裕介『商業・専制・世論——フランス啓蒙の「政治経済学」と統治原理の転換』創文社、二〇一四年。

（25）ネッケルの世襲君主政擁護論の概要、およびそれに対するコンスタンの理論的批判については古城（二〇〇四）、および古城（二〇一四）第六章第三節。

（26）スタールやコンスタンとの比較におけるシスモンディの政治構想の顕著な特徴は、理性的な知識人が公論を指導するべきであるという議論がないことである。

（27）ECP, IV-7, IV-10.

（28）ECP, V-10, p. 559.

（29）シスモンディの思想転換については中宮光隆『シスモンディ経済学研究』三嶺書房、二〇〇四年。

（30）本稿では総裁政府期に執筆された以下の三作品を中心に検討する。Germaine de Staël, *De l'influence des passions sur le bonheur des individu et des nations* (1796), Paris : Payot et Rivage, 2000（以下、IPと略記）; *Des Circonstance actuelles qui peuvent terminer la révolution et des principes qui doivent fonder la république en France* (1798-1799?), Genève : Droz, 1979（以下CAと略記）; *De la littérature considérée dans ses rapports avec les institutions sociales* (1800), Paris : Flammarion, 1999（以下DLと略記）。スタールに関する包括的な研究の古典は Simone Balyé, *Madame de Madame de Staël, Lumières et liberté*, Paris : Klincksieck, 1979. 共和政期のスタールについては、武田千夏「開かれたれアリストクラシー」の社会的インプリケーションについて—スタール夫人の自由論についての一考察」一〜二、『大妻比較文化』第六号、二〇〇五年、第八号、二〇〇七年。政治思想上の位置づけに関しては、川出良枝「精神の尊厳性——近代政治思想における自律的名誉観念の生成」『思想』九三四号、二〇〇二年。安藤隆穂『フランス自由主義の成立——公共圏の思想史』名古屋大学出版会、二〇〇七年。

（31）スタールのデビュー作は *Lettres sur les ouvrages et le caractere de J.J. Rousseau*, 1789 であり、その後もルソーはスタールの重要な対話者であり続けた。スタールとシスモンディは一八〇一年頃に知り合い、間もなく親しい友人となる。Norman King, « Sismondi, Madame de Staël et Delphine : les débuts d'une intimité », *Cahiers staëliens*, 1er et 2e semestres, 1979.

（32）従来のフランス史学においては、スタールはフランス革命前半期の急進的民主化運動への反発から、総裁政府の「ブルジョア支配」、さらにはナポレオンの軍事的専制に対して迎合的であったと解釈されることが多かった（E. g., Jacques Godechot, Introduction, in Germaine de Staël, *Considération sur la Révolution française* (1818), Paris : Tallandier, 1983）。

（33）スタールにおいて、自然的貴族政（CA, II-1, p. 170）と理性に基づく統治はともに、自然的な徳——共感、憐憫など——に合致した統治として定義される。すなわち、前者の下では適切な選挙・政治制度によって有徳な政治指導者が選ばれるため、彼らが制定した法は必ず自然的な徳と合致する（CA, Introduction, pp. 22 ; II-3, p. 252）。また、後者においては、人民の意志ではなく、「国民の継続的な意志」——国民にとって客観的に利益となる意志——に基づく統治がなされ、それは必ず自然的な徳に適ったものになる（CA, II-1, p. 207）。換言すれば、有徳な政治指導者は国民の客観的利益を常に認識する能力を有するとされる。

（34）CA, Introduction, pp. 35-38.

（35）DL, II-2, pp. 303-305.

（36）IP, I-7, pp. 150-151.

（37）スタールによれば、近代の大国における人々は、「平穏に利己主義的」であり、商業と所有権制度の下で、公的事柄からできるだけ距離を置こうとする（CA, I-3, pp. 109-110）。コンスタンは、このスタール夫人の近代人論を、シスモンディのそれと並んで熟読したうえで、数年後に『政治の原理』において著名な古代・近代比較論を展開する。注意すべきは、スタール夫人にあって「近代人の自由」は恐怖政治からの脱却という観点から一時的に肯定されているにすぎず、長期的には自然的徳に基づく新社会の形成が目標とされているということである。コンスタンの近代人論も同様の文脈において解釈される必要がある。

（38）スタールによれば、国民の大半を占める受動的な大衆 masse inerte はひたすら安穏を望むのみならず、安穏を保証しない統治者にすら従順である（IP, Introduction, pp. 28-30）。よって専制政治の成立を阻むには、情念を有する少数者を有徳な指導者として上手く活用しなければならない。

（39）スタールによれば、キリスト教と深い関係を持つ、近代世界における平等は、死すべき個人を孤独にし、そこからは生の苦しみへの鋭い意識と同時に、他者への深い共感、および強者が弱者を虐げることへの批判が生まれる（DL, I-9, pp. 184-185 ; I-16, p. 250）。

（40）政治的雄弁、および文学作品の役割については、CA, II-3, 4 ; DL, II-3, 8. スタールによれば雄弁は、大勢の人々を日常の利己主義から引き離すことができる（DL, I-29, p. 294; II-8, p. 400）。ところで、人々を徳化するためには、徳の内容を抽象的に提示するのではなく、個人が徳を体現してみせること、あるいはフィクションの中で有徳な登場人物に触れさせることが必要である（DL, II-3, pp. 328-329）。したがって、有徳な指導者と、優れた文学作品とが必要となる。

スタールやコンスタンは、知的・道徳的に優れた少数者のことを、哲学者 philosophe、文人 homme de lettre、あるいは作家 écrivainと呼んでいるが、これらの語の間にはニュアンスの違いが存在する。この点については、Paul Benichou, *Le sacre de l'écrivain* (1973), in *Romantismes français*, Paris : Gallimard, 2004, t. 2（ポール・ベニシュー『作家の聖別：一七五〇－一八三〇年――近代フランスにおける世俗の精神的権力到来をめぐる試論（フランス・ロマン主義 1）』片岡大右ほか訳、水声社、二〇一五年）. しかし、本稿では紙幅の制限、記述の便宜ゆえにこれらの語を一括して知識人と訳す。

（41）特定の個人に向けられた、批判精神を伴いうる讃嘆の情、という意味での敬愛 admiration は、スタールの自然的貴族政論における中心概念である（DL, II-3, p. 328）。それは、旧君主政下で一般的であった上位者に対する盲従、および恐怖政治期に生じた、人民主権などの抽象的概念に対する狂信と対比される。スタールの敬愛論は、コンスタンの『宗教論』における多神教評価論――一神教とは異なり、多神教においては、神々の多数性および可変性 versatilité ゆえに、信者は、神に対して、批判精神を伴う崇敬を捧げることができるという議論――に大きな影響を与えたと推測される。

（42）IP, Introduction, pp. 40-41.

（43）スタールにおいては、商業発展によって国内外での平和が促進されることへの期待と、諸国家は競争・対立しているという現実認識とが併存している。

（44）CA, I-1, p. 59. コンスタンも、フランス君主政の主要な特徴は、世襲君主と利害を共にする宮廷貴族が同時に武人貴族として社会的序列の頂点に位置したことであり、その結果、被治者を侮蔑する態度、物事を力で解決する態度、上位者に盲目的に服従する態度などが下位の諸階級によって模倣され、国民全体の特徴となったと批判する（『大国の共和政』*Fragments d'un ouvrage abandonné sur la possibilité d'une constitution républicaine dans un grand pays*（1803）, Paris : Aubier, 1991, pp. 197-199）。興味深いのは、スタールとコンスタンが、モンテスキューを卓越した政治学者として尊敬しつつも、彼の名誉論を厳しく批判することである。すなわち、スタールは『デルフィヌ』（1802）における貴族青年 Léonce の批判的描写を通じて、名誉が逆境において個人を真に支えられないことを批判し、自然的徳を支持する。また、コンスタンからすれば、モンテスキューのいう名誉とは、時には権力者に気に入られることを望み、別の時には権力者に逆らうことは名誉とする虚栄の感情に過ぎない（古城（二〇〇四）註122を参照）。

（45）DL, II-3, pp. 327, 330.

（46）段階制が自然的貴族政の不可欠の要素であることについてはCA, II-1, p. 183. フランス革命期の段階制論および合議制論については古城（二〇〇四）。ルソーの段階制論についてはCGP, XIII, pp. 1020-1029.

（47）スタールは統治者が情念に左右されやすいことを問題視する一方で、統治者は私的な徳・感情に流されず、冷徹に統治するべきであるという考えも批判する（IP, Conclusion, pp. 242-244 ; DL, II-2, p. 318）。私的な徳・感情に適った統治こそ、一般国民の自発的服従を可能にするからである。

（48）スタールはイギリスで発展した近代小説を高く評価する。何の変哲もない普通の人間の生活の中に徳を巡るドラマがありうることを初めて示し、新種のヒロイズムを生み出したからである（DL, I-15, p. 245）。

（49）総裁政府期の諸作品において利己主義の蔓延を嘆きつつも、新しい社会の形成に期待をかけたスタールは、ナポレオン政権期に入ると、二つの小説――『デルフィヌ』（1802）および『コリンヌ』（1807）――において、利己主義に満ちた社会を所与とし、そこでの少数の有徳な人間たちの悲劇を主題とするに至る。

（50）被選挙権に財産資格を設けることへの反対については CA, II-1, p. 188. 公教育に熱心ではない点についてはCA, II-4, p. 276.

（51）ルソーによれば、公教育において、生徒たちは平等、兄弟愛、競争、そして公衆から評価されたいと望む習慣を身に付ける（CGP, IV, p. 968）。そのような公教育の延長線上に、公衆の継続的な支持を獲得したいという欲求に基づく段階制が成り立つ（CGP, XII, p. 1019）。

（52）スタールは軍人や統治者が被治者の敬愛を喚起できないことを嘆く。軍人が党派精神、怒りの感情、あるいは服従の習慣に染まりやすい点については IP, I-7, p. 157 ; CA, II-4, pp. 290-291 ; DL, *discours préliminaire*, p. 81.

（53）男性統治者と女性文学者の分業論についてはDL, II-4（« Les femmes qui cultivent les lettres »）。男性が女性の幸福に無関心である点については IP, I-4, p. 119.『デルフィヌ』および『コリンヌ』の主題は、名誉・キャリアを優先する男性たち（Léonce, Oswald）が、愛に生きる恋人たち（Delphine, Corinne）を捨てるというものであり、この主題はコンスタンの『アドルフ』（1809 ?）へと継承される。

（54）CA, I-4, pp. 113-123.

（55）CA, II-2, pp. 222-226.

（56）スタールは迷信を支えるカトリック教会の影響力を除去するために、フランスにプロテスタンティズムを広めるべきだと主張し、その際、プロテスタント教会の聖職者に国家が俸給を与えなければ、カトリックの信者は金銭負担を嫌って改宗しないだろうと述べる（CA, II-2, p. 233）。

（57）『デルフィヌ』および『コリンヌ』においては、文学や宗教感情を通じた徳化の可能性と、その困難が論じられる。同時に、二作品は、ナポレオン政権の厳しい検閲体制の下でフィクションを用いて同政権を批判しようとする試みであった。その後、『ドイツ論』（1813）では、広義の文学の検討を通じて、文学の背後にある社会の在り様を理解するという『文学論』の試みを継承する形で、同時代のドイツの思想状況が多角的に紹介され、それを通じて近代ヨーロッパの政治・社会に関する考察、および同時代のフランスへの批判がなされる。いずれの試みもナポレオンを激怒させた。

（58）本稿では、シスモンディとスタールについての検討が、筆者の力量不足により、総裁政府期に限定されるのに対して、コンスタンについての検討は、（本稿の表題に反して）曲がりなりにも復古王政期まで及ぶ。まず、総裁政府期の論考――*De la force du gouvernement actuel de la France et de la nécessité de s'y rallier*（*1796*）, éd. Philippe Raynaud, Paris: Flammarion, 1998（以下DFと略記）; *Des réactions politiques*（1797）, in *ibid.*（以下RPと略記）、および *De la perfectibilité de l'espèce humaine*（1799?）, in *Œuvres complètes de Benjamin Constant*, Série Œuvres, I, 1995, pp. 456-475（以下PEHと略記）――を検討する。つづいて、ナ

ポレオン政権期に執筆された『大国の共和政についての断章』（1803）、および『政治の原理』（*Principes de politiques applicables à tous les gouvernements*（1806）, éd. Etienne Hofmann, Genève : Droz, 1980を扱う。最後に晩年の遺作『宗教論』について簡略に紹介する（*De la Religion considérée dans sa source, ses formes et ses développements*（1824-1831）, Acte Sud, 1999（以下*De la religion*と略記）。未刊の部分は遺作として出版される：*Du Polythéisme Romain, considéré dans ses rapports avec la philosophie grecque et la religion chrétienne*, 2 vols, Béchet Ainé, 1833）。コンスタンの政治思想に関しては、本邦でも既に豊かな研究蓄積がある。田中治男『フランス自由主義の生成と展開——一九世紀フランス政治思想研究』東京大学出版会、一九七〇年。宇野重規「フランス自由主義の諸相とアレクシス・ド・トクヴィル——個・政治・習俗」『国家学会雑誌』第一〇七巻五・六号、一九九四年。堤林剣『コンスタンの思想世界——アンビヴァレンスのなかの自由・政治・完成可能性』創文社、二〇〇九年。安藤隆穂、前掲書。

（59）コンスタンとルソーの関係については古城（二〇一四）第一章第一節。コンスタンとシスモンディの関係については、Norman King et Jean-Daniel Candaux, « La correspondance de Benjamin Constant et de Sismondi（1801-1830）», *Revue européenne des sciences sociales*, t. 18, n. 50（= *Annales Benjamin Constant*, n. 1, 1980）, pp. 81-172. コンスタンとスタールとの関係については古城（二〇〇四）、および古城（二〇一四）第六章第三節。

（60）フランス史学において現在でも根強い解釈によれば、スタールと同様、コンスタンにとっても主たる批判対象はフランス革命期の恐怖政治であった。これは、コンスタンをルソーを批判した消極的自由主義者であると規定したバーリンの解釈とも連関する。しかし、この解釈はコンスタンの基本的な歴史認識を誤読したものである（先行研究批判については古城（二〇一四）序）。コンスタンは総裁政府期以来（DF, VI, p. 69 ; RP, V, p. 116）、晩年の『宗教論』（*De la religion*, Préface, pp. 31, 33）に至るまで一貫して、近代世界が直面する真の危険は、政治的情念の一過性の暴発としての恐怖政治ではなく、宗教的権威、世襲身分制、ならびに習慣の拘束力が弱体化する結果として、軍事的専制が成立することであると述べている。

（61）コンスタンはフランス革命期の好戦的な外交政策を批判し、祖国愛は、人類愛、後世の人々への愛につながるものでなければならないとする（DF, p. 30）。

（62）RP, II-IV.

（63）PEH, p. 474. コンスタンの統治消滅論は、ウィリアム・ゴドウィンの議論を参照しながら形成されたものである。コンスタンは一七九八年から一七九九年にかけて、ゴドウィンの『政治的正義』（*Enquiry Concerning Political Justice and its Influence on Morals and Happiness*, 1793）をフランスで初めて仏訳し、出版しようとした（*Œuvres complètes de Benjamin Constant*, Série

Œuvres, II, 2 vol. 1998に所収）。その目的は自律的な公論を通じた、非暴力的かつ漸進的な改革を支持することであった。しかし、ナポレオン政権が成立すると出版計画は放棄される。両者の関係については、Bertrand Binoche, « Godwin et Constant, ou comment ne pas trop gouverner », in Binoche, *La raison sans l'Histoire: Échantillons pour une histoire comparée des philosophies de l'Histoire*, PUF, 2007.

（64）RP, X, pp. 151-152 ; PEH, pp. 462-464.

（65）国民の理性化論が抱えている問題については、古城（二〇一四）第六章四節。

（66）『政治の原理』の読解は古城（二〇一四）に基づく。紙幅の制限ゆえ、細かな論証は同論文に譲りたい。

（67）古城（二〇一四）第二章第一節。

（68）従来、コンスタンの近代世界論は専ら「穏やかな商業 doux commerce」論の典型として読解されてきたが、適切ではない。この点については古城（二〇一四年）序。

（69）古城（二〇一四）第二章第二節。

（70）古城（二〇一四）第二章第三節の一。

（71）コンスタンは一八〇一年に、知人であったシスモンディから原稿の出版先を紹介してほしいとの依頼を受け、その際、原稿を熟読したうえで『政治の原理』を執筆している。両著の関係についてはEmmanuelle Paulet-Grandguillot, *Libéralisme et démocratie. De Sismondi à Constant, à partir du Contrat social (1801-1806)*, Genève : Slatkine, 2010.

（72）古城（二〇一四）第二章第三節の二。

（73）コンスタンの保全権力論の特徴とその問題点については古城（二〇〇四）、および古城（二〇一四）第七章第二節。フランス史における保全権力論の位置づけについてはMarcel Gauchet, *op.cit.*, troisième partie ; Marcel Morabito, *Le chef de l'Etat en France*, 2ème éd. Paris : Montchrestien, 1996, pp. 74-75.

（74）古城（二〇一四）第四章第三節、第七章第三節・第四節。

（75）ルソーと比較した際のコンスタンの古典古代像の特徴は、多神教の意義を非常に強調する点にある。

（76）コンスタンによれば、古代アテナイにおいては、政治、商業、知的活動、ならびに宗教活動の間の調和が実現された。その結果、古代アテナイの市民たちは、政治的情念や商人的悪徳を生みかねない利己心、一元的な世界理解に傾斜して反デモクラシー論を生みやすい知性、ならびに党派精神や迷信に堕しかねない宗教感情、この三つの性向を均衡させ、そのことによって、それぞれから肯定的なエネルギーを引きだすことに成功した。そこから、自由な政治体制を支えるために必要な精神が生まれた。以上のような『宗教論』の議論においては、政治的情念、利己心、あるいは宗教から自己を解放し、自明の真理に服従することが理性に基づく生き方である、という以前の主張は撤回されている。詳細は、古城（二〇一四）第九章第一節。

(77) フランス革命期から一九世紀にかけてのフランスにおける、多様な政治構想については、宇野重規・伊達聖伸・髙山裕二編『社会統合と宗教的なもの——十九世紀フランスの経験』白水社、二〇一一年。同『共和国か宗教か、それとも——十九世紀フランスの光と闇』白水社、二〇一五年。

カール・シュミットと決断の根拠

●――大竹弘二

はじめに

カール・シュミットについては一般的に「決断主義者」というイメージが定着しているように思われる。その議会主義批判に典型的に見られるように、シュミットにとって政治の本質は、終わりのない議論を続けることではなく、決断を下すことにこそある。その点でシュミットはしばしば、エルンスト・ユンガーやマルティン・ハイデガーといったヴァイマル保守主義者たちと並んで、いかなる価値も基準も失われた同時代のニヒリズム的な危機を、自己創設的な決断の力によって克服しようとした思想家として捉えられている(1)。そしてそのような決断は、拠り所となる基盤のないところで自分自身を打ち立てるようなものとして、無根拠に下される決断という性格を帯びてくる。そうしたことから、シュミットにとっては決断を合理的に根拠づけることよりも、いかなるものであれ決断を下すことそれ自体が重要であったとみなされるわけである。

しかし本当にシュミットは、決断の内容を一切問うことなく、単に決断がなされればそれで良いと考えていたのか。彼は、理性に対して意志を優位に置くような、非合理主義的な決断主義者だったのか。実のところシュミットにおいても、決断というものはやはり一定の根拠もしくは理由がなければならないものであった。彼自身は決断に合理性を与えることを放棄したわけではなく、（それが結果としていかに問題含みのものであったにせよ）決断の根拠付けにこだわり続けた。それでは、シュミットが追究していた決断の根拠付けとはいかなるものであったのか。そうした（決断の無根拠性というよりも）決断の根拠付けに内在する問題が彼のナチス・コミットにもつながっているとすると、その問題点を再検討しておくことが、政治的な決断というものの今日的な意義を明らかにするためにも必要であろう。

一　決断主義思想の萌芽とその形成

単純に決断主義として総括されがちなシュミットの思想であるが、彼の思想行程にはおおよそ三つの段階があったということがよく指摘されている。それはシュミットが『法学的思考の三種類』（一九三四）で提示した法学思考の三類型を彼自身の思想的発展に当てはめるもので、それによるとシュミットの思想は、一九一〇年代の規範主義の時期、二〇年代の決断主義の時期、そして三〇年代のナチス時代の具体的秩序思想の時期に大別できるとされる。[2] こうした見方は間違いとは言えないにしても、シュミットのイメージを決定づけている二〇年代のヴァイマル期の決断主義は、この時期になって突然現れてきたわけではない。たしかに、決断主義的なシュミットの立場は、第一次世界大戦終戦前後のヨーロッパにおける革命騒乱に影響を受けているとみなすこともできる。ロシアやドイツをはじめとする各国で君主制から共和制、さらには社会主義への体制変動が次々と生じる状況を目の当たりにして、シュミットはまったく新たな政治秩序を打ち立てる主権的決断という思想に至ったということである。「規範的に見て、決断は無から生じる」[3] というわけである。

しかしながら、決断というものが法規範そのものよりも重要な意味を持つという主張は、第一次世界大戦以前のシュミット最初期の著作『法律と判決』（一九一二）のなかにすでに見て取ることができる。この著作ではそのことが、司法決断、つまり裁判官の下す判決を考察するなかで強調されている。シュミットは『法律と判決』において、「司法の決断が正しいのはいつか」[4]、つまり、裁判官の判決はどういう場合に「正しい」と言えるのかという問いに答えようとしている。この問題を考察するなかでシュミットは、「規範に対する司法決断の自立性」[5]を発見するのである。

裁判官の判決の正しさの基準を探求するにあたって、シュミットがまず退けるのは法実証主義の考え方である。つまり、法律の条文には「法律の意志」あるいは「立法者の意志」が内在しており、法解釈を通じてそれを正確に引き出せればその判決は正しい、とする考えである。だがシュミットにすれば、いくら法律の条文を厳密に読解して、その裏にある意志を推し量ろうとしても、それでは決して正しい判決は下せない。法律に先立ってそれを作った者の意志が存在するというのは「フィクション」にすぎない。初期のシュミットが好んで参照するハンス・ファイインガーの『〈かのように〉の哲学』（一九一一）の言葉を借りれば、人は法律の背後にあたかも立法者の意志があるかのように振る舞っているにすぎないのである。「立法者は構成されるのであって、再構成されるのではない」[6]。したがって、司法決断の正しさの基準は、解釈を通じて法規範から内在的に導き出すことはできない。

シュミットにすれば、裁判官の法実務（Rechtspraxis）は、法理の解釈に尽きるものではない。それは理論とは根本的に別の次元にある一つの実践にほかならない。というのも、裁判官がある判決を下すさいに向き合わねばならないのは、法律の条文というよりも、現実の具体的な事例だからだ。裁判官はそうした個々のケースを前にして、そのつど自分の判断でそれに法律を適用する。法を適用するという行為は、単に法を理論的に解釈することではない。それはむしろ、個別事例を前にした裁判官によるそのつど一回的な決断という性格を持っている。

> 法実務はすでにその概念上、厳密な意味での法学とは異なるものである。法学が追求するのは、矛盾のない閉じた規範体系である。法適用においては、あらゆる関心は（論理的にも心理的にも）それに対する司法決断がなされねばならない具体的な個別事例に集中する。[7]

司法決断とは、個々の事例に対する実践的な応答である。それゆえ、具体的な事例が生じるのに先立ってあらかじめ正しい司法決断の内容を定めることなどはできない。決断がなされるという事実そのものは、決断の内容に対して相対的に自立しているのである。したがって決断の正しさの基準は、決断の内容が何らかの「実体的正義」に合致しているかどうかという点に求められてはならない。(8)

それゆえ、このこと〔決断の中身を正当化するような諸々の内容を追求すること〕は拒否されねばならない。というのも、司法の決断もそのような内容に無関心に振る舞うことがありうるからであり、また、ある特定の仕方で決断せねばならないということにも増して、そもそも決断をせねばならないような決断が存在するからである。(9)

司法決断の正しさについての考察は、その内容とは無関係に、決断に固有の実践的性格を考慮しなければならないのである。

『法律と判決』における決断のこうした「内容的無関心」への洞察が、シュミットの決断主義を代表する著作である『政治神学』（一九二二）へと受け継がれることになる。『政治神学』でもまた、法の適用は必ずしも法規範の内容には関わりがないことが言われている。

あらゆる具体的な法的決断は、内容的無関心の契機を含んでいる。なぜなら、法的結論はその前提から余すところなく完全に導き出されうるものではないし、決断が不可欠であるという事情は一つの自立した決定的契機であり続けるからである。(10)

こうした立場は、主権的決断についてのシュミットの定義においていっそう明確となる。そのさい彼が重視するのは、いかなる内容の決断であるかということよりも、「誰が決断するのか（quis judicabit）」、つまり決断の権限を持っているのは誰なのか、ということである。(11)シュミットは「真理ではなく、権威が法を作る」というホッブズの言葉を好んで引用する。シュミットにとっては、決断の内容の真偽よりも、ある権威が決断を下すことによって何であれ法が作られるという事実のほうが重要なのである。そうしてみると、シュミットにおける主権的決断が、何の前提も根拠もなしに下される「無からの決断」であるように見えてもおかしくはない。彼が非合理的な決断主義者とされるゆえんである。

しかし、実のところシュミットは、決断にはいかなる根拠も理由も必要がないなどと主張しているわけではない。むしろ彼は、決断が「計算可能」で「予見可能」であることにこだわっている。「司法決断が正しいのは、それが予見可能で計算可能な場合である」[12]。何らかの仕方で根拠づけられ、一定の合理性をもった決断でない限り、決断の正しさを問うことはできない。さもなくば、その決断は単に主観的で恣意的な決断に陥ってしまうだろう。しばしば誤解されるが、シュミット自身は決してそのような決断を主張してはいない。それはむしろ、彼が批判する「政治的ロマン主義」の態度に近いものである。

シュミットによれば、ロマン主義の問題点は、合理的な「原因（causa）」を否定して、それを「偶因（occasio）」で置き換えるところにある。それは一七世紀のマールブランシュの機会原因論（Okkasionalismus）にまで遡ることのできる思考であり、それによれば、すべての出来事は、理性的に理解できる因果連関に従って生じるというよりも、そのつどの神の介入によって生じるものとみなされる。その場合、各々の出来事は、相互に関連なくそのつど偶然的に起こる出来事へと還元されることになる。一九世紀のロマン主義は、このマールブランシュ的な神の役割を天才的・創造的な主観が引き受ける「主観化された機会原因論」にほかならない。

> ロマン主義は或る独特の概念によって最も明瞭に特徴づけられる。それは偶因の概念である。……それは原因という概念の否定、すなわち計算可能な因果性の強制の否定であり、なおまたあらゆる規範への拘束の否定なのだ[13]。

ロマン主義においては、出来事はすべて因果性や規範性から解き放たれた偶然的なものとなる。主観は各々のそうした出来事を自らの絶対性を確認するための機縁とする。そのさいに主観の決断の拠り所となりうるのは、いかなる合理的な理由でも規範でもなく、単にそのつどの偶然的な出来事でしかない。シュミット自身はあくまでも、決断がそのように場当たり的で恣意的なものになることを避けようとする。決断は根拠付けがなされねばならないのである。

二　シュミットにおける決断の根拠付け――形式主義から実体主義へ

決断がそのつどの恣意的なものにならないようにそれに根拠を与えようとするシュミットの立場は、その初期から一貫している。とはいえ、一九一〇年代の規範主義の時期と、二〇年代の決断主義の時期とでは、その根拠付けの仕方が変化していることも事実である。端的に要約すれば、一〇年代には、司法決断が形式主義的な仕方で根拠付けられているのに対して、二〇年代には決断が一定の実体主義的な性格を帯びた仕方で根拠付けられるようになるのである。

先述のように、シュミットは一九一〇年代の『法律と判決』のなかで、裁判の判決の正しさはその内容によっては判断できないと主張していた。では結局彼は、いかなる判決であれば正しい判決とみなすことができると考えていたのか。この著作でのシュミットの立場は極めて「カント主義的」である。彼は、今日の裁判における判決が複数の裁判官たちの「合議」を通じて下されることに注目したうえで、司法決断の正しさの基準を次のように定式化する。

今日、ある司法決断が正しいとされるのは、他の裁判官であっても同じように決断したであろうと想定しうる場合にである。ここでの「他の裁判官」が意味しているのは、法律を学んだ現代の法律家の経験的類型のことである。[14]

シュミットのこの定式は、カントの『実践理性批判』における定言命法を変形したものにほかならない。[15] つまりそれは、自分自身の格率が同時に普遍的法則にもなるように、という普遍化原則を踏まえた定式なのである。これに従えば、決断の正しさは、その内容によってではなく、他者がそれを受け入れ可能かどうかによって判断される。これは正しさについての、普遍主義的とまでは言わずとも、形式主義的な規定である。要するに、他者（この場合は他の裁判官）の間主観的な承認を得られる判決こそが、正しい判決だというのである。これこそが、法の内容に依存することのない、実践に固有の正しさの基準とされるのである。

たしかにシュミットはここで、カントほどの普遍主義に徹しているわけではない。シュミットが前提しているのはあくまでも裁判官同士の合意である。判決の「決断根拠」はさしあたり「他の裁判官」を納得させうるものであれば十分であり、間主観主義的な合意がすべての人に無制限に開かれているわけではない。シュミットが信頼を置くのは、「学識ある職業裁判官」[16]が現に存在しているという事実である。彼にとっては、抽象的・普遍的な理念よりも、現実にある制度こそが重要なのである。ここに、普遍的人権に対して教会や国家のような制度に優位を置くシュミットの「制度的思考」の（さらにはいわゆる「カテコーン」思想の）萌芽を見ることは難しくない。

とはいえ、このような限定はあるにせよ、『法律と判決』での司法決断の根拠付けが、決断の恣意性を回避する一つの方途であることは事実である。そのつどの裁判官個人の主観に左右されないような判決であるためには、それは他の裁判官から見ても説得力を持ち、受け入れ可能なものでなければならない。各々の裁判官が他の裁判官であっても同じように決するだろう判決に配慮してこそ、判決の予見可能性や計算可能性が生まれ、法的安定性も確保することができるというわけである。

しかしながら、このようなカント主義的な立場は、一九二〇年代のシュミットにおいては背景に退くことになる。そして、そうした形式主義的な決断の根拠付けに代わって現れてくるのが、「正常性（Normailtät）」という概念のもとで行われる一種の実体主義的な根拠付けである。まさに「正常なもの」という概念こそが、「ロマン主義的なものの機会原因論的な無拘束性」に対立するとされるのである。[17]正常性とは、合法性に先立って、その前提として存在している事実的な状態を指す語にほかならない。それはそれ自体としては法規範ではないが、しかしそのような正常とされる状態が打ち立てられていなければ、法規範は妥当性を持つことはできない。「この正常な状態は、そもそも法規範が妥当しうるための前提である。なぜなら、あらゆる規範は正常な状態を前提とし、完全に異常な状態にはいかなる規範も妥当性をもちえないからである」[18]。これはいかなる意味であろうか。

シュミットによれば、形式的な合法性の体系は、それ自体では自らの安定した存立を確保することができない。なぜなら、法は自分自身の適用をコントロールすることができないからである。法の運用はそのつど人間によって行われる以上、法は自分がどのように運用されるべきかをあらかじめ定めることなどできない。これは法的安定性を脅かしかねないような、法そのものに内在するアポリアである。それは極端な場合には、完全に法に則った仕方で当の法自体が転覆されるという帰結をも招くことになるだろう。合法的な決定が、それが基づいているはずの合法性そのものを廃棄するということが起こりうるのである。シュミットの見るところ、合法性の形式的な遵守で十分とする法実証主義的な立場では、合法性のそのような自己破壊を防ぐことはできない。

したがって重要なのは、単に合法性を守ることではなく、その基礎を成している実体的・具体的な秩序を守ることである。正常なものとして打ち立てられたそうした秩序があってはじめて、合法性はその安定性を確保することができる。法的決断とは（裁判の判決であれ行政府の法運用であれ）、単に合法性に則った決断ではなく、そのような正常性の維持に配慮した法適用でなくてはならない。その限りで、この「事実上の正常性」は、法規範にとって単なる「外的な前提」ではなく、その「内在的な妥当性」の一部を構成するものにほかならないのである。[19]

いわばシュミットは合法性と正常性という二段階の規範を設定している。この区別はおおよそ、『憲法論』（一九二八）で述べられるところの「憲法律（Verfassungsgesetz）」と「憲法（Verfassung）」との有名な区別に対応していると言える。憲法を守るということは、単に憲法における個々の実定的な条規である憲法律を守ることに尽きるものではない。憲法とは、そうした実定条規の基礎を成す根本的な政治的立場を表明したものにほかならない。仮に憲法律が侵害されるとしても、それは憲法を守るためのものであれば許容されるし、また逆に、仮に憲法律が守られていたとしても、それが憲法のほうを侵害するようなことになってはならない。「憲法の保護と個々の憲法律上の規定の保護とが同一のことでないのは、憲法の不可侵と個々の憲法律上の規定の不可侵とが同一でないのと同じである」。[20]

ここから出てくるのが、一方では、共和国大統領《ライヒ》が「例外状態」で下す「措置」についてのシュミットの有名な議論である。つまり、秩序の正常な状態が脅かされたときには、共和国大統領はヴァイマル憲法第四八条第二項に基づく「憲法の番人」として、憲法律上の形式的な規定を超えて行動することが許されるとするものである。また他方で、同じく有名なシュミットの「憲法改正の限界」論も、[21] そうした二段階の規範設定に由来する。たとえ憲法律上の規定を完全に遵守した改正手続きであったとしても、憲法そのものを根本的に変革してしまうような改正は許されないというわけである。シュミットは一九三〇年代初めに世界恐慌の余波を受けてナチスや共産党が議会で躍進する状況を目の当たりにして、形式的合法性のそのような自己破壊、いわゆる「合法的革命」に強い危機感を抱くことになる。あらゆる政治勢力に権力獲得の「平等のチャンス」を認める中立化されたヴァイマル自由主義は、「合法性の濫用」によって自分自身が転覆されてしまうことを防ぐことができない。合法性の遵守のみに固執し、自らの実体的な基礎を守ろうとしない憲法は、敵に対して自らを防衛できないのである。

この点（実体的内容を承認するか、価値中立を保持するか）に決定を下す勇気を持てず、実体的秩序を捨て、抗争する諸階級、諸方向、諸目標設定に対して、合法的に目算に到達し、すべての党派目標を合法的に達成し、すべての敵を合法的に滅ぼしうる、などという幻想を与えようとする憲法は、今日ではもはや、煩雑な形式的妥協としてすら不可能であり、実際的結果において、それ自身の合法性および正統性をも破壊することになるだろう。このような憲法は、憲法が真価を発揮しなければならないはずの危機的瞬間において、必然的に無力たらざるをえない。[22]

合法的革命に対するシュミットのこうした懸念は、一九七〇年代のユーロ・コミュニズムの改良主義路線に（ほとんど的外れの）非難を向けている最晩年の論文「合法的世界革命」（一九七八）に至るまで変わることがない。[23]

他方で、合法性の上位に正常性という「超合法性」（シュミットが法学者モーリス・オーリウから借用した概念）を設定するシュミットの議論は、第二次世界大戦後のドイツ連邦共和国（西ドイツ）の政治体制に少なからぬ影響を与えたとも言われている。[24] すなわち、戦後の西ドイツでは、ある程度合法的な仕方でヴァイマル体制を転覆したナチスの経験を反省して、「自由で民主的な基本秩序」を脅かす者に対しては、たとえ合法的なものであったとしてもその活動を認めないとする立場が明確にされた。このいわゆる「戦う民主主義」のもとで西ドイツは、憲法（基本法）への改正限界の明示や憲法裁判所の設置など、単に憲法（基本法）の実定的な条文だけでなく、むしろその基礎を成している根本価値を守ろうとするのである。ヴァイマル期のシュミットがそうした戦後の西ドイツにおける「合法性」と「基本秩序」という「二段階合法性(25)」を先取りしていたということから、彼をボン共和国の先駆者であるかのようにみなす議論も一部では存在する。

いずれにせよ、「決断主義的」とされる一九二〇年代のヴァイマル期にシュミットが主張していたのは、何ものにも拘束されない主体の自由な決断というよりも、秩序の正常性に基づいた決断である。そのような正常性によって根拠付けられてこそ、法的安定性、さらには秩序そのものの安定性を確保することができる。ここでは決断の根拠は、一九一〇年代のように他者の合意可能性という形式主義的な仕方によってではなく、ある程度実体的に捉えられた秩序を通じて与えられる。しかしながら、このような実体主義的とも言える決断の根拠付けが、ナチス期のシュミットにおける極めて問題含みの思想につながっていくのである。

三　合法性なき正常性——法治国家 vs 正義の国家

一九二〇年代のシュミットの「正常性」という実体的秩序概念は、三〇年代になると「具体的秩序」という概念に発展し、いわゆる具体的秩序思想の段階に入ることになる。しかし、この段階のシュミットの思想は、彼のナチス・コミットとの絡みもあって非常に問題の多いものである。形式的な実定法の体系を超えるとされる具体的秩序は、単に実定法の基礎であるだけでなく、そもそも実定法がなくても規範としての妥当性を持つかのように位置づけられるのである。そのことが、具体的秩序の名のもとに近代的な法治国家の原則を廃棄することを容認するような帰結を招くことになる。

具体的秩序思想はナチス期の論文『法学的思考の三種類』のなかではじめて明確に提起される。「ノモス」という言葉でも言い換えられているこの具体的秩序は、それぞれの時代や民族に固有の「正常性」に基づく規範的秩序であるとされる。いかなる状態を「正常な」状態とみなすかは時代や民族によって異なるのであり、それゆえ各時代・各民族は自らに固有の規範を持つというのである。

不断の不可避的かつ不可欠な具体的想定なしには、法学的理論も法学的実践もありえない。だが、このような法的想定は、正常とみなされた状況および正常とみなされた人間類型という具体的な前提から直接に生じるものである。それゆえ、このような法的推定は、時代や民族によっても異なるし、また、法学的思惟様式の相違に応じても異なるものである。[26]

したがって具体的秩序は、近代的な法治国家のように、いつの時代にもどの場所にも当てはめることができるような一般化可能な法秩序ではない。重要なのは、抽象的な普遍規範ではなく、民族の固有性に根差した規範だというのである。いまやナチス体制支持の姿勢を鮮明にしたシュミットに言わせると、ナチス国家は一九世紀の法実証主義とそれに基づく西欧的な市民的法治国家を克服した。それはドイツ民族固有の実体的秩序に基づくものとして、「法治国家(Rechtsstaat)」というよりも、「正義の国家(gerechter Staat もしくは Gerechtigkeitsstaat)」[27]と呼ぶにふさわしいものとなったとされるのである。

かくしてナチス期のシュミットは、かつての『法律と判決』などでは慎重に扱われていた「実体的正義」という言葉に訴えることとさえ厭わなくなる。そして近代的な法治国家は、そうした正義を断念して、形式的な法的安定性のみに配慮しているがゆえに非難されるのである。

「法治国家」という概念の助けを借りることで、事実に即した明確な実体的正義に代わって、一連の形式的な方法・原理・規範・制度が前面に出てくる。それらにおいては正義ではなく、「法的安定性」が特に重視される。これは法治国家を単なる法律国家に変えるが、にもかかわらず、事実に即した正義をあからさまに断念することで、自分

が「法治国家的」であることを要求するのである。(28)

シュミットにとって、ナチス国家は近代的法治国家とは異なり、合法性によってではなく、正義の原理によって直接統治される国家にほかならない。このように正義を直接的に執行する国家という思想のもとに、彼はナチスによる法治国家原則の侵害を正当化する発言を繰り返すことになる。例えば、一九三三年初めのヒトラー首相就任直後の議会選挙のさなかに有名な国会議事堂放火事件が起こるが、その容疑者に事後法で死刑を適用した事例、あるいは、三四年六月末にエルンスト・レームを始めとする突撃隊（SA）の幹部が粛清された「長いナイフの夜」など。シュミットによれば、これらの措置はたしかに形式的に見れば合法的ではないかもしれないが、民族の実体的な秩序を守るためには正当化されるというのである。こうして具体的秩序思想は、実定法の侵害を容認し、近代的法治国家を破壊するところまで行き着くことになる。

このようなナチス国家は、合法性に対する正常性の優位がその極限にまで至った体制であるとみなすことができる。そこではあらゆる決断は、法律に基づいてではなく、その上位規範である正常性に基づいて行われる。そうした決断は法的決断というよりも、むしろ「措置（Maßnahme）」と呼ぶのがふさわしい。つまり、規範適合性ではなく、事実的状態に直接対処するための目的合理性に支配された決断である。その限りでシュミットの考えるナチス国家は、法に対して措置が優先する「措置国家」という性格を帯びることになる。(29) そして、そのような措置の優位がいわゆる「例外状態」の特徴であるとすれば、ナチス国家においてはいわば例外状態が永続的なものとなるのである。

措置は「不正常」とみなされる状態を正すために下される。そのさい、そうした状態が法に照らして合法であるか不法であるかは関係がない。正常／不正常というコードは、正／不正というコードとは違って、法的な基準ではなく、むしろ社会学的な基準であると言える。その限りで措置は、もっぱら一般的な規則を通じて支配する法治国家よりも、社会への実質的な政策介入を行う干渉国家に適した手段である。それは単に法を維持するのではなく、その根底にある社会秩序を維持するためのものなのである。そうした観点から見ると、ナチス期のシュミットの議論は、一九世紀後半以降に刑法学や犯罪学の分野で浮上してきた社会防衛論の延長上に位置づけることもできる。つまり、すでに起こった犯罪に事後的に法を適用するのではなく、犯罪が起こるに先立ってその予防のために社会や個人に政策的な対処を行う実践である。それによって統治の力点は、法的な正しさよりも、社会的な正常性の維持へと移行することになるのである。ミシェル・フーコーが指摘するように、「正常化の手続き」が「法の手続き」を侵食する「正常化社会」への移行である[30]。

こうした社会防衛論は、イタリアのチェーザレ・ロンブローゾやエンリコ・フェリ、ドイツのフランツ・フォン・リストなど、いわゆる「新派刑法学」に代表されるものである。だが、ロンブローゾなどが典型的だが、それはしばしば、犯罪を犯す人間類型を確定しようとする生物学主義的な試みへと繋がり、それが人種主義や優生思想の余地をも生むことになる。シュミットの具体的秩序思想においても、法の上位規範としての正常性を人間的特性として捉えることを許すかのような記述が見出せる。例えば『法学的思考の三種類』では、二〇年代のように単に「正常な状態」と言われるだけでなく、「正常な類型」[31]もしくは「正常な人間」[32]という表現が現れるようになる。人間について正常／不正常を規定しうるかのようなこうした表現のうちに、ナチスの人種イデオロギーへのシュミットの秋波を見て取ることもできるだろう。

とはいえ、たとえナチス期のシュミットの思想が、その反ユダヤ主義の顕在化とも相まって、法‐政治的なものから生‐政治的なものへ変化したように見えるとしても、彼自身は決して単純に人種的もしくは生物学的な概念を拠り所とするわけではない。また、社会的な正常性とは何であるかを、統計学やその他の方法によって社会学的に規定しようとするわけでもない。たしかに法に対する正常性の優位を恒久化しようとするナチス期のシュミットは、フーコー的な意味での生政治のパラダイムに接近しているようにも見える[33]。しかし、彼自身はあくまでも法学者としての自らのアイデンティティに固執するのであり、正常性の内容を何らかの法学外在的な仕方で規定するわけではない。そのことが、実定法の上位規範とされ、決断の根拠となる正常性とは何であるかについての、シュミットの思考の曖昧さを生むことにもなる。

実際シュミットは、具体的秩序は実体的内容を持つとしながらも、その内容を一義的なかたちで明確に名指すことができない。たしかに彼は『法学的思考の三種類』では、ドイツに固有の民族性のようなものを念頭に置いているようである。しかし後年の『大地のノモス』（一九五〇）では、ノモスはむしろ特殊ヨーロッパ的な秩序を形成するものとみなされているように見える。また、ドイツ・ナショナリズムにせよヨーロッパ・アイデンティティにせよ、それらの固有性は何に基づくものなのか。ナチスのイデオロギーにおけるように人種的あるいは民族的な同質性なのか。だが、シュミットがすでに一九三六年末にはナチス政権の中枢から遠ざけられ、事実上失脚することになったのは、彼の思想に人種的な要素も民族的な要素もほとんど見られないことを親衛隊（ＳＳ）系の機関紙『黒色兵団』などから攻撃されてのことであった。では、シュミットはカトリックのような宗教的なアイデンティティを拠り所としているのか。しかし、彼が法を超える規範として宗教的な価値を位置づけることはほとんどない。秩序の実体的基礎のこうした曖昧さの結果、場合によっては、ノモスとは総統アドルフ・ヒトラーの意志であるなどと極めて恣意的に規定されさえする。[34]結局シュミットにおいては、決断の根拠は実体的とされながらも、明確な内容を与えられずにとどめられているのである。

四　政治的なものの未完性——根拠付けからパフォーマティヴィティへ

しかし、法の上位審級としての正常性が内容不明確なままにとどまっているということは、必ずしもシュミットの思考の不十分さもしくは欠陥を意味しているわけではない。むしろ、シュミットにおける正常性概念のそうした曖昧さは、彼の言う「政治的なものの概念」それ自体に内在する問題に起因するものであり、そしてそれは同時に、彼における政治的なものの概念が持っている可能性と射程をも明らかにするものなのである。

法規範はそのつどの具体的事例に適用されることなしにそれ自体として妥当性を持つことはありえないとするシュミットの法実証主義批判は、時代や場所の限定なしに抽象的規範や普遍的理念を貫徹させようとする普遍主義イデオロギーへの批判と結び付いている。周知のようにシュミットは、人間性や人権といった概念を道徳に属するものであるとみなし、それを政治のうちに持ち込むことを強く拒否している。彼によると、そうした普遍道徳によって政治が汚染されると、政治はその本来の領分を逸脱した危険な性格を帯びることになる。つまり、道徳化された政治は、政治的な反対者を犯罪化し、それを殲滅するまで終わることのない最悪の敵対関係を招くというのである。いわゆる正戦論への批判である。

> 「人類」の名を掲げ、人間性を引き合いに出し、この語を私物化すること。これらはすべて……敵から人間としての性質を剥奪し、敵を非合法・非人間と宣告し、それによって戦争を極端に非人間的なものにまで押し進めようという、恐ろしい主張を表明するものにほかならない。……人類は政治的な概念ではなく、いかなる政治的単位や共同体も、いかなる状態（*Status*）も人類には対応しえない。(35)

こうしたシュミットの主張は、第一次世界大戦後のヴェルサイユ＝ジュネーヴ国際連盟体制、第二次世界大戦後のニュルンベルク国際軍事裁判、あるいはアメリカの人道主義政治など、普遍的規範のもとに政治を遂行しようとするあらゆる試みに対して向けられることになる。

　これに対し、シュミットは道徳によって汚染されない政治的なものの純粋性を守ろうとする。すなわち、政治とは普遍的なものの貫徹ではなく、特定の具体的な状況への応答であり、そのなかでの決断である。政治的な敵対関係もまた、相手を悪魔化する道徳的対立であってはならず、そのつどの一回的な敵対関係でなくてはならない。それによってこそ、敵対関係に「枠付け（Hegung）」をもたらし、それを馴致することができるのである。その限りでシュミットにおける政治的なものは、決して普遍的な道徳規範ではないものの、それでもやはり敵対関係が絶対的なものにまでエスカレートすることを防ぐためのある種の「規範」としての意味を持っている。歴史的一回性としての、あるいはシュミットの語で言う「場所確定（Ortung）」としての規範である。

秩序の「正常性」という概念もまた、こうした意味での政治的なものの概念にほかならない。それは、各々の時代と場所によって異なる状況的な概念である。しかし、それは同時に規範的な概念でもある。つまりそれは、抽象的な規範をある具体的な「場所」あるいは文脈へと差し戻し、そうしてそれにはじめて妥当性を与えるところの上位の「規範」なのである。だが、時代と場所に応じたそのつどの内容しか持たないものが、はたして決断の根拠や基準となることができるのか。

要するにシュミットの困難は、その内容をあらかじめ定めることのできない一回的な実践に規範としての意味を与えようとしていることに起因している。それゆえに、しばしば指摘されるような、シュミットの形式主義批判それ自体の形式主義的な性格が出てくるのである。すでに初期著作のなかでシュミットは、実定法の上位規範を「自然主義なき自然法[36]」という逆説的な言い方で名指さざるをえなかった。こうした実体的内容なき実体性については、レオ・シュトラウスもまた『政治的なものの概念』への有名な書評のなかで指摘している。つまり、シュミットの友敵闘争はそれが「何のために」行われるかは無関心にとどまっている。その限りで、シュミットの思想は「正しいものへの問い」を放棄した「プラス・マイナスが逆になったリベラリズム[37]」にほかならない、と。シュミットは自らが批判する近代的なリベラリズムの地平を逃れていないというわけである。実際、スラヴォイ・ジジェクが言うように、シュミットの形式主義批判が形式主義に逆戻りするというのは、近代における保守主義それ自体の抱える問題でもある。それは伝統的な価値が失われた世界のなかでそうした価値の回復を目指すが、しかしそもそも取り戻すべき価値とは何なのかについて、もはやその実定的な内容を名指すことができない。「近代性の地平の内部で形式主義を回避する方法はないのである[38]」。

決断を根拠付ける秩序実体が内容的無関心にとどまっているということから、カール・レーヴィットが指摘したようなシュミットの機会主義的な態度も生じることになる。結局シュミットにおいては、決断の内容は「その時々の政治状況という偶然的な偶因[39]」に左右されるのではないか。「正常な」秩序とは、そのつど偶然的に存在する既存の政治体制を意味するにすぎなくなるのではないか。それゆえシュミットは、ヴァイマル期にはヴァイマル共和国、ナチス期にはナチス体制といったように、すでに存在している体制を事後的に正当化し、擁護するような立場を取らざるをえなくなったのではないか。あるいは、そうした現状追認的な適応にはならずとも、眼の前の事態にそのつど無原則に反応するだけの状況主義的な決断に陥りはしないか。そうしたシュミットの思想に何か「一貫」したところがあるとすれば、「その時々の政治状況においてそのつど予測できないかたちで彼に降りかかってきた事柄が忠実に考慮に入れられている」、という点にある。[40]そのようなシュミットの政治的決断においては、結局のところ「原因」は「偶因」に還元されてしまうだろう。かくして彼自身が、自らの批判するロマン主義的な機会原因論に近づくというわけである。

しかし、シュミットの政治的決断に付きまとうこうした偶然性は一概に欠点とは言えず、むしろ彼の非凡な洞察に起因しているとみなすこともできる。具体的な場所や文脈への定位としての政治的なものは、一方では、普遍主義的な根拠付けを放棄する。しかし他方でそれは、何であれ所与のネイション、民族、人種といった経験的概念を絶対化することもない。それゆえシュミットは、決してナショナリズム、民族主義、人種主義を厳密に理論的な立場として選択することはない。根拠としての具体的なものは、それが何であれ究極的な根拠ではありえない。別言すれば、政治的な決断は、そのつど真剣なものではあるが、しかし最終的な決断とはなりえないのである。

シュミットにおける政治的なものの概念は、具体的なものをそれ自体として理論的に把握しようとする試みにほかならない。しかし、具体的なものというものはそのつどの実践である以上、理論や概念によってそれ自体として名指すことはできない。したがって、ジャック・デリダが指摘するように、シュミットがこだわる具体的なものは「その純粋性においてはつかめない」のであり、「到達できず、つかまえられず、無際限に遅れていく」。[41]にもかかわらずシュミットは、具体的なものそれ自体を体現するような歴史的な形象を何とかとらえようとした。そして、『パルチザンの理論』（一九六三）ではそれを、一九世紀初めのナポレオン戦争期のプロイセンで理論化されたような、「土地的性格」[42]をもったパルチザンのうちに見出した。それは「現実の敵を持つが、しかし絶対的な敵を持たない」[43]。つまり、シュミットにとって、土地に根差したパルチザンは自らの固有の場所を超えることがなく、敵対を絶対的なものにまでエスカレートさせることのない、政治的なものの純粋な形象であるように思えた。にもかかわらず、彼は結局、そうした本来のパルチザン性がその純粋に政治的な性格を保つことができず、「絶対的な敵対」の担い手である世界革命的なパルチザンを生み出すことも認めざるを得ない。

シュミットが直面したのは、具体的なものをそれとして名指そうとしても、具体的なものそれ自体は必然的に取り逃がされてしまうという問題である。つまり、それ自体としての政治的なものは、現になされたある政治決断に伴う残余としてしか把握できないということである。それによって、いかなる特定の具体的なものも、政治決断の究極的な根拠としての資格を要求することはできなくなる。シュミットの言葉で表現するなら、「場所確定」は不可避的に「場所喪失(Entortung)」の可能性を伴うのである。シュミットが悩まされたのは、政治的なものの概念が孕むこうした根源的な分裂、すなわち、具体的なものとその残余(普遍的なものとは言わずとも)への二重化にほかならない。

シュミットの困難は、その時々の歴史的・経験的内容しか持ちえない具体的なものを、純粋にそのものとして取り出そうとするところから来る。それはデリダに言わせれば、「固有に政治的なものの不純な純粋性」を取り出そうとする「絶望的な努力」である。[44] しかし同時に、その努力によって政治的なものの本質が顕わにされてもいる。というよりもむしろ、政治的なものがまさに「本質」なき「実存(=外 - 存Ek-sistenz)」という、脱自的なかたちでしかありえないということが顕わにされている。つまり、政治的なものそれ自体というものは存在しないということが、まさに政治的なものを構成する条件だということである。政治的なものはつねに自分自身からずらされる。それは決して絶対的なもの、純粋なもの、根源的なものに至ることがなく、相対的で、不純で、表層的な、未完の実践であり続ける。エルネスト・ラクラウは、シュミットの友敵決断が、「絶対的なもの」と「現実的なもの」という二つの極のあいだを揺れ動く不安定性を内在させていることを指摘している。そうした分裂と不安定性によってもたらされるのは、「その絶対性への移行がつねに本質的に不完全であるような現実的な敵の多元性[45]」にほかならない。すなわち、敵対の境界線に究極的なものはなく、それは絶えず引き直されるということである。

シュミット自身が期せずして明らかにしているこうした洞察において、彼の思想はラクラウとシャンタル・ムフの言う「ラディカル・デモクラシー」と結びつくのである。ラディカル・デモクラシーが意味するのは、それが議会主義などの制度化された民主主義システムよりも根源的な真の民主主義であるということでは決してない。むしろジジェクが評するように、その「ラディカルさ」は逆説的なものである。つまり、それが意味しているのは、ラディカルな解決などというものは存在せず、「すべての解決は暫定的・一時的であり、いわば根本的な不可能性を先延ばししているだけである」[46]ということなのである。純粋な民主主義そのものには決して到達することができない。しかし、そうした不可能性によってこそ、具体的な文脈への定位とそこでの敵対関係が絶えず転位していく「闘技的民主主義」の空間が開かれる。

その〔ラディカル・デモクラシーの〕ラディカルな性格が意味しているのは、民主主義そのもののラディカルな不可能性を考慮に入れることによってのみわれわれは民主主義を救うことができる、ということにほかならない。[47]

こうした不可能性としての民主主義は、シュミットの言葉を借りたデリダの表現で言えば、あらゆる出来事に「幽霊的に」取り憑いている。[48]それは「準メシア的な論理」に従って、つねにすでに実現されるべく待機している。まさに、たとえ戦争や闘争が存在しないところでも、敵対の「現実的可能性」はなお「前提」として存在し続けるとシュミットが主張するようにである。[49]政治的なものそれ自体は、つねに成就が待たれる未完のものでしかありえない限りで、フランツ・カフカが述べるメシアのように、「到来の日より一日遅れてやってくる」[50]。このように自分自身の成就を絶えず遅らせる「パフォーマティヴのなかのメシア的なもの」こそ、「ラディカル・デモクラシーに特有の身振り」を構成するものにほかならないのである。[51]

中立化され脱政治化された世界、あるいは「ポスト - 政治的な」世界においても、政治的なものはなお来たるべきものとして残り続ける。それは人が決して状況というものから逃れることができないからである。そしていかなる決断も敵対性も、それが状況づけられたものである限り、つねに完成することがなく、その残余を残すことになる。だからこそ、ある特定の文脈や状況に定位するときには〔場所確定〕、同時にそれがずらされる可能性も生まれるのである〔場所喪失〕。政治的なもののもつ恒久的な性格は、根拠付けが不可避的に随伴するこうした脱 - 根拠の可能性によってもたらされるものにほかならない。つねに実践的な状況でしかなされえない決断を理論的に根拠付けようとするシュミットの困難な試みにおいては、政治的なものが終わりなきパフォーマティヴィティであることも明らかにされているのである。

＊カール・シュミットの著作については原書と邦訳のページ数を併記した。その他の文献については、原則的に邦訳のページ数のみを記し、引用にあたって筆者のほうで改訳を加えたものに限って原書と邦訳のページ数を併記した。

（1）例えば、クリスティアン・グラーフ・フォン・クロコウ『決断――ユンガー、シュミット、ハイデガー』高田珠樹訳、柏書房、一九九九年を参照。

（2）Karl Löwith, "Der okkasionelle Dezisionismus von C. Schmitt," in ders., *Heidegger — Denker in dürftiger Zeit. Sämtliche Schriften Bd. 8*, J. B. Metzler: Stuttgart 1984, S. 59f.（田中浩・原田武雄訳「カール・シュミットの機会原因論的決定主義」、カール・シュミット『政治神学』田中浩・原田武雄訳、未來社、一九七一年、一四一―一四二頁）.

（3）Carl Schmitt, *Politische Theologie*, Dunker&Humblot: Berlin 1996, S. 37f.（田中浩・原田武雄訳『政治神学』、未來社、一九七一年、四四頁）.

（4）Carl Schmitt, *Gesetz und Urteil*, C. H. Beck: München 1969, S. 1.

（5）Ebd., Vorbemerkung.

（6）Ebd., S. 33.

（7）Ebd., S. 58.

（8）Ebd., S. 55.

（9）Ebd., S. 68.

（10）Schmitt, *Politische Theologie*, S. 36（邦訳、四二頁）.

（11）Ebd., S. 40（邦訳、四八頁）.

（12）Schmitt, *Gesetz und Urteil*, S. 111.

(13) Carl Schmitt, *Politische Romantik*, Dunker&Humblot: Berlin 1998, S. 18（大久保和郎訳『政治的ロマン主義』、みすず書房、二〇一二年、二〇頁）.

(14) Schmitt, *Gesetz und Urteil*, S. 71.

(15) Vgl. ebd., S. 78.

(16) Ebd., S. 86.

(17) Schmitt, *Politische Romantik*, S. 167（邦訳、一九五頁）.

(18) Carl Schmitt, *Der Begriff des Politischen*, Dunker&Humblot: Berlin 2009, S. 43（田中浩・原田武雄訳『政治的なものの概念』、未來社、一九七〇年、四九頁）.

(19) Schmitt, *Politische Theologie*, S. 19（邦訳、二〇—二一頁）.

(20) Carl Schmitt, *Verfassungslehre*, Dunker&Humblot: Berlin 2010, S. 112（阿部照哉・村上義弘訳『憲法論』、みすず書房、一九七四年、一三九頁）.

(21) Ebd., S. 102f.（邦訳、一二九—一三〇頁）.

(22) Carl Schmitt, *Legalität und Legitimität*, Dunker&Humblot: Berlin 1998, S. 91（田中浩・原田武雄訳『合法性と正当性』、未來社、一九八三年、一三八頁）.

(23) Vgl. Carl Schmitt, "Die legale Weltrevolution. Politischer Mehrwert als Prämie auf juristische Legaliät und Superlegalität," in *Der Staat*, 17（1978）, S. 321-339.

(24) ウルリッヒ・K・プロイス「政治的秩序と民主主義——カール・シュミットとその影響」、シャンタル・ムフ編『カール・シュミットの挑戦』古賀敬太・佐野誠訳、風行社、二〇〇六年、二四八—二五四頁、および、ヤン・ヴェルナー・ミューラー『カール・シュミットの「危険な精神」——戦後ヨーロッパ思想への遺産』中道寿一訳、ミネルヴァ書房、二〇一一年、六八頁を参照。

(25) Ulrich K. Preuss, *Legalität und Pluralismus*, Suhrkamp: Frankfurt a. M. 1973, S. 9.

(26) Carl Schmitt, *Über die drei Arten des rechtswissenschaftlichen Denkens*, Dunker&Humblot: Berlin 2006, S. 9（加藤新平・田中成明訳「法学的思惟の三種類」、長尾龍一編訳『カール・シュミット著作集I』、慈学社、二〇〇七年、三四九頁）.

(27) Carl Schmitt, "Nationalsozialismus und Rechtsstaat," in *Juristische Wochenschrift*, 63（1934）, S. 713f.（竹島博之訳「ナチズムと法治国家」、古賀敬太・佐野誠編訳『カール・シュミット時事論文集』、風行社、二〇〇〇年、一六〇—一六一頁）.

（28）Ebd. S. 714（邦訳、一六〇頁）.

（29）エルンスト・フレンケル『二重国家』中道寿一訳、ミネルヴァ書房、一九九四年、四頁。

（30）ミシェル・フーコー『社会は防衛しなければならない』石田英敬・小野正嗣訳、筑摩書房、二〇〇七年、四一頁。

（31）Schmitt, *Über die drei Arten des rechtswissenschaftlichen Denkens*, S. 19（邦訳、三五九頁）.

（32）Ebd., S. 9（邦訳、三四九頁）.

（33）例えば、ナチス期のシュミットの著作に関連したアガンベンの指摘を参照。「カール・シュミットほど明瞭に、新たな基礎的な生政治的範疇のもつ特有の本性を表現したものはいない」（ジョルジョ・アガンベン『ホモ・サケル』高桑和巳訳、以文社、二〇〇三年、二三四頁）。

（34）Vgl. Carl Schmitt, "Der Neubau des Staates- und Verwaltungsrechts," in Rudolf Schraut (Hg.), *Deutscher Juristentag 1933. 4. Reichstagung des Bundes Nationalsozialistischer Deutscher Juristen e. V. Ansprachen und Fachvorträge*, Deutsche Rechts- und Wirtschafts-Wissenschaft Verlags-Gesellschaft: Berlin, 1933, S. 252.

（35）Schmitt, *Der Begriff des Politischen*, S. 51f.（邦訳、六二—六四頁）.

（36）Carl Schmitt, *Der Wert des Staates und die Bedeutung des Einzelnen*, J. C. B. Mohr: Tübingen 1914, S. 76.

（37）レオ・シュトラウス「カール・シュミット『政治的なものの概念』への注解」、ハインリヒ・マイアー『シュミットとシュトラウス』栗原隆・滝口清栄訳、法政大学出版局、一九九三年、一五六頁。

（38）スラヴォイ・ジジェク「ポスト - 政治の時代におけるカール・シュミット」上谷修一郎訳、ムフ編『カール・シュミットの挑戦』、二七頁。

（39）Löwith, "Der okkasionelle Dezisionismus von C. Schmitt," S. 40（邦訳、一〇五頁）.

（40）Ebd., S. 60（邦訳、一四二—一四三頁）.

（41）ジャック・デリダ『友愛のポリティックス1』鵜飼哲・大西雅一郎・松葉祥一訳、みすず書房、二〇〇三年、一八七頁。

（42）Carl Schmitt, *Theorie des Partisanen*, Dunker&Humblot: Berlin 1995, S. 26（新田邦夫訳『パルチザンの理論』、ちくま学芸文庫、一九九五年、四七頁）.

（43）Ebd. S. 93（邦訳、一九一頁）.

（44）デリダ『友愛のポリティックス1』、一八五—一八六頁。

（45）Ernesto Laclau, "On "Real" and "Absolute" Enemies," in *The New Centennial Review*, Vol. 5（2005）, p. 9-10.
（46）Slavoj Zizek, *The Sublime Object of Ideology*, Verso 1989, p. xxix（鈴木晶訳『イデオロギーの崇高な対象』、河出文庫、二〇一五年、二〇頁）.
（47）Ibid.（邦訳、二〇頁）.
（48）デリダ『友愛のポリティックス1』、一八七、二〇五頁。
（49）Schmitt, *Der Begriff des Politischen*, S. 33ff.（邦訳、二五頁以下）.
（50）フランツ・カフカ「メシアの到来」、池内紀編訳『カフカ寓話集』、岩波文庫、一九九八年、五一頁。
（51）Judith Butler and Athena Athanasiou, *Dispossession: The performative in the Political*, Polity 2013, p. 156. また、p. 128も参照。

南原繁の政治哲学における「非合理性」と「合理性」

――一九三〇年代後半の「政治上の合理主義」論を中心として

●――川口雄一

一　南原の「価値並行論」と「政治上の合理主義」――序にかえて

南原繁（一八八九―一九七四）は、著書『国家と宗教――ヨーロッパ精神史の研究――』（一九四二年）をはじめとする政治思想史・政治哲学を専攻した学者であったが、「意志」や「理性」等の哲学的概念、その他の政治概念の思想史的分析は、南原にとって主要な仕事ではなかった(1)。

それにもかかわらず、南原の政治哲学において、とりわけ「理性」の概念は重要な位置を占めていた。このことは、学的生涯のほぼすべてにわたって彼の政治哲学の中核にあった、「価値並行論」における文化価値の「合理性」とその外に位置づけられる「非合理性」との関係性に示されている。しかし、南原の学的生涯のなかでも、「政治」をめぐる合理性と非合理性がもっとも強く意識されたのは、一九三〇年代後半であった。一九三六年九月に公表された論文「プラトーン復興と現代国家哲学の問題」（のちに『国家と宗教』第一章に収録の際「プラトン復興」と改題。以下、「プラトン復興」論文と表記）において「政治上の合理主義」を提唱したことがそれである。

一九三〇年代後半のイタリア・ドイツ・日本ではファシズムが、体制の上でもイデオロギーや学問の上でも一般に認識されていた。南原の評伝的研究でも、この時代以降の南原が「天皇制ファシズム」との対決を展開していったことを指摘している。[2] これらの研究は、戦時下の南原の唯一の著書が『国家と宗教』であった事実も相伴って、三〇年代後半以降に展開された南原の言説を「神政政治思想批判」に貫かれたものと見なしている。[3] すなわち、その批判は、政治的要素と宗教的要素とを、現実の上で混合したいわゆる國體宗教に向けられたものであった。

このような南原理解は、彼の「価値並行論」の図式的叙述にもとづいて整理するとき、容易に首肯できる。晩年に近い頃、価値並行論についてかなり整理された南原の叙述は次のようなものであった(「『自由と国家の理念』新幀版序」一九六五年)。

「その要諦は国家的政治価値と個人人格価値を、その他の文化価値とともに、並列・相関関係において考え、そしてその下限に経済的非合理性を据え、上限に宗教的非合理性をもって覆おうとするにある。それはあくまで批判的論理的であって、「歴史的」立場ではない。ただ、それぞれの価値が実現発展するには、歴史的具体性が顧みられなければならない。そこに政治的価値、正義実現の場として「民族共同体」や「祖国」が考えられるのである」[III: 3-4]

「価値並行論」は、この引用文をもうすこし敷衍して言えば、新カント派が展開した価値哲学を基本軸に据え、学問・道徳・芸術の「個人人格価値」および「国家的政治価値」によって構成される文化価値と、それを超越する「宗教」、下部から支える「経済」によって構成される「学的世界観」[V: 28]であった。ここで重要なことは、「政治」(文化価値)と「宗教」とが、「理性」を境界として、次元を異にしたものと位置づけられている点である。この図式に従えば、一九三〇年代後半の南原は、「宗教」をそれ自体あるべき「非合理性」に、そして「政治」をあるべき「合理性」に位置づけようと試み、そのために「神政政治思想批判」を行なったことになる。[4]

しかし、この図式的説明のみでは、「価値並行論」に集約されていく南原の政治思想が、政治的現実とどのような仕方で交錯していったのかを、少なくとも彼の現実認識の面からは十分明らかにできない。南原における「意志」や「理性」の位相が単に過去の思想家の定義をふまえただけにとどまらなかったとすれば、変転する政治的現実のなかからそれらが認識されていったと考えられるからである。

以上のような認識に立って本稿は、一九三〇年代後半の「政治上の合理主義」と「価値並行論」との関係性への検討を通じて、南原の政治哲学における「合理性」と「非合理性」との相関関係を考察する。具体的には、以下三つの観点からアプローチしていく。

第一に、一九二〇年代から三〇年代前半にいたる南原の「合理主義」批判とそれにたいする彼自身の主張をとりあげる。「政治上の合理主義」という標語は、「価値並行論」と異なって、必ずしも南原が繰り返し説いたものでなかった。少なくとも、学者としての生活を開始して間もない二〇年代に書かれた論考では、「(近代)合理主義」は、つねに批判の対象であった。二〇年代「合理主義」に批判的であった南原が、三〇年代後半に自身の立場を現わす言葉としてそれを用いた変化の背景には、本稿が重視する政治状況の変化がある。しかし同時に、その変化において「合理主義」を自身の立場とするにいたった契機には、南原の自覚的な判断が介在していた。そこで、本稿第二節では、「政治上の合理主義」を闡明する直前までの南原の主張をたどりながら、批判の標的とされた「合理主義」の問題性、それにたいする南原自身の主張の内容を見ていく。

第二に、一九三〇年代後半の「政治上の合理主義」の内容を、同時代の歴史的コンテクストにおいてとりあげる。というのも、「政治上の合理主義」には詳しい説明的叙述がなく、その意味で内容が十分明らかにされなかったからである。とくに、これを主張した「プラトン復興」論文は、二〇年代のドイツでシュテファン・ゲオルゲのサークルが展開したプラトン像への批判で貫かれている。本稿第三節では、このゲオルゲ・クライス批判とその同時代日本における意味とにたいする検討を通じて、南原が批判対象としていた「非合理性」の内容を確認していく。またそれによって、「政治上の合理主義」における「合理性」の要件を明らかにし、二〇年代に批判された「合理性」との差異を確認する。

第三に、以上二つの検討をふまえて、「政治上の合理主義」がもつ意味を南原自身の「価値並行論」の体系のなかに位置づける。先の二つのアプローチは時代状況に即した南原の主張の意味に力点が置かれるが、ここでは、彼自身の

「哲学」における「政治上の合理主義」の意味を確認していく。このとき、一九三〇年代後半の南原の政治哲学における「合理性」と「非合理性」の問題は、単に「政治」と「宗教」との二者の関係にとどまらなかったことが明らかにされる。結論的にいえば、ここには「芸術的なもの」が介在していた。新たな要素が加わることによって、戦時下の南原の政治哲学は、よりダイナミックなものであったことが確認される。以上の作業を通じて、このような南原の政治哲学への認識のなかに、「意志」と「理性」の位相が見られるであろう。

二　「合理主義」への問題意識とその克服――「政治独自の価値原理」の構想

一九二〇年代に展開された南原の「合理主義」批判は、彼自身の「政治」概念に由来するものであった。南原の「政治」概念は、「共同体」性から出発する。そのことを端的に示す『政治哲学序説』（一九七三年）の一節で南原は、「政治」を、第一義的には「社会共同体について言い得る概念」とし、その上で「この社会共同体を統制・管理する作用」と定義している［V: 125］。このような「政治」概念にもとづいて戦前の南原は、(5)「個人主義」批判を徹底して行ない、それにたいする「超個人主義」・「共同体主義」を闡明した（「個人主義と超個人主義」一九二九年［III: 56］）。

南原の理解に従えば、「合理主義」は、「個人主義」や「功利主義」と系譜を同じくし、批判の対象とすべきものであった。以下では、「合理主義」批判に連なるこの「個人主義」批判、またそれにたいする「共同体主義」の主張を通じて、南原の「合理性」と「非合理性」との位相を見ていくこととしたい。

南原の「共同体主義」的志向はつとに、終生カント主義的であった南原の思想的方向性を示す、出世論文「カントに於ける国際政治の理念」（一九二七年）に窺うことができる。南原は、のちに、カント哲学の基本的性格がどこまでも「個人主義」的であることを指摘した田中耕太郎の書評に応えて、(6)そのようなカント哲学の性格を認めつつも、それに「あき足らないで〔…〕、彼〔カント〕の全体系の構造と精神から新たな解釈を提起した」ことに、この論文の特質があることを主張していた［I: 286］。このように、南原が敢えてカントに見出した「共同体主義」的要素のうち、次の二点がとくに重要と思われる。

第一に、定言命法「汝の意志の格率が常に普遍的立法の原理として妥当し得るよう行為せよ」が理念とする「普遍性」の前提にある他者性を南原が捉えていることである。すなわち彼は次のようにカント哲学の「共同体」性を立論している。

「人間は多数個人の共存を前提とし、かような道徳法則の形式は人と人との交互関係を予想する。その場合、おのおのの人間は自由意志の主体である人格として普遍客観的法則を自己の意欲に対して立法する存在者であるが故に、すべてが同一の道徳法則によって組織的に結合せられた一つの「国」を形づくる」[I: 135]（傍点川口）

第二に、このような「国」は、「原本契約 contractus originarius」によって成立する「国民の普遍的結合意志の共同体」と見なされる [I: 172]。南原によれば、それをカントは「純粋共和政」の理念と言い表した。そもそもカントの「純粋共和政」は、モンテスキューの「権力分立の原則」とルソーの「一般意志」との「政治原理の綜合の試図」によって成立していた。しかし、権力分立（および代議制）は歴史的に形成された経験的なものであって、超経験的かつ普遍的な理念とはなり得ない。そして、理念を構想する以上、経験的なものを排すべきだと南原は自説を展開した。つまり南原は、機構的・制度的なものをふくまない「共同体」性に政治の理念を求め、こうしてカントを批判的に継承しようとしたのである[7] [I: 173-174]。

しかし、このような南原のカント理解は、必ずしもルソー的要素そのままの継承を意味したのではなかった。カントの「普遍的結合意志」とルソーの「一般意志」との相違を、南原は『政治理論史』（一九六二年）のなかで、カントの「純粋共和政」の意義を説明しつつ、次のように論じている。

「すなわち、両者にとって、普遍意志または一般意志が市民の量的結合でなく、国家意志の普遍性がそれによって基礎づけられる共同の目的原理たる点においては同様である。けれども、その目的原理の意味について両者異なり、ルソーにおいては、個人の利益から出発して共同の利益を掲げるのに対して、カントにおいては、かようなすべての人に共通な経験的利益目的でなく、まさに理性それ自身の普遍的法則が目的原理であり、各人は自由の立法者としてこれに関与する。言いかえれば、利益が人間の意志を国家にまで結合するのでなく、国家共同体は実践理性の命令の要求であり、個人は自律的人格としてこれに結合するのである」[IV: 338-339]（傍点川口）

南原は、このようにカントの「共同体主義」的要素を見出していったにもかかわらず、「カントに於ける国際政治の理念」初出では、カントの政治哲学がどこまでも「道徳」ないし「倫理の応用」を出ず、それにたいして、「政治に独自の価値原理」の追究が次の課題であると締め括った(8)。このことは、南原がカント哲学における「共同体」性を追究したとき、モンテスキューの制度的要素とルソーの利害性とを排した先に突き当たった、「理性」的な「道徳」的原理が問題視されたことを意味している。

以下では、この点をより詳しく見ていくため南原の課題意識を軸として、間もなく後に書かれた諸論考を見ていきたい。というのも、南原の「政治に独自の価値原理」の考察は、「倫理の応用」による政治原理への批判と「合理主義」批判とを平行しながら進められたからである。

カント論の次に書かれた論文「政治的原理としての自由主義の考察」（一九二八年。のちに「自由主義の批判的考察」と改題）のなかに、「道徳」的政治原理にたいする批判が見られる。南原によれば、「自由主義」は「個人主義」に淵源し、その人間像は、「合理主義」（啓蒙的合理主義）に典型的に示されている。「自己みずからの裡にその独立性と自己決定性を有し、他の何者にも自己存立の本質を負うところはない」[III: 24] というのがそれであり、人間本性としての理性に立脚した「自己完結」性・「自己満足」性にその特質がある [III: 43]。

そのようなオプティミスティックな人間観――「人間理智に対する過信の表明」[III: 32] ――に立脚した「自由主義」は、「人民の政治的関与」の要請によって、「立憲政治」「権力分立」を追求していく [III: 39]。「これは「自由民主主義」

の主張であって、個人の自由を中核として、相互に共通の利益を保護増進するために政治社会組織を認容するのである」。つまり、人間が本性的に「自己決定」可能な存在者とすれば、他者は、自我の目的に従属した利害関係の対象にすぎないということになるのである。

このような理論とカントの「道徳」主義的性格とに共通しているのは、個人が理性によって「自己完結」しているという点である。ただし両者の論理において、理性と利害関心との関係が異なる。南原の見方に従えば、「自由主義」の場合、道徳的に完成された個人が集まって行なう協議は、非理性的な部分＝利害関心に関わる部分に限定され、議会は利害の争いの場となる。つまり、政治の場における個人間の結びつきは利害関心によるのであり、これを南原は批判した。それにたいしてカントの場合、個々人の利害関心を個々人の理性が規制し得るとし、自己規制を可能にした理想的個人の共同体を構想する。共同体における利害関心の現われにおいて、カントのほうが理想主義的な構想であった点に南原は共鳴し得たものと思われる。

また、自由主義的政治理論とカントには、「合理主義」的思考のゆえに「民族個性」とその母胎となる「歴史文化」を顧みないという問題性が共通している［I: 167; III: 40］。とりわけ両者の「合理主義」には、南原の見るところ、「共同体」性から宗教の「非合理性」を排していく傾向を有していることにその共通性があった。カントの場合、宗教は「理性の限界内」に制約され、したがって「合理的」道徳性の延長にのみ認識されるものとなった。他方「自由主義」の諸理論では、「寛容」の論理によって、宗教的なものは「合理的」政治原理の外へ投げ出された。とりわけ後者の「寛容」を、南原は、マルクス主義にも通じる「無神論」の系譜に位置づけている［I: 27］。以上のような宗教観に立つかぎり、人間を超越した絶対者の観念が成り立つ余地は無い。ここに、かえって人間の「自己完結」性が生じるのである。

南原の「共同体主義」は、こうした批判的認識を足がかりとし、思想史上フィヒテに依拠して展開されていった。とくに南原をとらえたのは、「共同体主義」に傾いた後期フィヒテの哲学のなかでも、国家をあげて「国民教育」を重視する「教育国家」の原理であり、これによって「民族個性」を涵養し「歴史文化」を育む「民族国家」「文化国家」の理念が成立すると南原は解している。(9) このような認識は、「フィヒテに於ける国民主義の理論」（一九三四年四月）において示された。そこに見られる南原の「教育共同体」論［II: 378］の特質は、以下のようなものである。

南原によれば、「教育共同体」は、すべての成員による「人間の道徳的更新」を目ざした営みとして規定される［II: 372］。そこで重視される教育内容は、「哲学的認識」、宗教教育、政治教育である。これによって「利己心」の克服が可能となるという［II: 368, 374］。

その上で、次の二つの点が着目されなければならない。一つは、フィヒテが「社会秩序の統一的基礎として学問」を「重視」したことから、「教育共同体」がプラトンの国家論と同一理念の下に位置づけられることである［II: 372］。ただし南原は、フィヒテの「教育」の対象ないし主体がプラトンとは異なって、「単に選ばれた少数の智者や、または一部の特権階級の間に限られること」のない、民衆に開かれたものであることを付け加えている。

もう一つは、「教育」によって形成される「理性的共同体」の紐帯の契機を、「認識の問題」ではなく、「愛の問題」としていることである［II: 373］。「本能的な利害の衝動」（利己心）が「絶対主義」的支配の根拠となるのにたいして、新たな支配様式のために「根本的衝動」としての「祖国愛」が共同体的紐帯として要請される。「認識」ではなく「愛」に属するというこの「根本的衝動」は、此岸において認識可能な「文化価値」から切り離された、彼岸＝「宗教」に属することを意味する。

以上によれば、南原がそのフィヒテ論のなかで構想した「共同体」は、原初的あるいは実践的には、どこまでも「宗教」を契機とするものであって、「文化価値」のいずれかが契機となるのではなかった。しかし、「宗教」を契機として形成された「共同体」は、そのままで良しとされるのではない。「学問」を契機とする「教育」によって「道徳的更新」がはかられなければならないのである。

ここで着目すべきは、非理性的なものの位置づけである。第一に、「根本的衝動」という非合理的要素が肯定的に取り上げられている。南原はそれを宗教的なものと見なし、「共同体」形成の契機とした。

第二に、「意志」の概念を確認しておきたい。南原におけるその意味は多義的である。南原が用いる「意志」は、概ね「結合意志」を意味している。しかしその上で、「意志」は、一方では、ルソーの「一般意志」に加えられた評価のように、共同の利害関心を意味し、他方、カントの「普遍意志」では、利害関心を規制した理性的個人の結合を意味した。南原は前者の意味にはどこまでも否定的である。

それにたいして、後者の「普遍意志」への南原の評価は両義的である。それ自体が個々の利害関心から切り離された性格をもった点については、さしあたり肯定的に見なされたといえよう。しかし、「普遍的結合意志の共同体」が定言命法に則った道徳的個人の集団を意味するかぎり、そこでは個人が「自己完結」してしまい、他者性が成り立たない。そこで南原は、完全性を実現した個人が形成する共同体を構想したのではなく、道徳的に不完全な存在者が共に完成された人間性へと高め合っていく共同体の理念を構想した。「教育共同体」がそれにほかならない。理念として人が他者を要請するのは、個人の利害ではなく、「根本的衝動」としての「愛」を契機とするというのである。

他方、理性的なものは、「共同体」の理念にとって不可欠の契機となる。「教育」の契機としての学問的なものがそれである。言い換えれば、学問的なものの発展や蓄積、授受によって、「共同体」における「道徳的更新」が行なわれる。しかし人間がはじめから道徳的存在と考えることは、「人間理智に対する過信」と見なされる。

後論を先取りしていえば、ここに南原の「合理性」を二つに区別することができる。一つは、いわば学問的「合理性」であり、もう一つは、道徳的「合理性」である。後者の考えが、完成された個人から出発する人間観であるのにたいして、「政治」＝共同体的なものの学的契機によって、人間性の完成を目ざしていくのが前者にほかならない。このような「教育共同体」構想を、このときの南原は、まだ「合理主義」をもって呼びはしなかったが、のちの「政治上の合理主義」の核心的なものをここに認めることができる。

以上の検討を通じて明らかになったのは、「政治独自の価値原理」を課題として来た南原による「共同体主義」の展開は、道徳的「合理性」への批判を通じて行われたこと、とりわけ、「政治」と「宗教」との間に介在する「道徳」性が問題視されていた、ということである。そして、「自己完結」性の契機としての「道徳」に代って、自他共に完成された人間性を要請する「教育」を原理としていくことに、南原の強い主張があった。こののち、時代の大きな変化をうけて主張された、一九三〇年代後半の「政治上の合理主義」の内容とその背景とを、次節で考察する。

三　「政治上の合理主義」とその対極――ゲオルゲ・クライス批判の射程

南原の「政治上の合理主義」は、前述のように、一九三六年九月の論文「プラトーン復興と現代国家哲学問題」のなかで闡明した自身の思想的立場である。この論文では、シュテファン・ゲオルゲのサークル（以下ではゲオルゲ・クライスと表記）が共有したプラトン像が問題とされた。ゲオルゲ・クライスのプラトン像は、先行した新カント派のプラトン論――とくにマールブルク学派の「形式的・論理的」なプラトン像――に対抗して登場した[I: 32]。その点では、新カント派の価値哲学に拠り自身の理論を確立した南原にとって、ゲオルゲ・クライスの登場は無視しえないものであったことが考えられる[10]。

しかし、この論考で南原は、必ずしも自身のプラトン像を十分に展開したのではなく、ゲオルゲ・クライスのプラトン像への批判に終始した。「政治上の合理主義」を闡明したものの、ここでの南原の重心は、その内容を弁証するより、そこからゲオルゲ・クライスの主張に見られる時代錯誤的な「復古主義」への批判に置かれていた。さらにこの論考の末尾で、南原はこの問題が同時代日本の「思想運動」にも通じるものだとも述べている[I: 51]。

南原の見たゲオルゲ・クライスの問題は、彼らのプラトン像に内在する三つの点に尽されている。第一に、「エロス」の概念にもとづく「政治的国家」を中心としたプラトン（哲学）像[I: 23]、第二に、「哲人王」による支配・統制の肯定[I: 26-27]、第三に、「哲人王」（立法者）の神格化にともなう「神政政治」[I: 29-32]である。これらを綜合して南原は、ゲオルゲ・クライスの主張のなかに「神話的原始像」「神話的国家」の復興を見たのである。

こうしたプラトン像にたいして、プラトン哲学の本質的意義は「政治上の合理主義」にあると南原は主張した。その内容を次のように展開している。

「真の道徳は人間の理性の洞察、その自由な確信によって可能であり、真の政治的行動も同じく学的認識に基づい

> て可能であることを教えたのは彼［プラトン］自身である。ここにプラトンの「エロス」は、何よりも根本において、およそ政治的存在者のかようなロゴスへの無限の愛でなければならない。このようにして正義国家はそれ自身、超国家的・超民族的であるロゴスの支配を意味し、ここに政治上の合理主義が基礎づけられる契機がある。そうして、かような理性の政治原理を立てたと解し得られる点に、プラトンの政治哲学上の深い意味があるのである。政治は、決して詩芸におけるがごとき少数天才の創造的業ではなくして、あくまで社会共同生活におけるすべての人間の自由にかかわる事柄である」［I: 49］（傍点川口）

ここから「政治上の合理主義」には次の特質が認められる[11]。第一に、この「合理主義」は「学的認識」ないし超越的な「ロゴス」を規準とした立場であることである。第二に、前節で見たようにここでも「共同体」性が前提とされつつ、同時に、そこでの「すべての人間の自由」が追求されている点である。そして南原は、このようなプラトン解釈のためには、カント哲学に依拠する必要があることを説いている。

しかし南原は、「政治上の合理主義」の内容について上のほかには多くを語っていない。そこで、以下では、彼が「政治上の合理主義」の対極に位置するものとして規定した、「ロマン的な生の非合理性の要求とその神話主義」、「一種の政治上の自然主義である権力主義」［I: 41］の位相を通じて、「政治上の合理主義」の意味に踏み入ってみたい。

ただし、南原が「プラトン復興」論文で批判の標的としたS・ゲオルゲやそのサークルは、一九三〇年代の日本で、それほど大きな思想的潮流をなし、政治的意味を担っていたとは思われない[12]。同時代のドイツでも、少なくともゲオルゲ個人は、新たに台頭したナチスから距離をとっていたことが指摘されている[13]。だとすれば、南原のこの「プラトン復興」論文は、ドイツでの思想史的出来事を抽象化し、日本での出来事と置換可能なものとして論じたのではない。むしろ同時代日本の政治的コンテクストのなかに、ゲオルゲ・クライスの「神話的原始像」と直結する問題を読み込んで書いたものと考えられる。しかも、同時代の思想家・政治学者の間ではそれほど着目されてこなかったゲオルゲ・クライスを対象に選んだことに南原のリアリズムが込められていたとすれば、ゲオルゲ・クライス批判の先に、具体的な「神話的原始像」の担い手を見据えていたことが示唆される。その場合、南原が見据えた「神話主義」「権力主義」の理論家は、クルト・ジンガー（一八八六―一九六二）と難波田春夫（一九〇六―九一）とであった。

K・ジンガーは、ゲオルゲ・クライスの一人に数えられ、南原も「プラトン復興」論文の対象にジンガーの著書を挙げている。南原が列挙したゲオルゲ・クライスの文献のなかでも、唯一日本語訳が存在するのは、ジンガーだけである。[14]ジンガーは、一九三一年五月、東京帝大経済学部教授・土方成美に招聘され、以後、四〇年六月まで日本に滞在した。[15]ただし注意しなければならないのは、ジンガーは必ずしも同時代日本の言論状況を代表しないという点である。ユダヤ人であった彼は、ナチスによって本国ハンブルク大学の教職を剥ぎ取られ、一九三五年には日本でも東京帝大を追われる身となっていた。そこで着目すべきもう一人の人物が、東京帝大経済学部に属した難波田にほかならない。

難波田は、土方の弟子として、一九三〇年代半ば頃は、師と連名で研究成果を公表する等していた。また、ゲオルゲ・クライスのプラトン像に関する短い文章も書いている。[16]そこでの認識をもふまえ、彼はのちに、戦時下の主著『国家と経済』全五巻を著した。難波田と同僚であった大内兵衛は後年、戦時下の難波田を軍国日本のゲッベルス、ゲーリングと評し、同書を「文部省撰『国体の本義』とともに代表的な本」と見なしている。[17]以上の点を通じて、ジンガーと難波田は同時代においていわゆるファッショ派経済学のイデオローグを代表している学者と見なされ得る。[18]

以上の点をふまえ、南原の所論も念頭に置きながら、まず、日本滞在中に公表されたジンガーのプラトン論を要約すると、次の三点に示すことができる。

第一に、「ロゴス」ないし「イデア」にたいする「エロス」の目的性があげられる。「イデアはエロースへの奉仕に於て最も清き美、最高の善として産まれ、ソークラテースの死の瞬間に救済を祝福として奪はれる」[19]（傍点川口）。このような「エロース」を「世界創造の力が銹び、解体せんとした瞬間にそれを根源に引き戻したのが、プラトーンの精神的業績である」[20]。ここに示されたエロスにたいするロゴスの従属性を、南原が批判の第一に挙げたことは上述の通りであり、彼自身は、エロスを「ロゴスへの無限の愛」[I: 48-49]（傍点川口）と見なすのである。

第二に、ジンガーのプラトン像には、「学問」（哲学）に自律的な価値を認めず、それにたいして美・善が優位に立つという考えが見られる。「理解され認識されるのは唯々美と善とそれに類したものだけである。これを外れる観察はすべて人間には有害である。全体といふものを機械的な因果法則で説明しようとするものは禁錮に相当する人で即ちプラトンの「ノモイ」の攪乱者である。いつまでもその不信を改めないなら蓋し死罪に値してゐる」[21]。このような社会性に規定された美・善に従属する函数としての「真」はそれ自体、社会に規定されたものとなり、南原が考えたように、社会的通念を脱した先験的な価値としての真理は存在しないことになる。

第三に、叡智・自由といったものの担い手は一部の人びとに限られるという英雄主義的志向が見られる。ジンガーは、「カントの自由の概念は万人が理性に於いて同等なることを求めてゐる」ことを批判した後、「しかるに、プラトンに取つては自由は極く少数の人の特権であり要求であつた。自由は血と魂との正しい教養の結果得られるもので、容易に一般に推し及ぼし得ぬものであつた」と述べるのである[22]。こうした考えは、さらに次のような君主ないし英雄の讃美にいたる。

「〔…〕一人の人が支配者として正しい智慧を得てゐるならば、それを政治上の行為に働かさうがしまいが何うでもよいことである。支配者の本領は必ずしも人民を統治したり戦争を指揮したりすることではない。その最高の任務は総じて善悪美醜に対して裁断を下すことである」[23]

こうしたジンガーの主張は、南原がプラトンの政治原理を、「少数天才の創造的業ではなくして、あくまで社会共同生活におけるすべての人間の自由にかかわる事柄」としたことと対照的な位置にある。

以上のようにジンガーの主張をたどってくると、「エロス」に立脚し善美の価値を追求する少数の担い手が、その価値をもって人びとを内面から統制していく社会像が現われる。ここに南原の批判する「ロマン的な生の非合理性の要求」がある。さらに、その社会像は、「一人の支配者」が諸価値を独占し、それによって法秩序を形成する絶対主義的支配に行き着く。こうしたロマン主義的なジンガーのプラトン解釈にたいして、さらにそれを同時代の日本の政治状況に即して展開していったのが難波田である。

しかも難波田は、論文「遺された教へに於ける国家と経済」の「後記」のなかで、南原の「プラトン復興」論文にたいして執拗とも見えるほどの反駁を行なった[24]。その反駁の標的は、名は伏せられていたものの、南原が提示した論点の一つひとつに対応していることから容易に推定できる。つまり、このことが暗に示しているのは、南原の批判の標的がまさに自分であるという隠されたメッセージを難波田が受け取っていたということにほかならない。

難波田「古意の再現」（一九三六年四月）には、「神話主義」と「権力主義」とを構成する諸要素が明瞭に現われている。

第一に、何より難波田は「神話」の価値を強調する。「神話」の価値には、「学説史」的認識とは異なって、超時代的なものがあるという[25]。「「神話」こそは、古代民族の歴史の描き方であつた。たしかにそこには、多くの象徴と幻想とを以て彩られた事実がみたされてゐる。とはいへ、そこにはなほ民族全体の心に最も深く刻みつけられた意味ある事実のみが残されてゐるのである。あらゆる時の淘汰作用から生き残つた事実は、永遠のいのちをもつてゐる[26]」。

しかも難波田によれば、「神話」は現実を満たす。「「神話」なき現実は方向をもたない。したがつて空虚である。一民族の生活をして可能ならしめる根柢は、かくしてイデアとしての「神話」に他ならない[27]」。孔子が三皇五帝の「神話」の「再現」を試み、プラトンが新たな「神話」の「建設」を試みたことから、その意義は明らかだという[28]。そして、この延長上に日本民族における古代神話の意義が示唆されるのである。

第二に、「神話」の成立やその維持に働く原理には、つねに「力」がともなう。ここに、南原のいう「神話主義」と「権力主義」とが接続する。たとえば、「神話」は、聖人ないし哲人が王として創造したものという認識の上で、難波田は次のように考えを展開する。

「力を有するがイデアをもたぬものと、イデアをもつてはゐるが力をもたぬものと、これら両者の性質が、神の摂理によつて同一人の兼ね具ふるところとなつたとき、こゝにはじめて力はイデアを得、イデアは力を得て、理想の国家は実現するといふのである[29]」

また、創造者としての「聖哲」が亡き後、「神話」は、民族のなかに定着した「倫理」＝「人間のありかた」として生きつづけていくと難波田はいう。「「人間的なありかた」の「教へ」は何処より来つたか。いふまでもなくわれわれはそれを祖先からうけた。そしてわれわれの祖先は順次その祖先から、したがつて究極に於ては建国の祖たる「聖王」からうけたのであつた[30]」。日本固有の「國體」の原理としての「神話」は、まさにここに根拠している。「国家をして国家ならしめる「國體」とは、まさに他ならぬこの「人間的ありかた」を意味する。ひとはかくして、「國體」を語るに際しては、「神話」に帰らざるを得ないのである[31]」。

こうして非学問的な「神話」を「國體」の基礎に据えていく難波田は、「國體」において「神話」を共有する人々の心性を次のように論じるのである。

「かくてまたわれわれは、「理論」の人間的存在に対する無力を思ひ知らねばならない。〔…〕むしろかゝる「理論」によつて批判する如きおごれる心をすてゝ、すべての人々が「畏れ」といふ「新しき心情」をもつことである。「回心」（μετάνοια）である[32]」

以上に摘記した難波田の主張は次のように整理できる。すなわち、「神話」とは、「國體」において恒久的な支配力をもったものであり、その「神話」は当初創造者が体現していたものの、亡き後には国民道徳（「人倫」）としてその「國體」のなかで強く根づいているというのである。ここには、天皇制を支えた神話性への価値判断が見られるが、近代天皇制に即して見るかぎり、明治天皇とその下で発された教育勅語に象徴される不文法的な国民道徳の秩序とが強く連想される[33]。

もちろん、以上のジンガーと難波田の所論には若干の差異もある。ジンガーはより『ポリテイア』を重視し、君主主義的な解釈を導くのにたいし、難波田はより『ノモイ』に依拠して、創造者亡き後の慣習化された道徳的支配を強調する。「神話」の創造に関する難波田の所論には、ジンガーと共通する英雄主義的性格が見られる。しかし難波田が強調した、英雄不在の共同体に内在して働きつづける「神話」＝国民道徳の理論には、ジンガー以上に、人びとが抗うことのできない必然性・運命性が現われている。

南原のいう「ロマン的な生の非合理性の要求とその神話主義」と「一種の政治上の自然主義である権力主義」とは、このような両者の公約数から導き出される。結論からいえば、ジンガーと難波田の理論は、学問性にたいして神話性を主張し、立憲政治にたいして君主親政ないしそこから流れ出る国民道徳の支配を構想した点で、同時代の國體明徴運動と明らかに共鳴するものであった。

とりわけ、國體明徴運動の強い圧力をうけて発表された一九三五年の第二次國體明徴声明は、美濃部達吉の憲法学説を念頭に置いて、およそ学問は國體の「神聖」性に則るべきであり、「外国」産の学問は反國體の契機となるという認識を闡明するにいたっていた。また周知のように、いわゆるこの天皇機関説事件をもって立憲政治は終焉にいたり、軍部主導の軍国政治への足がかりを築いていった。つまり「國體明徴」とは、西洋との接触を契機とした近代日本の学問的伝統に対抗して、前近代の日本神話に立脚した「学問」を要請すると共に、帝国憲法の発布以降蓄積されてきた法理論の内容そのものをも否定するものであった[(34)]。

翻っていえば、南原の「政治上の合理主義」は、このような國體明徴イデオロギーにたいする批判として主張された[(35)]。彼が標的とした「神話主義」は、「学的認識」の主張と対応し、「権力主義」は立憲政治の構想と対応する。「政治上の合理主義」を構成するこの両要素は、プラトン解釈の要件としてのカント主義を主張したことから、より明瞭なものとなる。

とくに、南原の「政治上の合理主義」が神話にたいする学問の価値のみならず、立憲政治という制度構想をともなっていたことは、「プラトン復興」論文で参照を指示したカント『純粋理性批判』の以下の箇所から明らかである。

「プラトンの説く『国家』は、暇な思想家ででもなければ思いつきそうもない夢想的な完全無欠を標榜する著しい実例として、諺にまでなっている。ブルッケルは、君主にしてイデアにあずからないならば決して良い統治はできないだろう、というプラトンの主張を笑止千万だとしている。しかし我々は、もっとこの思想を追求し、また〔…〕みずから思索の労を新らたにして、これをいっそう明瞭にするほうが、〔…〕この思想をまるきり役に立たぬものとして棚上げにするよりはましだと思うのである。各人の自由を他のすべての人々の自由と共存せしめ得ることを旨とする法律に従って制定され、人間の最大の自由（最大の幸福ではない、幸福はおのずからこれに随伴するものであるから）を主眼とするような憲法は、少くとも一個の必然的理念であり、この理念は憲法の制定に際してはもとより、およそ一切の法律の根底に存せねばならない。〔…〕またこれほど完全な状態の実現は期しがたいにしても、かかる最大の完全を原型として提示し、これに従って人類の立法制度を最大の完全へできるだけ近づけようとするこの理念は確かに正しいのである」[36]（傍点原文）

つまり、南原がここで重視したのは、「人間の最大の自由」とそれを保障する「憲法」という「必然的理念」にほかならなかった。「政治上の合理主義」は、各人の自由を保障する「憲法」の意義をも包摂してはじめて成立する。[37]

このことと同時に、南原がこの論文の執筆に当って参考にしたというW・ヴィンデルバント『プラトン』に従えば、プラトン哲学における「ティモクラティア」（「軍国政治」[IV: 55]）批判の側面が浮び上がってくる。ヴィンデルバントの要約によれば、「軍国政治」への堕落の契機は、「権力欲」にほかならなかった。[38] それにたいして国家を救う方法は、プラトンにとって「理性的な原理」であったという。その「理性的な原理」は、共同体を構成する諸徳の均衡を「叡知」によって保つことを指す。[39]

南原はのちに、「プラトン復興」論文で示した認識をナチス批判へと接続させたとき、ナチスを構成する契機に、「権力への衝動ないし意志」など「政治生活」に「固有の非合理性」があると見なしたが [I: 249]、ヴィンデルバントのいう「軍国政治」への堕落の契機としての「権力欲」は、南原の「権力衝動」「権力意志」と重なり合うものであったと考えられる。そして、「プラトン復興」論文で南原が展開した「理性の政治原理」は、ヴィンデルバントの「理性的な原理」と重なり合うものとして、立憲政治を基礎づける原理と見なすことができる。

一九三〇年代後半に南原の用いた「意志」と「理性」とは、以上に見てきた「政治上の合理主義」に込められた「理性の政治原理」の意味、またそれを主張する上で南原が批判的に認識した同時代の政治的主張と状況とから明らかにされ得る。

すなわち、南原における「意志」の概念は、権力を志向する衝動（欲）、少なくともそれをふくむ非理性的なものを意味した。軍部の「権力衝動」は、ロマン主義的な「神話主義」と結びつき、神秘的な「政治的権威」をつくり出し、それによって、「独裁政治」＝天皇親政を志向していく[40] [I: 38]。

他方、「合理性」の概念は、一九三〇年代までの南原が機構的ないし制度的な政治観に対抗してもっぱら共同体的なそれを主張したことと平行して、後景へ退いていたのにたいし、ファシズム台頭後、「立憲政治」「議会政治」を要件とした「政治上の合理主義」として現われる。制度的側面が新たに加わった[41]ことを象徴的に示すのは、前節で見たカント論における一九四二年の改訂である。南原は、『国家と宗教』第三章にカント論を配するにあたり、「純粋共和政」の理念に権力分立・代議制の観念を組み入れた、「純粋立憲政」を主張するにいたったのである[42]。

それでは、政治原理が「神話主義」や「権力主義」といった非合理的側面に傾いていく道と、そうではなく「合理主義」的な方向へ進んでいく道との分水嶺は何であったのか。次節で南原の「価値並行論」にもとづいた整理を試みたい。

四　「価値並行論」における「神話」の位置
――「政治」の「非合理的要素」と「宗教的非合理性」との間

前節で検討したところに従えば、「政治上の合理主義」は、二つの要素から構成される。一つは、神話性にたいする学問性、もう一つは、それとパラレルに成立する、絶対主義ないし軍国政治にたいする立憲政治である。これらの認識や主張を、南原の政治哲学の中核的枠組であった「価値並行論」のなかに位置づけていく必要がある。というのも、それによってはじめて、これら「政治上の合理主義」の重要性を確認できるからである。以下では、現実判断の枠組として機能する「学的世界観」という性格に鑑みて、神話性／学問性の位置づけから考察を進めていきたい。

南原は、はじめて価値並行論を展開したとき、その要件の一つを、諸文化価値の関係が「並行」であることとし、「段階 Hierarchie」性を批判した。つまり、学問（真）・道徳（善）・芸術（美）・政治（正義）の間に優劣を設けるべきではないという。

ところが、南原によれば、カントを除く他の思想家は、諸価値を序列化した哲学体系を持していた。すなわち、J・ロックは道徳的価値を頂点として政治的価値をその手段と捉え、F・W・J・シェリングは、芸術的価値を頂点として、政治的なものをその延長上に「調和」するものと捉えた。G・W・F・ヘーゲルは論理的価値を最高の段階に置いて「汎論理主義」の下にあらゆる文化生活を「止揚」しようとした。そしてプラトンは、「主知論的一面性があるにかかわらず」、「政治的価値をもって他の諸価値を綜合するもの」であった［II: 148］。諸価値に序列を設ける彼ら哲学者は、いずれかの価値に唯一の目的性を与えて、その他の諸価値を従属的・手段的なものと見なしている。しかし、諸価値には各々目的性があるということに、「並行」論としての意義があると南原はいう。

このような認識に立って見るとき、ゲオルゲ・クライスの問題は、芸術的価値に特化しそれを契機として、元来政治的価値に重点を置いたプラトン哲学をとりあげたことから生じたものと考えられる。そのことは、前節で見たジンガーや難波田の所論から窺うことができるが、とくにここで重要なのは、彼らが依拠した「ミュトス」——南原はこれを「神話」ないし「詩話」と表記する——を、南原が芸術的なものと見なしていたことにほかならない。

南原が「詩話的」と「芸術的」を並列的に見なしていたことは、彼が貴族院議員として参加した敗戦直後の憲法制定議会での質問演説より知られる。新憲法において天皇が「象徴」と規定されようとしたとき、南原はそれに反対して、「本来、詩的芸術的な言語がもつ神秘性により、天皇制を潤色せるがごときも、法理論的にはそれはなんら実体概念でも機能概念でもない」［IX: 20］（傍点川口）と述べた。この南原の発言に従えば、詩的なもの・芸術的なものによる天皇大権の粉飾こそ、一九三〇年代の國體明徵イデオロギーと地続きであると考えられたのである。ここでの認識は明らかに、「プラトン復興」論文で、「独裁政治」を粉飾する「神秘的非合理性」への認識と契合する［I: 38］。ここに「政治上の合理主義」と「価値並行論」とを突き合せるとき、芸術的価値の問題が浮び上がるのである。

しかし南原は、「価値並行論」を最後に論じた『政治哲学序説』のなかでも、ついに「政治」と「芸術」との関係を展開しなかった。『序説』では、「政治と道徳」「政治と宗教」「政治と経済」の各項目が存在し、政治哲学の学問的方法を論じたなかで「政治」と「学問」との関係性が示唆されている[43]。それらにたいして唯一論じられなかった「芸術的価値」の特質について、本稿では以下の二点のみ指摘しておきたい。

第一に、南原は、「芸術的価値」を貶価していたのではない。そのことは、価値の「並行」という点からも明らかである。しかも、「芸術的価値」は、それ自体理念であるからには、他の「学問」「道徳」「政治」と同じく、「合理性」をもって捉えられなければならない。

この点に関連して注意すべきは、南原は、「神話」がもつすべての意義を否定したのではなかったことである。一九三八年六月の講演「現代の政治理想と日本精神」では、『古事記』について、「ただに通常の歴史書または歴史的記録でなく、むしろわれわれの祖先――当時の教養階級の人たち――の抱いた国民的「信仰」あるいは「確信」の表白であって、祖先の過去の起源を語るとともに、彼らが祖国にかけた未来の理想を語ったものと解せらる」［III: 110］として、その意義を認めている[44]。すなわち「神話」は現在を正当化するためのものではなく、文学的芸術価値という規範性をもったものと考えられている。古代民族の「理想」の認識を示すものとして「神話」は、ネーションの実践的努力を方向づける機能をもつ。

第二に、南原みずから「芸術的価値」を実践的に追求していたことがあげられる。『歌集 形相』に結実した詠歌がそれである[45]。上の「神話」への態度と合せて考えるとき、「政治」にたいする「芸術」の関係には、詠歌という方法、あるいは「永遠的なるものの「形相」（エイドス）としての生の現実態」［I: 513］という詠歌の理念のなかに、そのあるべき要件が内在しているように思われる。さしあたりここでは、『形相』収録の作品が「短歌の形式を以てする時代の歴史的背景と、そこに生き来ったひとりの人間の実存の記録」を詠んだものとして、認識に特化したものであることを指摘しておきたい。

以上に従えば、「芸術的価値」は、パトス的——その意味で感性的——なものによって条件づけられるのではなく、「認識」を規範とした「合理性」によって特質づけられる。そこに、ゲオルゲ・クライスにおける「神話」性とのちがいがある。南原が見たゲオルゲ・クライスのロマン主義は、「権力衝動」や「独裁政治」といった人間の自然性ないし現実政治を正当化し、それを「政治的権威」にまで仕立てていくが、南原の「神話」は、現実にたいする理想主義的な認識内容を示すものであった。

南原に従えば、現在の人びとにとって古代の「神話」で示された「理想」の認識は、「共同体」における成員の人間性の完成への契機とされるべきであって、現実の出来事を正当化するものであってはならない。「教育共同体」という政治原理において過去の文学的芸術的作品は、これよりほかに意味を付与され得ないためである。

南原のこうした考えの前提には、「政治」という営みが、現実の上ではしばしば非合理的なものだという洞察があった。『政治哲学序説』の「序論」で、彼は次のように書いている。

> 「政治は政治的価値の実現に向っての無限の努力として、人類の実践的活動である。その意味において、それ自体意志と行為の問題である。もとより政治は様々の非合理的要素を伴なっている。例えば、権力には必ずや自然的強力が伴なう。また人間個人、ことに集団的欲求の心理的要素を看過し得ない。政治の学的思惟はそれを可能なかぎり合理的に把握しなければならない」[V: 38]（傍点川口）

このような「政治」の現実にたいして、ゲオルゲ・クライスの「神話」は、現実を粉飾することはできても、克服することができない。そこで、政治の「非合理的要素」の克服のために、合理的「認識」が要請される。「政治上の合理主義」の確立にあたり、南原が「学的認識」を要請したのも、政治の「非合理的要素」の克服のためであった。

ただし、「学問」それ自体が手放しで「政治上の合理主義」を構成するとは限らない。この点に関しては、南原が依拠したプラトン哲学が指摘を受ける「ドグマの支配Herrschaft eines Dogmas」の問題——哲学者（哲人王）が抱いたドグマによる支配(46)——は、一九二〇年代に南原が捉えた「人間理智に対する過信」にもとづく道徳的「合理性」の支配と同じ陥穽に行き着く。どこまでも有限的な人間にすぎない哲学者の「認識」が神のような完全性をもち得ない以上、そこにも「人間理智に対する過信」が横たわっているからである。このような問題性にたいする認識を、南原は、のちに田辺元への批判のなかで示している。南原によれば、田辺はヘーゲル弁証法と「絶対無」の観念とを組み合わせ、国家を救済者（「応現的存在」）として導き出す。その論理構造を、南原は「国家に対する弁証法的信仰」と呼んだ［I: 267］。

つまり、単に非政治的な芸術的ないし学問的契機によって政治の「非合理的要素」が克服されるのではない。むしろゲオルゲ・クライスの芸術的「神話」も、田辺に見られる学問的「弁証」も、価値としての「境界Grenze」をこえた「越権」であった。それらに代表される価値段階的認識は、他の諸価値を手段化するだけでなく、現実を正当化していくため「宗教」へ連続する階梯を形作っていき、ついに「神政政治思想」の契機をなす。したがって南原の見るところ、「神政政治思想」の問題は、単なる「政治」と「宗教」との連続的関係ではなく、両者を結びつけていく他の諸価値の作用にある(47)。そして、「政治上の合理主義」の主張に見られるように、南原は単に「学問」の自律性を言うだけなく、「認識」という規範性を主張していたのである。

南原は、論文「基督教の「神の国」とプラトンの国家理念——神政政治思想批判の為に——」（一九三七年一一・一二月。のちに『国家と宗教』第二章に収録）で、プラトンからキリスト教にいたる思想史的コンテクストを論じるなかで、此岸的な「認識Erkenntnis」と彼岸的な「信仰Bekenntnis」との区別を論じている［I: 69］。プラトン哲学は、歴史的な展開からみれば、イデア論に「宗教的信念が脈う」っていることから［I: 59］、それによって「来たるべきキリスト教の「神の国」とその「正義」を予示した」ものと見なされる［I: 62］。しかしそれはどこまでも、「「理性《ヌース》」の知的活動」とそこに「美的・芸術的直観が結合」されたものとにすぎない［I: 68］。それにたいしてキリスト教は、「およそ人間智を絶した」領域を指し示している。理念としての「文化価値」とそれを超越する「宗教」との区別は、この「認識」と

「信仰」との区別に対応する。

この区別に立脚するとき、芸術的「神話」ないし学問的「弁証」に攪乱されない、「政治」にたいする「宗教的非合理性」の意義が浮び上がってくる。「基督教の「神の国」とプラトンの国家理念」のなかで「宗教」と「政治」の「積極的関係」として論じられた、「純粋に彼岸的超越性を有しながら、自ら社会的改革の使命として作用」する契機がそれである［I: 112］。その実践的契機は、以上に見てきた現世否定の超越性から演繹されるのである。

以上のことから、「政治上の合理主義」は、政治原理から芸術・学問のモティベーションの契機を「認識」という規範に限定していくと共に、他方では実践的原理を「宗教」に基礎づけていくものであった。「政治上の合理主義」が、「共同体」性の上についに立憲政治・議会制度を要請するにいたったのも、政治過程の可視化という「認識」的原理にもとづくものであったといえよう。

五　「政治」をめぐる「合理性」と「非合理性」との間——結びにかえて

本稿が以上にたどってきた考察を整理すれば、次のように示すことができる。

一九二〇年代に「道徳」的合理性を批判した南原は、その問題性を政治原理から宗教性を排除したことに見ていた。それにたいして、三〇年代後半に「芸術」的なものによる「神秘的非合理性」を批判した南原は、それによって政治の「非合理的要素」が隠蔽されることを問題視していた。「芸術」による現実政治の正当化は、延いて「神政政治思想」の問題へ通じる。

したがって、「宗教」を軸として見れば、一九二〇年代で「宗教」の意義を強く主張していた南原が、三〇年代後半では両者の消極的関係を主張するように変化していったことが示される。また、これと平行するかのように、議会や立憲政治を、かつて「自由民主主義」と批判的に見ていた南原が、ファシズム台頭を見据えて、むしろ自身の政治理念に組み入れたという変化があった。

しかし、いずれの時期にも共通しているのは、非合理的な政治の現実を正当化する、いかなる個人人格価値の介在をも排したことである。本稿が見てきたように、「道徳」的原理と「芸術」的原理とが共に、「宗教」にたいする作用が正反対であるにもかかわらず排斥されたのは、両者が所与の人間本性を肯定し、それを「政治」的支配原理へ展開していく点で共通していたためであった。(48)「道徳」主義は、個人の「人間理智」を重視するあまり、「共同体」内部を利害の争いの場としてしまう。「芸術」主義は、人間のなかにある「権力意志」を自然性とし、それを英雄主義的に粉飾してしまう、というのであった。どちらも人間の自然性を肯定し、それによって現実の政治支配を肯定する。

それにたいして、「政治」を成り立たせていく実践的原理は、文化価値一般から断絶した「宗教」を源泉とする。そこには二つの作用が認められる。一つは、「共同体」形成の契機としての「根本的衝動」＝「愛」であり、もう一つは、現実の「共同体」にたいする「社会的改革」の意志にほかならない。これらが現世のなかで働く「宗教的非合理性」の内容であるといえよう(49)。

本稿が見てきた「政治上の合理主義」の要件としての「学的認識」は、以上のような「認識」と「信仰」、すなわち文化価値と宗教の区別、諸文化価値における理念的「合理性」と現実的「非合理性」との区別を要請するものであり、その意味でどこまでも自己認識を要請する「合理性」の原理なのであった。

＊本稿で用いる南原の著作は、主として『南原繁著作集』全一〇巻（岩波書店、一九七二―七三年）に依拠する。出典は、本文中に［　］で巻数（ギリシア数字）と頁数とを併記した。なお、本稿の内容は、南原繁研究会での異なった二回の報告をふまえている。研究会では会員諸氏より多くの助言とコメントをいただいた。記して感謝申し上げる。

（1）福田歓一「日本における政治学史研究」は、戦後日本における政治学史研究の蓄積の過程で、政治概念への正確な理解が痛切に必要とされるようになったと述べている（『福田歓一著作集』第四巻、岩波書店、一九九八年、二八二―二八三頁）。この点から見ても、南原の政治思想史研究は、さしあたり日本の戦前・戦中期のなかに位置づけられるべきといえよう。

（2）加藤節『南原繁――近代日本と知識人――』（岩波新書、一九九七年）一二四頁等。

（3）アンドリュー・E・バーシェイ『南原繁と長谷川如是閑――国家と知識人・丸山眞男の二人の師――』（*State and Intellectual in Imperial Japan: The Public Man in Crisis*, 1988. 宮本盛太郎監訳、ミネルヴァ書房、一九九五年）一三〇―一三三頁、前掲加藤『南原繁』一二四―一二六頁、川口雄一「戦時下における南原繁――戦時版『国家と宗教』の構成に関する考察――」『成蹊大学法学政治学研究』（第三五号、成蹊大学法学政治学研究科、二〇〇八年三月）三頁以下、下畠知志『南原繁の共同体論』（論創社、二〇一三年）五三頁以下参照。

（4）南原の「価値並行論」は、「カントに於ける国際政治の理念」（一九二七年）で、はじめてその名が示された。ただしそこには「価値平行」と書かれており、未だ「価値並行論」として確立されたものでなかったことが窺われる。次に、三一年の論文「フィヒテ政治理論の哲学的基礎（四）」で、「価値並行論」としてその全体像が示された。ただしこの時点では、まだ「経済」への言及が見られない。三五年の書評「宗教と経済」では、「経済」は、「文化価値」にたいする「下限」ではなく、「文化価値」のなかの一つに数えられている［III: 282］。その後、三九―四〇年の論文「フィヒテに於ける社会主義の理論」で、ようやく「経済」は、「文化価値」の外に位置づけられることとなった。このように見てくると「価値並行論」は、当初から定まった形態を維持してきたのではなく、遅くとも二〇年代末にはその発想があり、三〇年代を通じて形成されたのであった。

なお、南原が「経済的非合理性」を展開したのは、右のように、一九三〇年代後半だが、「政治上の合理主義」を闡明した時点ではまだ十分に考えられていなかったという判断を本稿は前提している。その理由は、「政治上の合理主義」の内容の検討を主題とする本論によって示されるであろう。ただ、「意志」と「理性」の問題に関連して、「経済的非合理性」について以下のような特質を指摘しておきたい。

南原は、「経済的非合理性」を「人は食うところのもの」という「生物的」な必然性に発するものと考えていた（松沢弘陽・植手通有編『丸山眞男回顧談』上、岩波書店、二〇〇六年、二三三―二三四頁。東京女子大学丸山文庫所蔵草稿類資料「「南原繁著作集中『政治理論史』の解説執筆参考として　先生へのヒアリング（二回）テープ起し」　速記」資料番号854-1-2、一九七三年四月、一八―二一頁。丸山眞男手帖の会編『丸山眞男話文集』第四巻、みすず書房、二〇〇九年、三八五―三八九頁を併せて参照）。また、この点に関して、一九三九年の論文で、「理性目的」「文化目的」に従う「経済」について論じた南原は、「その根本はあくまで活動的な意志に置かれてあり、単に「生きんとする意志」でなく、〔…〕よりよく生きようとする自我の意志である」［II: 253］としている。「自然的衝動を合目的に充足せしめる」とき、このような「意志」が捉えられる［II: 244］。この「衝動」と「意志」との間の論理については、本稿が対象とする「政治」をめぐる問題のなかで若干の示唆が得られると思われる。

なお、南原の「価値並行論」の全体像を示しその思想史的意義を論じた研究として、加藤節「南原繁の政治哲学――「価値並行論」を中心とする予備的考察――」『政治と人間』（岩波書店、一九九三年所収）参照。

（5）戦後に刊行された『政治哲学序説』での叙述はここで示した通りだが、同書の元となったとされる戦前の講義でも、すでにこのような見方が示されていた。そのことは、異なる版をもついわゆる講義プリントからも明らかである（たとえば、一九三一年度の講義プリント『政治学』星文堂、一九三一年二月（講義年度は同資料表紙の表記による）、二〇三―二〇四頁）。なお、当該講義に関する資料調査に当り、成蹊大学図書館職員（大徳貴美子氏・梶原由紀氏）に多大なご助力を賜った。記して感謝申し上げる。

（6）田中耕太郎「南原繁教授著「国家と宗教」（昭和十七年）」一九四三年三月、『法律哲学論集』第三巻、岩波書店、一九五二年、三五一―三五三頁。

（7）ただし、後述するように、このカント批判の論理は、初出（一九二七年）と『国家と宗教』収録の版（一九四二年）とで異なる。本文で示したのは初出である。川口雄一「南原繁の「世界秩序」構想――戦前・戦中・戦後――」、南原繁研究会編『南原繁と平和――現代へのメッセージ――』（EDITEX、二〇一五年）参照。

（8）南原「カントに於ける国際政治の理念」、吉野作造編『政治学研究――小野塚教授在職廿五年記念』第一巻（岩波書店、一九二七年）五六三頁。

（9）『政治哲学序説』で闡明した自身の立場「理想主義的社会主義」でも、この「教育国家」ないし「教育共同体」と重なる「国民共同体」を主要な構成要素の一つとしている［V: 325-332］。

（10）ゲオルゲ・クライスのプラトン像の思想史的位置については、佐々木毅『プラトンの呪縛』（講談社学術文庫、二〇〇〇年）第一部第三章参照。

（11）「政治上の合理性」という言葉が出てくる他の文献に、論文「人間と政治」（一九三九年五月）がある。ここで主題とされているのは、アリストテレスであり、「プラトン復興」論文の主題との関連を考える上で興味深い。しかし、両哲学者への評価として、南原は自身がプラトン哲学の世界に傾斜していることを明言していること［I: 282-284］、両論文の間で「政治上の合理主義（合理性）」の内容に大きな差異はないこと、発表順序からいってこのプラトン論が先行することをふまえて、本稿では主に「プラトン復興」論文を対象として論じる。

なお、蓑田胸喜の南原批判は、「人間と政治」を根拠としていた（たとえば「南原繁氏の空寂政治学思想と津田問題」一九四一年、『蓑田胸喜全集』第五巻「国家と大学」、竹内洋ほか編、柏書房、二〇〇四年所収)。蓑田は、南原のこのような概念がアリストテレスにもとづいていることから、「〔南原〕氏の思想素質は仮りに理想主義的であるとしても、その思想法はアトミズム、メカニズムであり、その又の名がインデイヴイデユアリズム、リベラリズム、デモクラシー――アナーキズム」等と指弾した(二六三頁)。

(12) ただし、「日本浪漫派」に属した一人・芳賀檀(一九〇三―一九九一)は、エルンスト・ベルトラムに師事し、ベルトラムについての記事を『コギト』等で繰り返し掲載していた。橋川文三・川村二次「保田與重郎をどうとらえるか」『ユリイカ』第七巻第九号(青土社、一九七五年一〇月)一二七頁参照。ただし南原が日本浪漫派をどこまで意識していたかは今のところ定かでない。

(13) 富岡近雄「ゲオルゲ評伝」(S・ゲオルゲ『ゲオルゲ全詩集』富岡訳、郁文堂、一九九四年所収)によれば、ナチス台頭後「ゲオルゲは沈黙した。すべての公の事柄は以前にも増してゲオルゲには好ましいものではなくなっていた。一九三二年三月二二日、ゲーテ没後一〇〇年の記念日にヒンデンブルクによって創設されたゲーテ賞を授与されたときも、ゲオルゲは授賞式に出席しなかった。〔…〕〔三三年〕五月にはナチスの側からのゲオルゲへのさまざまな接近の試みがなされる。〔…〕ゲオルゲは沈黙し、拒否の態度を持した」(五九七頁)。

また、同論文では、ゲオルゲとそのサークルのメンバーとの異同についても触れている。後述する本論に関わるため、以下に紹介する。

「〔…〕ゲオルゲと〔サークルを形成した〕宇宙論者との間には決定的な相異が厳然と存在する。ゲオルゲにとっては「詩」のみが「新しい国」へ導くのに対して、宇宙論者たちはこの目的は大昔の時代の根底に帰ることによってのみ達成されると確信していたのであった」(同前五六四頁)

(14) ジンガー『プラトーン』清水武訳、三省堂、一九三六年。ちなみに本書は、プラトンの『ポリテイア』を「國體」、『ノモイ』を「憲法」と訳したり、Zeugungsgott を「産霊神」と訳してそこに「こゝでは万物を産し成す神・霊。「むすび」の意で ἔρως「エロース」即ち「愛の神」の本質を言ひ表はす語として用ゐる。「古事記」上巻の産巣日ノ神の物語を参照」と註を付したり(九〇頁)するなど、後述する同時代的な言論状況を顕著に反映している。なお、訳者については、「清水武略歴」(『関東学院大学文学部紀要』第一九号(関東学院大学文学部、一九七六年六月)参照。

(15) ジンガーについては今日ほとんど知られていないと思われるため、以下に簡単な経歴を掲げる。なお、その生涯等については、太田秀通「クルト・ジンガーの生涯と学問(一)～(七)」『UP』第一四三号～第一四六号・第一四八号・第一四九号・第一五二号(東京大学出版会、一九八四―八五年)および前掲エッシュバッハ「解説　クルト・ジンガーと現代記号論」(ジンガー『三種の神器』

鯖田豊之訳、講談社学術文庫、一九九四年所収）参照。
一八八六年五月　生誕（ドイツ・マグデブルクにて）
一九一〇年　ストラスブルク大学のG・F・クナップの下で学位論文「インド通貨改革の動機」を書き、博士号取得
一九二四年　ハンブルク大学助教授就任
一九三一年五月　東京帝国大学経済学部客員教授着任（政治経済学・社会学）
一九三二年一月一八日　新渡戸稲造の斡旋で御歌会始に参加
一九三三年　ハンブルク大学より教職剥奪
一九三五年三月　東京帝国大学経済学部客員教授解雇
一九三六年四月　第二高等学校赴任（〜三九年三月）
一九四〇年六月　オーストラリアに移住するも敵性外国人として抑留（〜四一年一〇月）
一九六二年二月　逝去（アテネにて）

(16)「ゲオルゲ派の「新しきプラトンの姿像」」『経済学論集』第四巻第七号（東京帝国大学経済学会、一九三四年七月）等。後年、難波田は、「私の経済学は要するにすべてジンガー先生の文化史です。先生のことについては何一つ書いたことがありませんが、私の著作集をご覧になれば分ります」等と語っていたという（前掲太田「クルト・ジンガーの生涯と学問（三）」一一一頁）。

(17) 大内兵衛『経済学五十年』下（UP選書、一九七〇年）三〇〇—三〇一頁。
また、杉浦明平が戦後まもなくの時期に書いた次の一文は、戦時下の難波田の行動を知る手がかりになると思われる。

「[…] しかし彼〔保田〕の最大の功績はさういふニイチエや折口信夫の改竄によつて年々何十冊かの本を出し、而してあの悩ましく怪しげな美文で若者を戦争へかり立てた点にあるのではなく、むしろ経済学の難波田春夫などと同じく思想探偵として犬のやうに鋭敏で他人の本の中の赤い臭をかいではこれを参謀本部第何課に報告する仕事にあつた。而して彼が自ら「草莽の臣」と称する所以は、本来スパイたる彼が狐のやうに草の葉を頭へ載せることによつて文学者に化けてゐたといふことらしい」（「保田與重郎」一九四六年三月、『暗い夜の記念に』私家版、一九五〇年、六五頁）

(18) 南原が東京帝大法学部の教授のなかでも、経済学部の一部の人びととととくに親しくしていたことは、後年みずから回想している（南原繁・安藤良雄「法学部からみた経済学部の五十年」、東京大学経済学部編『東京大学経済学部五十年史』東京大学出版会、一九七六年所収）。なお、戦時下の経済学界における難波田の位置づけについては、牧野邦明『戦時下の経済学者』（中公叢書、二

〇一〇年）参照。他方、ジンガーが経済学者として日本で行なった活動に触れた研究書はほとんど見られないが、W・シュヴェントカー『マックス・ウェーバーの日本』（野口雅弘ほか訳、みすず書房、二〇一三年）では、ジンガーとのヴェーバー講読を通じた大塚久雄への「影響」等が指摘されている。

（19）前掲ジンガー『プラトーン』一四七頁。

（20）同前九一―九二頁。

（21）ジンガー「プラトンと学問」『思想』第一四六号（岩波書店、一九三四年一一月）六頁。

（22）ジンガー「西洋の祖先としてのプラトン」『思想』第一三八号（一九三三年一一月）二九頁。

（23）同前二九―三〇頁。

（24）難波田「遺された教へに於ける国家と経済（下）」『経済学論集』第六巻第一二号（東京帝国大学経済学部、一九三六年一二月）四七頁以下参照。

（25）難波田「古意の再現――古典の観方に関する覚え書――」『経済学論集』第六巻第四号（一九三六年四月）一〇一頁。

（26）同前九四頁。

（27）同前。

（28）同前一〇〇頁。

（29）同前一〇五頁。

（30）同前一一〇頁。

（31）同前一一二頁。

（32）同前一〇九頁。

（33）このような難波田の理論が、教育勅語の哲学的理論化の試みとも見なされる和辻哲郎の「倫理学」に大きく依拠していることはすでに明らかにされている（前掲牧野『戦時下の経済学者』一三六頁参照）。また、難波田の経済学が近代日本の資本主義の問題にたいする分析と解決とを試みたものであることからも、難波田が構想する「神話」は、原理的には記紀にまで遡るとしても、目下、近代日本における道徳的秩序の規範としての教育勅語が考えられていたように思われる。

（34）第二次國體明徴声明を指針として、政府は、文部省教学局の設置に向けた用意をはじめると共に、『國體の本義』の編纂を一四人の学者に委嘱した。前者の動向は、教学局の内容の協議を委任された教学刷新評議会の議事録より確認することができる。後者は、土屋忠雄「「国体の本義」の編纂過程」『関東教育学会紀要』第五号（関東教育学会、一九七八年一一月）より概要を窺うことができる。この二つの動向から、教育行政による思想・学問統制がそれ以前にも増して強化された。なお、教学局設置前後より強化されていく学問統制の推移については、駒込武・川村肇・奈須恵子編『戦時下学問の統制と動員——日本諸学振興委員会の研究』（東京大学出版会、二〇一一年）を参照。

(35) 前掲バーシェイ『南原繁と長谷川如是閑』一三七頁参照。

(36) イマヌエル・カント『純粋理性批判』（篠田英雄訳、岩波文庫、一九六一年）三四—三五頁。

(37) 丸山眞男・福田歓一編『聞き書 南原繁回顧録』（東京大学出版会、一九八九年）一五一頁。

(38) ヴィルヘルム・ヴィンデルバント『プラトン』（出隆・田中美知太郎訳、大村書店、一九二四年）三一一—三一二頁。

(39) 南原は『政治理論史』でプラトンの政治哲学的志向を論じて次のように述べている。

「〔…〕現実に支配すべき者の資格を定義するこの書〔『ポリティコス』〕においても、およそ「不完全な政治家」から「完全な政治家」を区別し、後者を規定して、単に法律によって裁判し、または大衆の欲求によって支配したり、或いは権力によって戦うことでなくして、善と悪・美と醜・正と不正とを決定し、もっぱら洞察によって統治するところの智者であるとした」[IV: 54]

ここには、次節で触れる善美にたいする叡智の契機について、南原のプラトン解釈を窺うことができる。

(40) のちの「ナチス世界観と宗教の問題」において南原は、「権力主義」の思考様式を次のように指摘している。

「〔ナチスに対して〕われわれの注意を要するのは、その世界観において「政治」が前面に表出し、政治的行動によって全文化の危機の克服を目ざすことである。固有の信仰を内包する政治的意志と決断が基礎であって、それが神学と哲学の全体を決定し、一切の文化はただ本源的な政治的決断を世界像に置き換え、もしくは拡充するだけの任務を有するにすぎない」[I: 254]

(41)「政治上の合理主義」が要請する制度構想として、講演「現代の政治理想と日本精神」で南原が主張した、「共同体衆民政」が考えられる。「共同体衆民政」の内容として、南原は、「法治国家の思想」と「議会制度」を内容とする「立憲」政治を主張した[III: 114-116]。それと対立するのが「国民の精神運動」と「独裁政治」としている。

南原の制度構想という点に関して、南原の理論を官僚主導のテクノクラシーと見なす立場について一言しておきたい。というのも、学問的価値に依拠した合理主義的政治は、南原の場合、必ずしもテクノロジーによる支配を意味しないからである。彼はたしかに、「フィヒテに於ける社会主義の理論」のなかで、「統制経済」（計画経済）を主な内容とする「共同体社会主義」を構想している。しかし、上のように、南原は「共同体衆民政」という名によって議会政治を構想していたのであり、同時期に主張された二つの「共同体主義」的制度構想を合せて考えてみる場合、少なくとも彼の官僚の経歴を根拠にして、テクノクラシー構想を導き出すことができない（村上隆夫「フィヒテ研究者としての南原繁」、家永三郎・小牧治編『哲学と日本社会』弘文堂、一九七八年、一三三、一三五頁参照）。そのことは、次節で論じる南原の価値並行論からも裏づけられると思われる。

(42) カント論改訂の内容については、前掲川口「南原繁の「世界秩序」構想」六一―六二頁参照。

(43) 南原の論考に現われる「学問的価値」の内容について、戦後の論文「政治哲学への道」（一九五七年）がその参考となるように思われる。そのなかで、南原は、「没価値的」な「自然科学」的政治学にたいして、「政治的価値」の認識のための「政治哲学」の必要を訴えている [III: 129]。その「政治哲学」の内容を南原は次のように展開している。

「政治の価値論的考察は、思弁的形而上学とは異なって、現実を無視せず、かえって価値は現実と結合し、そのなかにおいてこそ実現を期せられるのである。理想が単なる思弁的形而上学に堕しないがためには、政治的社会的現実に直面して、価値的＝合理的形成を与えることが重要である。その意味において、ある命題が客観的合理性において純粋に定立されてあれば、最高の普遍性においては一切のものに適用され得るものであって、所与の現実的制約を受けながらも、いつか実現してゆくもの、否、実現されなければならぬところのものである」[III: 141]

(44) この講演記録は、戦後に刊行された論文集『自由と国家の理念』ではじめて公にされた。初出は、「某県教育講習会」とあって、実際このとおりに述べられたものであるかどうか、どのような名目で行なわれた講習会であったのか等について、詳しいことは明らかにされていない。しかし、これと同趣旨の主張は、敗戦直後の紀元節の演述「新日本文化の創造」（一九四六年）でも見られる。

「そもそもわれわれの祖先は、わが民族を永遠の昔より皇室を国祖と仰ぎ、永遠に生き来たったものと信じ、最近までさように教えられて来たのである。それは必ずしも伝うるごとく、今日が二千六百年でないかも知れぬ。果してどこまでが歴史の真実であって、どこまでが神話と物語であるかは、実証的歴史学や比較史学の研究にまつべき事柄であって、この方面においてわが国の歴史は今後徹底した批判的研究が遂げられなければならない。

しかし、たといその結果がどうであろうとも、われわれの問題は、それらの神話や歴史に盛られた意味、いわばわが民族の世界観的意味内容である。重要なのは、われわれの祖先の抱いた理想――当時の自覚していた文化階級が自己の民族の永遠性を信じ、その天的使命を意識し来たったという点である。いやしくも民族の発展を庶幾い、世界に貢献せんと欲するほどのまじめな国民にして、自己の神的使命と悠久の生命を理想とし、そのために努力しない国民があるであろうか」[IX: 22]

なお、苅部直「平和への目覚め――南原繁の恒久平和論――」『歴史という皮膚』（岩波書店、二〇一一年）九六―九七頁参照。

(45) 事実南原は、丸山眞男からのヒアリングに答えて、「一方では、へたながらも芸術の生む価値ということを十分知っているし、また自分でも味わってます」（前掲丸山文庫資料「南原繁著作集中『政治理論史』の解説執筆参考として　先生へのヒアリング（二回）テープ起し」速記」一二頁。傍線は原資料による。前掲『丸山眞男話文集』第四巻三九〇頁）と述べ、詠歌が「芸術的価値」の実践であることを示唆している。

(46) たとえば、前掲ヴィンデルバント『プラトン』三五六頁参照。なお、南原と同時代に、プラトン哲学に内在するその「思想統制」的性格を指摘し、それによってプラトンを痛烈に批判した論考として和辻哲郎「プラトンの国家的倫理学」（一九三九年五月。のちに『ポリス的人間の倫理学』第四章「前期プラトーンの国家的倫理学」）がある。

(47) 実際、「基督教の「神の国」とプラトンの国家理念」で南原は、神政政治の思想史の上にゲオルゲ・クライスを位置づけたとき、「異教」の神政政治思想と呼んだ [I: 105]。このことは、広義の「神政政治思想」が単にキリスト教と政治・国家との関係性に限定されないことを示唆している。「異教」という言葉は、普遍的「宗教」としての性格をもっていない「神話」に向けて用いられたものであり、これによって、芸術的なものを契機とした「神政政治思想」が考えられていることは明らかであろう。

(48) 「道徳」主義へのこのような認識は、「プラトーンとカントが採用した立場」に立つ新カント派の政治思想史家クルト・シュテルンベルクによって補うとき、より確かなものとなる。シュテルンベルクは、「啓蒙主義」を「自然主義」と形容していたからである（『政治哲学史』多田真鋤訳、慶應通信、一九八九年、七〇―七三頁、一一一頁）。

一九三五―三六年頃の南原は、当時の学生であった丸山眞男や弘津恭輔の回想によると、シュテルンベルクの『政治哲学史』を学生に勧めていた（丸山文庫資料「丸山眞男『南原教授　政治学史I　古代及中世』受講ノート」資料番号34、一九三六年、一頁。丸山・福田歓一編『回想の南原繁』岩波書店、一九七五年、二一九頁）。

(49) 加藤節「〔南原繁『国家と宗教』〕解説2」は、南原の政治哲学における「宗教」の意義について、「思想における信仰の有意性の問題としてではなく、むしろ超越的な理念に立って現実を批判する批判主義的な思考様式が時代のなかでもちえた意味」を評価している（南原『国家と宗教』岩波文庫、二〇一五年、四六二頁）。この視点は、「道徳」や「学問」の唯一価値に特化した人間観・政治観が「自己完結」性の陥穽から免れ得る相対化の契機を「宗教」が提供するという、本稿前節での認識と重なり合う。ただし、そのような「宗教」の機能は、価値並行論で図示されたような諸価値にたいする超越性の契機について評価することはできても、政治原理に内在したその意義に立ち入ったものではないことに注意する必要がある。南原の政治哲学における「宗教」を評価するには、超越的彼岸性の契機の面だけでなく、「共同体」における内在的原理としての面がとりあげられなければならない。

ドゥルーズの「おろかさ」論

――『差異と反復』の政治的射程

●――乙部延剛

一　はじめに

ジル・ドゥルーズ前期の代表作、『差異と反復』（原著一九六八年）には、「おろかさ（愚劣、bêtise）」に関する短いながらよく知られた二段落が存在する。[1]「無気力、残酷、下劣、おろかさは、たんに身体的な力であるだけでなく、また、性格的、社会的事実であるばかりでなく、思考としての思考の構造でもある」（DR 196＝上四〇一）という主張を中心とした記述は、原著で三八〇頁を超える『差異と反復』のなかでわずか三頁を占めるにすぎないものでありながら、多くの論者によって注目されてきた。[2] 本稿は、理性的かつ主意的な思考のいわば影としてのおろかさに注目し、ドゥルーズの議論を『差異と反復』全体との関係から解釈することで、その政治的含意を明らかにしようとするものである。

だが、そのような試みに、いかなる意義があるだろうか。

まず、ドゥルーズ研究の文脈が挙げられる。過去数年、ドゥルーズ研究はかつてない活況を呈している。重要な著作が過去数年の間に相次いで出版され、とりわけ英語圏においては、シリーズ化された研究書（エディンバラ大学出版会より刊行中の*Deleuze Connections*および*Plateaus*）や専門誌*Deleuze Studies*の刊行（二〇〇七年より）などが相次いでいる。[3] しかし、これらの研究においても『差異と反復』については、その政治思想の解明がなされていない。後で触れるようにドゥルーズにいかなる政治思想を見出しうるのかという問題は、現在のドゥルーズ研究においてひとつの争点になっている。だが、これらの研究が扱うのは主に「ミクロ政治」「戦争機械」など、のちのガタリとの共著『資本主義と分裂症』（一九七二年の『アンチ・オイディプス』ならびに一九八〇年の『千のプラトー』）で展開された諸概念である。(4)この二冊に先立つ『差異と反復』については、触れられることがあったとしても、のちの政治的、社会的なビジョンの萌芽が見出されるといった扱いにとどまる。このような理解は、『差異と反復』が哲学的議論にほぼ全てを割いていることに鑑みれば納得のいくようにも思える。その場合、『差異と反復』の段階では純粋に哲学的であったドゥルーズは、のちの著作では同じ哲学を政治の領域に展開したということになるであろう。(5)だが、事態はそれほど単純だろうか。(6)

ここで興味深いのは、ドゥルーズの「おろかさ」論の占める位置である。『差異と反復』のなかで「おろかさ」についての二段落が登場する「思考のイマージュ」の章は、管見の限り、同書のなかで「政治」という言葉が登場する唯一の章である。さらに、「おろかさ」の問題が言及されるのは、ほぼ『差異と反復』に限られ、ガタリとの共著や、それ以降の著作では触れられなくなっていく。(7)ならば、「おろかさ」の問題に注目することで、『差異と反復』に固有の政治思想を明らかにすることができるのではないか。

実際、「おろかさ」論に関する近年の議論のなかで、最もよく知られたデリダの読解は、政治的含意を焦点にしている。(8)だがデリダの読解はむしろ、ドゥルーズの「おろかさ」論の限界を指摘するものとなっている。曰く、ドゥルーズは主権的な主体の論理を引きずっている、と。しかし、このような解釈はどこまで妥当といえるだろうか。むしろ、「主権的主体」といった、ポスト構造主義的な政治思想にとってはお馴染みともいえるテーマとは異なったところに、ドゥルーズの「おろかさ」論の含意が見出されるのだと本稿では主張したい。

ここから、第二の意義として今回の特集テーマ「意志と理性」への寄与も明らかになる。「ポスト構造主義」や、「ポストモダニズム」といったいまや古臭く感じられる言葉がどこまで統一的な思想潮流を表しているのかは難しい問題である。しかしながら、あえてポスト構造主義的な政治思想と理解されているものの特徴を、理性と意志という観点からまとめてみれば、以下のようになるだろう。

まず、理性に関していえば、フーコーにおける「知への意志」の告発など、ポスト構造主義は、一見理性的な思考、科学的とみられる知に、同一性の暴力や権力作用を見出し、告発してきた（とみられている）。それゆえ、理性や知によって生み出される表象＝再現前の世界の外部が重視されることになる（と論じられてきた）。同様に、意志についても、かれらは懐疑の眼差しを向けてきた。ニーチェやフーコーの影響を受けたポスト構造主義者たちは、意志に基づいて行為する主意的な主体像に、ルサンチマンの発露や、規律権力の効果を見出し、批判してきたのであった。

理性、意志がともに疑問に付された結果、ポスト構造主義にとり積極的な政治秩序の構想は困難となる。かわって浮上するのが、主体的な「行為への責任」とは区別された「他者への責任」の重視であり[9]、あるいは、主体的意志に先行する「力への意志」の肯定といった立場である。すなわち、前者の場合であれば、理性的な秩序の外部にあって表象不可能な他者からの呼びかけに応答することが重視され、後者の場合でもやはり、理性的で主意的な主体に先行する運動や力が肯定されることになる。

実際、ドゥルーズ（とガタリ）の政治思想としてしばしば論じられるものも、こうしたイメージに概ね沿っている。理性的な「ツリー的秩序」に抗する「ノマド的」秩序、主意的な「領域化」に抗する「脱領域化」、表象されざる「知覚しえぬもの」への生成変化の称揚、という像にまとめるのはかなり一面的だろうが、それでも、『資本主義と分裂症』に由来し、人口に膾炙したこれらのキーワードが、ポスト構造主義の政治思想のイメージの一部を担っているのは間違いないであろう。

本稿で取り上げるドゥルーズの「おろかさ」論もまた、理性と意志への懐疑という観点をこうしたポスト構造主義のイメージと共有している。おろかさとは、主意的主体による理性的思考の否定的なあり方だといえるからである。デリダの言葉を借りていえば、「おろかさは悟性の有限性と意志の無限性が交錯する地点」に位置づけられ、「意志の性急さが悟性と釣り合わないとき、おろかなことを言ってしまう」のである[10]。また、のちに見るように、かかるおろかさが照らし出すのは、主意的なコギト（我思う）に先行する、受動的な思考の存在である。では「おろかさ」論の政治的含意もまた、上記のような通俗的なポスト構造主義的政治思想のイメージと軌を一にするのだろうか。例えば、主意的かつ理性的な思考に抵抗して、非―知たるおろかさを解放する、あるいは、おろかさと思考の二分法を生み出してきた従来の想定を超えて、別種の思考を目指す、といった含意が見いだされるだろうか。そうではない。むしろ、「おろかさ」論の政治的含意は、表象外部の他者への応答でもなければ、コギトに先行する何らかの存在の回復でもない。むしろ、思想によるそれらの政治的ビジョンの提供ではなく、思想と政治の区分を問題化していく点にこそ、「おろかさ」論ならびに『差異と反復』の政治思想が存するのである。

このような問題関心に基づき、本稿では、以下の順序で考察を進める。まず、『差異と反復』における「おろかさ」についての記述を取り上げ、その内容を検討する。とはいえ、ドゥルーズの記述は独特であり、「おろかさ」についての記述のみを取り上げて読解するのは困難である。そこで、次に『差異と反復』全体の議論との関係のなかで「おろかさ」論の持つ射程を明らかにする。最後に、「おろかさ」論の持つ政治的含意を、思考と意志という観点から、ドゥルーズの政治思想をめぐる現在の研究、論争を参照しつつ論じる。

二 「おろかさ」という問題

『差異と反復』において「おろかさ」への言及が登場するのは、第三章「思考のイマージュ」の中程においてである。まずは、この言及の文脈を確認しておきたい。前記の代表作である『差異と反復』が取り組んでいるのは、表象＝再現前化（représentation）の批判」（DR 409＝下二四六）であり、それは、ある論者の言葉を借りれば、表象＝再現前化（以下、単に「表象」とする）の誕生をめぐる「探偵小説」として構想されている。[11] すなわち、思考がいかにして同一性を軸とする表象に従属するに至るかが、五章からなる同書では描かれているのである。表象の成立を扱う点で、『差異と反復』は、カントの『純粋理性批判』と同様の狙いを持っているといえ、前者の構成もまた、後者のそれを随所で踏まえている。とはいえ、ドゥルーズとカントでは議論の方向性は大きく異なる。『純粋理性批判』の目的が、表象が成立する可能性を懐疑論に抗して担保することにあったとすれば、『差異と反復』の狙いは、表象では捉えきれない思考が、にも関わらず、表象として成立してしまう経緯を描くことにある。

さて、「おろかさ」への言及が含まれる第三章「思考のイマージュ」は、こうした『差異と反復』の狙いを明確に表明している章であり、ここでは従来の哲学が「思考のイメージ（「ドグマ的な思考のイメージ」）」に囚われていたが故に、表象としてしか思考を理解できてこなかった事情が批判的に検討される。

デカルトの方法的懐疑に見られるように、哲学はつねに臆見《ドクサ》の混入をおそれ、あらゆる前提、先入見を排除しようとつとめてきた。しかしながら、ドゥルーズのみるところでは、哲学はなお暗黙の先入見を前提としている。それら思考についての先入見をドゥルーズはドグマ的なイメージと呼ぶ。例えば、あらゆる前提を疑う方法的懐疑を経てデカルトが「我思う」という言明に到達した際も、「思う（考える）」ということが何を意味しているかは自明であるという想定は依然として保持されている。つまり、ここでは誰でも思考がどういうことかくらいは知っている、誰でも思考する、といった想定が先入見となって「思考のイメージ」を構成しているのである。

意志と理性もまた、思考のイメージと大きく関わっている。デカルトについてみたように「誰でも知っているにちがいない」という形で臆見《ドクサ》を保存してしまうのが「思考のイメージ」の想定だが、その典型的なあり方には「誰でも思考しようと欲するにちがいない」という良き意志（bonne volonté）と、「誰でも、思考しさえすれば、正しい答えにたどり着けるにちがいない」という、思考の良き本性への想定が含まれるからである。ということはつまり、思考のイメージへの抵抗は、思考を、主意的に発動するものではなく、かつ、あやまちを含んだものとして扱うということになる（すぐ後でみるように、「あやまち」という言葉は正確ではないのだが）。そして、いま便宜的に、あやまちを含んだ思考と呼んだものこそが、「おろかさ」に他ならない。

「思考のドグマ的イメージ」を構成するものとして、ドゥルーズは八つの公準を上げているが、「おろかさ」はその五つ目、「思考に関して唯一の「否定的なもの」としての誤謬」に関わる。これは、「ドグマ的な思考のイメージは、思考の災難として誤謬しか認めず、一切を誤謬の形態に還元してしまう」という公準だが、「他の諸公準に由来するが、それは他の諸公準がこの公準に由来する限り」（DR 193= 上三九四）であるとされ、八つのうちでも中心的な位置を占める。[12]

ドゥルーズのみるところ、従来の哲学は、思考の否定的な形態を、誤謬という扱いやすい形態にのみ還元してきた。例えば、1＋1＝3という、一見してわかる間違いに、思考の否定的なあり方を代表させるというやり口である。そうすることで、「思考のドグマ的イメージ」は、誤謬を適切に排除しさえすれば、正しい結果に到達できるという、思考の良き本性を維持しているのである。実際に目を向けねばならないのは、思考にとって内在的であり、簡単に払いのけることができないような否定的形態であり、「おろかさ」とはそういう否定的形態にほかならない。

では、「おろかさ」とは一体どういうものか。長くなるが、ドゥルーズの文章を引用したい。

> おろかさ［bêtise＝おろかであること、獣のようであること］は、動物性ではない。動物は、動物を「おろかな」存在にさせない特有の形式によって保護されている。［中略］だれも、自分が利用する相手より優れていたり、その相手と無関係にいたりすることはできない。すなわち、暴君は、おろかさを制度化するわけだが、しかし、彼はおのれのシステムの最初の召使であり、最初に制度化されたものであって、奴隷たちに命令を下すのは、いつでもひとりの奴隷であるということなのだ。そしてここでもまた、世の中の推移を二重化している、おろかさと残酷との、珍妙なものと戦慄させるものとのそうした統一を、どうして誤謬概念などが説明しえようか。無気力、残酷、下劣、おろかさは、たんに身体的な力であるだけでなく、あるいは、性格的事実、社会的事実であるばかりでなく、思考としての思考の構造でもある。超越論的なものの風景は、活気にあふれている。その風景には、暴君の場所と、奴隷の場所と、間抜けの場所を挿入しなければならない――だが、場所は、その場所を占める者と類似してはならず、そして、超越論的なものは、決してそれが可能にする経験的な諸形態の引き写しであってはならないのだ。わたしたちが、おろかさでもってひとつの超越論的な問題をつくることができないのは、いつだって、私たちが《思考Cogitatio》の諸公準を信じているからである。したがって、もはやおろかさは、心理学あるいは逸話を――さらに悪いことには、論争や罵倒を――そして、あのどうしようもなく最低の似非文学のジャンルに属する有名人の愚言集を――指し示す、ひとつの経験的規定であるよりほかにどうにもならないわけだ。しかし、それは誰の科であ

るのか。その科は、何よりもまず哲学にあるのではないだろうか。というのも、哲学は、誤謬概念そのものがいくつかの事実から、それもほとんど無意味できわめて恣意的な事実から借用されているというのに、その誤謬概念を信じるにまかせてきたからである。最悪の文学は愚言集をつくるのだが、しかし最良の文学は、おろかさの問題に取りつかれていたのであり、この問題に、その宇宙的、百科全書的、認識形而上学的な次元をそっくり与えることによって、その問題を哲学の戸口にまで導いてくることができたのである（フローベール、ボードレール、ブロワ）。哲学にとっては、その問題を、哲学に固有な手段によってかつ必要な謙虚さをもって取り上げなおし、おろかさを、けっして他人事だと思わずに、（誤謬ではなく）おろかさはいかにして可能かという本質的に超越論的な問題の対象とみなすということだけで十分であったはずである。（DR 196＝上四〇一―四〇三。強調は引用者による）

独特の語彙とほのめかしに彩られたドゥルーズ的な文章であり、ここで何が言われているかを汲み尽くすのは容易ではない。詳しい読解は次章に譲ることにして、ここでは、主要な特徴を述べるにとどめたい。

第一に、おろかさは、思考にとって内在的な問題である。私たちは、論理的に正しく、経験的な証拠に基づいて思考しながら、依然として十分におろかでありうる。誤謬の場合に可能であったように、おろかさを、おろかでない思考から区別することはできないのである。それゆえ、おろかさは、特定の個人や社会の問題ではなく、思考にとっての問題として扱われなければならない。おろかさが「残酷、下劣」とともに、「思考としての思考の構造」とされている所以である。右の引用について読解を施したデリダもいうように、おろかさとは「思考のひとつa thinking」なのであり、おろかさと思考とを区別することはできない(13)。

第二に、おろかさは、思考の問題であるのみならず、政治の問題でもある。右の引用で「暴君tyran」や「制度」などの言葉が散りばめられていることは、政治的な含意を示している。

第三に、「おろかさ」は肯定的な力を有する。なるほど、おろかさは、「思考」に執拗に取りつく否定的形態である。しかしながら、その役割は、単に否定的なものにとどまらない。むしろ、おろかさとの遭遇は、暴力的な形ではあるが、思考を起動させる契機となりうる。さきに述べたように、ドゥルーズは主意的な思考のモデルを批判し、思考はむしろ、外部からの暴力的なショックよって受動的に開始されるものだとしている。実際、引用した部分の少し後では、「私たちがいまだ思考していないという事実」こそが思考の最大の契機だとする、ハイデガー『思惟とは何の謂いか』の言葉が言及されており、おろかさこそが思考を駆動するものだと示唆されている。[14] 哲学がおろかさの問題を等閑視してきたことが批判されるのも、その等閑視の結果、思考を起動させるものの力を見逃してきたからである。

以上、『差異と反復』における言及から、（一）思考の内在的問題としてのおろかさ、（二）おろかさの政治的な性質、（三）おろかさのもたらす肯定的な力という三つの特徴を概観した。だが、内在的問題や政治性といっても、それがどのようなメカニズムで生じているか、いかなる意味で政治と関わるのかは判然としない。これらを明らかにするためには、『差異と反復』の他の部分を参照しつつ、ドゥルーズの議論の内容を明らかにしていく必要がある。

三　思考と個体性

なぜ思考はおろかになってしまうのか。おろかな思考とはどのようなものなのか。ドゥルーズによれば、おろかさが発生するのは、思考が決して孤立したコギトによるものではありえず、絶えず他者の侵入を受けているからである。さきに引用した部分に続く段落で、ドゥルーズは以下のように述べている。

おろかさは、思考と個体化との紐帯のおかげで可能になる。その繋がりは〈私は思考する〉のなかに現れる紐帯よりもはるかに深い（profond）ものであって、前者の紐帯が成立する強度の場は、思考する主体の感性を既に構成している。［中略］おろかさは、根底（fond）でもなければ個体でもなく、まさにひとつの関係である――すなわち、個体化が根底（地fond）を、それに形式を与えることができないままに浮上させるといった意味での関係である。（DR 197＝上四〇二―五）

前節冒頭で見たように、「思考のドグマ的イメージ」の批判は、デカルトの「我思う」（私は思考する）というコギトの批判を焦点のひとつとしていたわけだが、そこで問題にされていたのは、コギトが、主意的に正しい思考を行うという想定であった。むしろ、思考は主体の形成に先行して発生しているとドゥルーズは主張する。彼が「個体化と思考の紐帯」と呼ぶものである。「個体」とは何かについて、ここで深く論じることはできないが、重要なのは、コギトのように、他者から独立したアトム的な主体でないということである。「個体化が根底（地fond）を、形式を与えないままに［意識化された思考のレベルまで］浮上させる」と述べられる所以である。(15)

では、コギトに先行する思考の発生とは、どのようなものだろうか。思考がコギトたる主体の自発的意志によるものでないとすれば、主体に先立つ、受動的な思考が存在するはずである。それがフッサールにならってドゥルーズが受動的総合とよぶ過程であり、個体化も、受動的総合の上に成立する。個体化と思考の関係から生じる「おろかさ」のメカニズムを明らかにするには、この「受動的総合」の過程を集中的に論じている第二章「それ自身における差異」を参照せねばならない。

コギトに先立つ受動的総合を論じるにあたり、ドゥルーズはカントのデカルト批判に注目する。カントによるデカルト批判の核心は、思考するという機能から、思考する主体の存在（我あり）を導き出すことはできない、というものであった。「私は思考するは……ひとつの経験的命題であって、私は在るという命題をそれ自身のうちに含んでいる。しかし私は、思考するすべてのものは存在するとは言い得ない。なぜなら、そのときには思考という固有性は、この固有性を所有するすべての存在者を、必然的存在者たらしめるであろうからである。(16)」つまり、思考は必ずしも「私」のものとは限らない。

カント自身は、しかしながら、あらゆる表象には「私は思考する」という表象、すなわち純粋統覚が存在せねばならないと結論づけることで、思考作用と「私」の間に開かれた切れ目を覆い隠してしまったとドゥルーズは論じる。カントの場合、思考は最終的に統一的な自己意識に従属してしまうのである。「私は思考するということは、あらゆる私の表象に伴うことができるのでなければならない。さもなければ私の内では、全然思考されえないものまでも表象されることになるからである。［中略］私は思考するというこの表象は自発性の作用である、言い換えれば、この表象は感性に属するとみなされることはできない。私はこの表象を、それを経験的統覚から区別するために、純粋統覚と名付ける。［中略］私はまたこのような統覚の統一を自己意識の超越論的統一と名付ける。(17)」対してドゥルーズは、カントによるコギト批判に、カント自身が追求しなかった帰結を見出そうとする。それが、自発的なコギトの成立に先立つ、他者の思考の侵入という事態である。

繰り返すならば、カントによるコギト批判が明るみに出したのは、「私は考える」という思考作用と、「私は存在する」との間の分裂である。自発的な思考作用としての「私は考える」は、存在する私（自我）をそれとして導くには不十分である。むしろ、思考作用は、それが真に「私の」思考となるためには、思考作用を定位すべき「存在する私（自我）」を必要とするのである。

「存在する私」は、どのようにして与えられるのであろうか。カントによれば、「存在する私」のための素材が与えられるのは、我々の内的な表象の形式的条件としての時間を通じてである。「私は、私自身を認識するためにも、意識、つまりは私が私を思考するということのほか、さらに、私のうちにある多様なものの直観を必要とする。この直観によって、私は私自身を思考しているということを規定するのである。だから私は知性者として現存し、この知性者はもっぱらおのれの結合能力を意識しているのであるが、しかしこの知性者も、おのれが内感と名付けるひとつの制限条件に従っているのであって、本来の悟性概念のまったく外部にある時間関係にしたがってのみ、あの結合を直観しうるものにするのである。(18)」

問題は、このような時間という形式の導入によって、「思考する私」と「存在する私（自我）」の間に裂け目が入るだけでなく、独立した「私」が自発的に思考を開始するという前提が危うくなることである。それというのも、時間によって与えられる経験的な私（自我）にとり、自発的な思考作用たる「思考する私」は、よそよそしいものとなってしまっているからである。

私の未規定な存在は、ひとつの現象の存在として、すなわち、時間のなかで現れる受動的あるいは受容的な現象的主観の存在として、時間のなかでしか規定されることができない。したがって、私が〈私は思考する〉において意識する自発性は、実体的かつ自発的な存在者の属性としては理解されることができず、ただ、ひとつの受動的な自我における触発としてだけ理解されうるのであって、その受動的な自我は、おのれ自身の思考、すなわち、おのれ自身の知性、すなわちおのれがそれによって《私》といえる当のものが、その受動的自我によっては活動せず、ただその自我においてかつその自我に対して活動する、ということを感知するのである。（DR 116＝上二三九、強調原文）

「思考する私」と「自我」は、両者が同時に（より正確にいうならば、無時間的なものとして）共存するのであれば、シームレスに結合されうることもまた可能であった。しかしながら、時間の経過する中では、「私（自我）」は、「思考する私」から時間的に隔てられてしまう。それゆえ、存在する自我にとり、「思考する私」は他者として現れ、後者の思考作用は受動的なものとして現れることになるのである。ドゥルーズはこの事態を、ランボーの言葉を借りて「〈私〉は他者である」（DR 116＝上二三九）と表現している。

このことが、いかなる帰結をもたらすか。カントの場合、無事成立した統一（統覚としてのコギト）が、その後、表象を主体的に構成することになる。だが、ドゥルーズのみるところ、「私」と「自我」はそのような統一を形成できない。それでもこれら、統一されざる「私」と「自我」の上に、個体といえるものは成立するのだが、それは安定したものではありえない。[19] 結果、カントにおいてコギトによる主意的な思考とみられていたものが、ドゥルーズにとっては、他者の思考の表象としてしか現れない。それが、ドゥルーズがカントによるコギト批判に見出した帰結であった。

このように分析された思考と「私」の分裂、受動的な思考に、おろかさはどう関わっているのか。「思考のイマージュ」における、おろかさについての記述に戻れば、そこでドゥルーズは、以下のように述べている。

《私》と《自我》は、それらを苦しめる個体化のもろもろの場によって蝕まれており、ある根底（地 fond）の浮上に対して、すなわち、形を歪ませる歪んだ鏡を《私》と《自我》に差し向け、いま思考されたすべての形式を崩壊させる根底の浮上に対して、なんら身を守るすべを持たない……。おろかさは、根底でもなければ個体でもなく、まさにひとつの関係である――すなわち、個体化が根底を、それに形式を与えることができないままに浮上させるといった意味での関係である。（根底は《私》を貫いて浮上しながら、思考の可能性のもっとも深い点にまで浸透し、あらゆる再認における再認されざるものを構成する。）（DR 197-8= 上四〇四―五）

すなわち、「私」が、先行する思考によって貫かれて、「自我」にとって他者となってしまっていることが、おろかさの原因であると述べられているのである。

おろかさのメカニズムが受動的総合における統一の不成立に基づくものだとして、では、このようにして出現するおろかさとはどのようなものなのか。コギトの分裂に見出される他者とは、単なるもう一人の私、少しよそよそしくはあるが、本来は同一のものだった「私」の半身といったものではない（そうだとすれば、「私」という同一性が、あらかじめ前提とされていることになる）。「思考する私」を他者にする時間という条件は、形式的な時間であり、生きられた有機的な経験を剥奪するからである。他方、この「他者」は、表象不可能な絶対的他性というものでもない。もし「考える私」が絶対的な他性であれば、もはやコギトについて語ることはいかなる形でも不可能となってしまうからである。ドゥルーズによれば、内感の条件としての形式的時間がもたらすのは、「平民、名もなき人（le plébien, l'homme sans nom）」である。つまるところ、ドゥルーズ的な他者とは誰でもありうるような、匿名のひとびとなのである。[20]

この匿名の人々を、ドゥルーズはフローベールの小説『ブヴァールとペキュシェ』に見出している。先にみた「思考のイマージュ」内の文章で、フローベールは「おろかさの問題に取りつかれていた」「最良の文学」のひとつとして名指されていたが、『差異と反復』の結論部分は、フローベールの『ブヴァールとペキュシェ』をデカルト的コギトの帰結として描いている。「シェストフは、ドストエフスキーに、『純粋理性批判』の結末を、すなわちその完了と出口を見ていた。しばしわたしたちには、〔フローベールの〕ブヴァールとペキュシェに、『方法序説』の結末を見させていただきたい」(DR 353=下二八〇)。これはすなわち、デカルト的コギトが抱えていた他者とおろかさの契機が、フローベールに現れるということに他ならない。

では、『ブヴァールとペキュシェ』に見出される「ひとびと」とは、そして、かれらのおろかさとはどのようなものか。フローベールの未完の遺作となった『ブヴァールとペキュシェ』は、親戚の遺産を得て田舎に引きこもった二人の元筆耕、ブヴァールとペキュシェが、書物から得た半可通の知識で農業、子育て、政治……とあらゆる領域を試したものの、すべてに挫折するという小説である。ブヴァールとペキュシェが、しばしば「おろかさ」の典型として扱われるのは、かれらが、読書によって膨れ上がった知識を園芸であれ、農業であれ、実践するさまが、ことごとく滑稽だからである。かれらが個々の実践について間違えているとか、あるいは、個別の知識の理解が不足であるということではない。フーコーによる『差異と反復』論である「劇場としての哲学」の言葉を借りれば、ブヴァールとペキュシェのおろかさは、「途方もなくずれている」ということにある。[21]

だが、ここで注目したいのは、小説中に描かれる個々のエピソードでなく、小説の「結末」である。フローベールの計画によれば、失敗にうんざりし、疲れ果てた二人は、最後に筆耕らしく、ただひたすら書き写す生活に帰っていく。かれらが書き写した内容は、それ自身が小説内作品として『紋切型辞典』という形でまとめられる構想であったが、それはありとあらゆる紋切型の発言を収録した辞書となるはずであった(この「辞典」については、フローベールの生前にほぼまとめられたものが存在している)。つまり、ブヴァールとペキュシェにあらわれる『方法序説』の「結末」とは、匿名の人々の言葉として流通する紋切り型であり、そのような紋切り型を、知らず知らずの間に話してしまうことこそが、おろかさのあらわれなのである。

四　おろかさと政治

ここまで、ドゥルーズのおろかさに関する記述を、主体と思考をめぐる『差異と反復』の議論のなかに位置付けることで、ドゥルーズによる「おろかさ」論の特徴とメカニズムを解明してきた。まとめると以下のようになる。

（一）おろかさは思考の内在的問題である。ひとは思考するからおろかになるのであり、思考とおろかさを明確に切り離すことはできない。

（二）また、おろかさは、思考を活気づけるものである。「おろかさ」と出会い、おろかさに襲われるという、受動的な衝撃から、ひとは思考を開始する。

（三）おろかさが存在するのは、コギトに先行して侵入する他者が、私の思考のなかで「ひとびと」となって現れるからである。

（四）それゆえ、おろかさは、「ひとびと」の言葉、紋切り型として表象の世界に現れる。

では、このようなドゥルーズの「おろかさ」論が示唆する政治的含意とはいかなるものか。本稿では既に、「暴君」といった言葉使いに政治的な含意を見出してきた。また、コギトの思考における「ひとびと」の侵入は、思考の内部に他者との関わりという政治的な契機が存在することを示唆している。だが、単なる言及や示唆にとどまらない政治的含意を「おろかさ」論から引き出すことができるのか。本節では、「ドゥルーズの政治思想」を引き出してきた論者の試みを参照しながら、ドゥルーズの「おろかさ」論の政治的射程を明らかにしたい。

1　思考のドグマ的イメージの解体？

先にも述べたように、「思考のイマージュ」は、『差異と反復』でただ一度、「政治」という単語が登場する章だが、それは、カントの批判哲学の不十分さを難じる次のような文の中である。「[カントの]《批判》には、一切がある。治安判事の法廷も、登記所も、土地台帳課も――ただし、思考のイメージを転倒させるはずの新しい政治の力は除いて」（DR 179＝上三六七）。すると、思考のイメージを転倒させ、思考を表象への従属から解放することが、また、私たちがおろかさから自由になることが「政治」ということになるのだろうか。

表象の世界からの解放に政治の賭金を置く立場は、理性的思考に伴う同一性の暴力に抵抗し、差異を解放するといった、いわゆるポスト構造主義的な政治思想の一般的なイメージとも合致する。また、このような理解は、「パラノ的」思考に支えられた「ツリー的」秩序に、「ノマド的」思考からなる「リゾーム的」秩序を対置したという、人口に膾炙した『資本主義と分裂症』理解に沿うものでもある。実際、英語圏における代表的なドゥルーズ研究者で、『千のプラトー』の英訳者でもあるブライアン・マスーミは、表象の転覆にドゥルーズ的な政治思想の核心を見出している。『千のプラトー』の訳者解題において、マスーミは、ドゥルーズ（およびガタリ）の試みを、「国家の哲学」である「表象思考」に抵抗し、代わってノマド的な思考を展開するものだと要約している[22]。

だが、これまで解明してきた「おろかさ」論を踏まえるならば、このような解釈を『差異と反復』に当てはめるのは困難である。『差異と反復』の目指す政治が表象の排除であったとすれば、それは、おろかな思考からおろかでない思考を、紋切り型を表象する思考から純粋な思考を救出するということを含意するであろう。それというのも、ひとびとの言葉である紋切り型は、同じ表現がいつでも反復されるということであり、表象の要求に服した思考、同一性の世界の表現に他ならないからである。既に見たように、おろかさとは思考の内在的な問題であって（誤謬と異なり）思考から取り除くことができないものである[23]。

先に触れたように、おろかさは、単独で存在し、主意的に思考するコギトという想定を打ち砕く。しかし、ドゥルーズによるデカルト的コギトの批判は、「思考する私」や「自我」、さらには、紋切り型の表象として現れる思考を排除するものではない。おろかさが思考の内在的な問題であるのは、「私」や「自我」が、他者の思考に蝕まれながらも、成立してしまうからである。「おろかさ」の問題から、「表象思考」の廃棄という政治を導き出すことはできない。

そのため、マスーミとは反対に、表象や同一性の論理の残滓を『差異と反復』に見出す論者もいる。たとえば、デリダは晩年の講義『獣と主権者』でドゥルーズを取り上げ、『差異と反復』の「おろかさ」の記述に、主権的な主体と表象の論理を看取する。さきに引用した「根底は《私》を貫いて浮上しながら、思考の可能性のもっとも深い点にまで浸透し、あらゆる再認における再認されざるものを構成する」(DR 197-8＝上四〇四―五)という部分を取り上げ、デリダは次のように述べている。

これは、おろかさが、〈自我〉や〈私〉に関わるものであると認めることであり、〈私〉としての〈自我〉の継承を持たない限り、何かを心的生活の形式(根底と呼ばれようと呼ばれまいと)として名指さないことです。[中略]それゆえ、獣と主権者という私たちの問題を思い出しておくなら、主権者がつねに〈自我である私〉の審級、自我である〈私〉と、さらには「私たち」と一人称で言う主体の審級であり、自由に主権的に決定すると想定されており、法をつくり、応答し、自己に責任をもち、心的生活(意識的であれ無意識的であれ)の他の部分を支配すると想定されているとすれば、そのとき、獣とは誰なのでしょうか。あるいは、何なのでしょうか。〈自我〉なのでしょうか、それ＝エスなのでしょうか。おろかさとは、誰に、何に帰せられるのでしょうか。[24]

デリダの見るところ、「私」を排除しなかったドゥルーズは、主権的な主体である私の論理を維持することで、おろかさを、個人の責任に帰してしまっているのである。

だが、スティグレールも指摘するようにデリダのこの解釈はミスリーディングである。[25]「私」や「自我」が成立することは、それが完全な主体の論理を引き受けるということを意味していない。むしろ、主体が成立しているかのように見える部分で、他者の侵入が存在すること、それこそが「おろかさ」の問題が明るみに出す事態に他ならない。おろかであるというのは、主体による主意的な思考が上手く機能していないという意味では否定的であるが、他方、おろかな思考は、紋切り型を通じて、思考に胚胎する他者の声を知らせるものでもある。デリダはこの他者の契機を見落としている。

なるほど、ドゥルーズの「おろかさ」論が照らし出す他者は、デリダの政治思想について言われるような、表象の外部にあって、応答責任としての正義を呼びかけるような他者ではない。ドゥルーズの他者はむしろ、表象の成立とともに浮上する紋切り型の声であり、複数の「ひとびと」である。だが、だからといって、こうした他者の契機が、おろかな声として否定的にのみ扱われているわけではない。むしろ、ドゥルーズは、「我々が未だ思惟していないということ」こそが最もよく思考させるものだ、というハイデガーの言葉を引きつつ、おろかさに、思考を駆動する契機を見出していたのであった。

2 意志を欠いた政治のビジョン?

思考の内在的な問題としてのおろかさに、このような肯定的契機を見出すとしても、なお問題が残る。それは、思考の受動性である。「思考のイメージ」批判、とりわけコギト批判のひとつの中心は、思考は主意的なものではないという主張にある。他者の思考としてのおろかさとの出会いが、思考を駆動する肯定的な契機だとしても、それは、「なぜこうもおろかだったのか」という苦い理解を伴った、受動的な経験であろう。私たちは主意的におろかであろうと望みはしないのである。それゆえ、國分氏が指摘するように、『差異と反復』から肯定的、規範的な要素を引き出そうとなると、「失敗を目指す」という倒錯した論理を呼び寄せてしまうことになる。(26)

このような問題を乗り越えるために、ドゥルーズはガタリとの協働に向かったのであり、その結果、ドゥルーズの政治的、実践的な要素が十分に開花したのだと國分氏は分析している。実際、形而上学的な議論が中心を占める『差異と反復』に対し、『資本主義と分裂症』、とりわけ『千のプラトー』では壮大ともいえる社会哲学が展開されるようになる。「ミクロ政治」など闘技デモクラシー論に影響を与えた概念が登場するのもこの時期である。(27)

これらガタリとの共著は、叙述の対象を政治社会に拡大しただけではない。より重要なのは、生産的な「欲望」という概念の導入により、肯定的な実践を提示する規範性の余地が確保されたことである。例えば『アンチ・オイディプス』では、欲望の運動を阻害するパラノ的、反動的なものへの抵抗がスキゾ的、革命的な実践として肯定される。(28)表象の観点からいえば、『差異と反復』でなされたような、表象の成立を解明する議論は「コード化」「領域化」等の枠組みで説明されるものの、それ自身は後景に退き、かかる表象を逃れる「脱コード化」や「絶対的脱領域化」の実践や、表象を逃れた「器官なき身体」の獲得が肯定的に描かれるようになる[29]。先に触れたマスーミがいう「表象思考」の外に出る実践が積極的に描かれ、『差異と反復』で目指された、「思考のイマージュの転覆」としての「大いなる政治」が実現されたと理解することもできる[30]。

だが、このような政治構想において「おろかさ」論が積極的な役割を果たすことはない。実際、ガタリとの共著以降、おろかさに関する言及はほとんどなされなくなっていく。例えば、『哲学とは何か』において、「おろかさ」は「健忘」「失語症」「妄想」と並べて簡単に言及されるだけである。代わって大きな役割を与えられるのが、「白痴idiot」である。ドストエフスキーの小説を念頭においた「白痴」は『差異と反復』でも既に言及されていたものの、大きな役割を与えられることはなかった。対して、『哲学とは何か』において、「白痴」は、従来の思考の外部に位置し、新たな思考を開始する力を備えたものとして肯定的、積極的に描かれるようになる[31]。

3 思考と政治

ここまでの議論を整理しよう。主意的、表象的思考のいわば影であるおろかさは、しかしながら、意志や表象を超えた政治を構想する根拠としては不十分であった。それというのも、おろかさは結局、意志と表象の外部に位置せず、あくまで主意的な表象的思考の失敗――たとえ、それが新たな思考の契機だとしても――でしかないからである。

政治的構想のかかる不十分さは、結局のところ、『差異と反復』の企図自身に由来しているといえる。先に述べたように、『差異と反復』の眼目は、表象が成立してしまう理路を描くことで「表象の批判」を成し遂げるというものであった。しかし、たとえ無根拠なものだとしても、表象がともかくも成立してしまう以上、表象を支える「思考のイマージュ」を転覆するという「大いなる政治」は到来しえないのである。

では、ドゥルーズの「おろかさ」論、そして『差異と反復』には不完全な政治思想（政治哲学）しか認められず、最終的には『資本主義と分裂症』などの著作によって乗り越えられるべきものであったということになるのだろうか。そうではない。規範的な政治構想の提起ではない政治思想が、『差異と反復』の「おろかさ」論からは得られるのである。

そもそも、ガタリとの共著にドゥルーズの政治構想を見出す議論は、哲学と政治の分業を前提にしているといえる。ドゥルーズ＝ガタリに積極的な政治理論を見出す解釈の代表として、『差異と反復』の英訳者であるパットンの議論を取り上げてみよう。彼のみるところ、『資本主義と分裂症』でのドゥルーズ（とガタリ）の議論は、規範的ではあるが、倫理的な実践の呼びかけにとどまり、本格的な政治構想は、晩年の『哲学とは何か』を待たねばならない。『哲学とは何か』において、ドゥルーズは「新たな民衆と新たな大地」を希求する「デモクラシーへの生成変化」を語っているが、パットンによれば、ここでドゥルーズは、ロールズの『政治的リベラリズム』とも呼応するようなデモクラシーの制度構想を描いているのだという(32)。

なるほど、『哲学とは何か』では、「ユートピアを携えてこそ、哲学は政治的なものに生成し、おのれの時代に対する批判をこのうえなく激しく遂行する」と語られ、また、ユートピアは哲学と現在の環境を接続するものだとされている(33)。だが、興味深いのは、このような政治哲学のビジョンが、プラトン的といってもいい臆見《ドクサ》批判と表裏一体のものであることである。それというのも、同じ『哲学とは何か』では、「オピニオン」に基づく民主主義下のコミュニケーションが否定的に描かれ、哲学をかかるコミュニケーションから峻別する必要性が説かれているからである(34)。なるほど、ドゥルーズ＝ガタリは、ユートピアが超越を復活させてはならないと指摘しており、プラトン的な哲人王を支持しているわけではない(35)。しかしながら、人々の臆見《ドクサ》＝「オピニオン」の領域としての政治と、ビジョンを提供する哲学という二分法の構図は明らかである(36)。

だが、このような二分法こそ、孤立したコギトの働きと思われた思考に複数の「ひとびと」の侵入を見出す『差異と反復』の議論が疑念を差し挟む対象なのである。おろかさが思考にとって内在的な問題である限り、おろかでない規範的構想の確立は期待できないからである。おろかさの問題を提起することでドゥルーズが哲学に「（おろかさを他人事だと思わない）必要な謙虚さ」（DR 196＝上四〇二）を求めたのもまた、同様の事情のあらわれといえよう。自身の『哲学とは何か』を含め、政治哲学が陥りがちな二分法を疑問に付す点に、ドゥルーズの「おろかさ」論の政治思想上の意義が見出されるのである。

4　政治と思考の関係の「ドラマ化」としての『差異と反復』

とはいえ「必要な謙虚さ」を身につけた哲学には、どのような作業が残されているのだろうか。先に引用した「必要な謙虚さ」を呼びかけた部分で、ドゥルーズはまた「哲学に固有な手段」があるとも述べているが、それは何なのか。ここで興味深いのが、ドゥルーズの「ドラマ化の方法」である。『差異と反復』において、「ドラマ化」とは、理念が表象として出現する過程を指している。だが、『差異と反復』を対象とした国家博士論文公聴会では、「ドラマ化」は単なる一過程をこえた役割を与えられ哲学的方法として再定義されている。ドゥルーズによれば、「ドラマ化の方法」とは「何か」というソクラテス的な問いを、別種の問いに置き換えるものである。

> 「何か」という問いは、本質あるいは理念《イデア》を発見するためのよい問いであるのかどうかは、確かではない。「だれが」、「どれくらい」、「どのように」、「どこで」、「いつ」というタイプの問いが――本質を発見するためにも、理念に関わるより重要なものごとを規定するためにも――さらによい問いであるということは可能である。(37)

「おろかさ」についてのドゥルーズの探求も、「おろかさとは何か」「思考とはなにか」と問うものではなかった。むしろ、「おろかさとはこれこれしかじかのものである」と規定して思考から取り除くことができない点に、おろかさの問題を問う意義が込められていたのである。かわってドゥルーズが問うたのは、だれが（「思考する私」と「自我」が抱え込む分裂が）、どのように（受動的総合における他者の侵入として）おろかになるのか、という問いであり、その結果劇的に強調される《ドラマ化される》のが、独立したコギトのものと思われた思考に匿名の「ひとびと」の思考が侵入しているという、思考の政治的な契機であり、また、かかる政治的な契機が、「おろかさとの出会い」という形で思考を活性化しているというダイナミズムである。なるほど、「ドラマ化」としてのドゥルーズの「おろかさ」論、そして、『差異と反復』全体は、表象の世界の廃棄も新たな秩序構想も提示しない。だが、孤立しているかのように見えるコギトの思考に他者の侵入が生じていることを示し、また、一見紋切り型の繰り返しでしかない「おろかな」思考に、思考を活性化させる動態を見いだすドラマ化の手法には、規範的な秩序構想とは異なった意義を認めることができるだろう。

五　おわりに

本稿では、『差異と反復』の「おろかさ」についての記述を論じることで、その政治的含意を明らかにしようと試みてきた。おろかさが明らかにするのは、思考のプロセスにおいて他者の侵入が生じているということであった。すなわち、思考は孤立したコギトによってなされるのではなく、むしろ、他者の侵入によって発生する契機である。この他者とは、匿名のひとびとであり、そのために思考はおろかな紋切り型にも陥るのであるが、同時に、このおろかな紋切り型との出会いがさらなる思考を発生させるというダイナミズムを胚胎しているのである。

「おろかさ」論は、理性（思考）と意志という観点からみると、消極的なものに止まらざるを得ない。思考という観点からいえば、おろかさは内在的な問題として、つねに思考に取りついている。なるほど、おろかさは思考を駆動する肯定的な契機でもあるが、他方、理性的な秩序構想の試みをおろかなものとしてしまう内在的な危険性でもある。また、思考の受動性を明るみに出す「おろかさ」論は、意志に基づいた積極的な実践を語ることを困難にしてしまう。

こういった消極性は、いわゆるポストモダニズムと呼ばれる思潮に共通の特徴ではある。ただ、他の論者がそこから「表象不可能な他者」、「マルチチュード」等々の肯定に向かうのに対し、ドゥルーズの「おろかさ」論はむしろ、あくまで「謙虚さmodestie」にこだわり、ドラマ化という役割にとどまるものであったのである。

論じ残したことは多い。まず、政治と哲学の関係について、政治思想、政治理論で蓄積されてきた知見と照らしあわせ、ドゥルーズの議論を位置づける必要がある。また、ドゥルーズ（＝ガタリ）論としては、次の二点が課題となるだろう。第一に、ドラマ化について、十分な分析と、その可能性の探求がなされねばならない。本稿ではあくまで「おろかさ」という問題に関して、「ドラマ化」が何をしているかを論じた。だが、ドゥルーズは、「ドラマ化の方法」により大きな射程を与えている。ドゥルーズによれば、ドラマ化は、これまでの哲学においても、（「何か」というソクラテス的問いとともに）しばしば展開されてきたものだという。実際、マッケンジーとポーターは「ドラマ化の方法」の政治理論への適用を試みた論考のなかで、社会契約論などの政治哲学の伝統に、ドラマ化の方法が用いられてきたと示唆している。[38] この方法がどのように政治思想に貢献しうるか、さらに探求する必要がある。

第二に、ガタリとの共著を含むドゥルーズの著作全体との関係について、より詳細な分析が求められる。本稿では、『差異と反復』の「謙虚」さと、ガタリとの共著に見られる政治哲学観を対比した。しかし、これら後期の著作に見いだされる政治思想が何であるかという点については、代表的な解釈や概念に触れたにすぎない。また、『差異と反復』とガタリとの共著が、「謙虚さ」の面で断絶しているとしても、それでもなお両者に連続するテーマがあるのも事実である。[39] さらなる検討が必要であろう。

本稿は、二〇一五年五月の政治思想学会年次大会のシンポジウム「秩序再建をめぐる意志と理性」での報告原稿に加筆、修正したものである。シンポジウムの企画者、司会者、討論者の先生方ならびに報告時にコメントを下さった皆さまに感謝申し上げたい。また、大久保歩氏には、発表原稿に対して有益なご意見を頂いた。深く御礼申し上げる。むろん、本稿に残された欠点はすべて筆者の責任である。また、本稿は、JSPS26780097による研究成果の一部である。

（1）Gilles Deleuze, *Différence et répétition*, PUF, 1968（財津理訳『差異と反復（上）（下）』河出書房新社、二〇〇七年）。以下、同書からの引用は本文中の括弧内で（DR 原著頁＝和書頁）の形で記す。同書をはじめ、外国語文献について、訳は適宜邦訳から変更してある。

（2）英仏語圏における代表的なものとして、以下の通り。Jean-Luc Nancy, Fragments de la bêtise, in *Le temps de la réflexion*, Vol. 9（1988）pp. 13-27; Jacques Derrida, The Transcendental ‘Stupidity’（‘Bêtise’）of Man and The Becoming-Animal According to Deleuze, in *Deleuze, Derrida, Psychoanalysis*, edited by Gabriel Shwab, Columbia University Press, 2008, pp. 36-60; Jacques

Derrida, *Séminaire La bête et le souverain volume 1 (2001-2002)*, Galilée, 2008（西山雄二、郷原佳以、亀井大輔、佐藤朋子訳『獣と主権者I』白水社、二〇〇四年）; Bernard Stiegler, *States of Shock: Stupidity and Knowledge in the 21st Century*, translated by Daniel Ross, Polity 2015; Avital Ronell, *Stupidity*, University of Illinois Press, 2002. 邦語では、もともと七〇年代に書かれた蓮實重彦『フーコー・ドゥルーズ・デリダ』（河出書房新社、一九九五年）が言及しているが、テキストに密着した読解として小泉義之『ドゥルーズと狂気』（河出書房新社、二〇一四年、第三章）など。

（3）ここではその全てをあげることはできないが、邦語では以下のものなど。江川隆男『存在と差異——ドゥルーズの超越論的経験論』知泉書館、二〇〇三年、鈴木泉、小泉義之、檜垣立哉編『ドゥルーズ／ガタリの現在』平凡社、二〇〇八年、檜垣立哉『瞬間と永遠——ジル・ドゥルーズの時間論』岩波書店、二〇一〇年、國分功一郎『ドゥルーズの哲学原理』岩波書店、二〇一三年、山森裕毅『ジル・ドゥルーズの哲学』人文書院、二〇一三年、千葉雅也『動きすぎてはいけない』河出書房新社、二〇一三年。

（4）ここでドゥルーズの代表的著作を大まかな時期区分に沿って整理しておきたい。最初期の著作であるヒューム論『経験論と主体性』（一九五三年）や『ニーチェと哲学』（一九六二年）は、過去の哲学者の（独創的ではあるが）解釈を旨としたモノグラフである。その次に出版されるのが、初期の代表的著作とされ、国家博士論文でもある『差異と反復』（一九六八年）および、翌年に出版された『意味の論理学』（一九六九年）である。これらはドゥルーズ自身の言葉をひいて、彼が「はじめて哲学した」著作だといわれることもある。ここまでを前期ドゥルーズとするならば、後期ドゥルーズの開始を告げるのは、精神分析家ガタリとの共著、とりわけ、『資本主義と分裂症』を構成する『アンチ・オイディプス』（一九七二年）と『千のプラトー』（一九八〇年）であろう。本文でも触れたように、この二冊は彼らの代表的著作と知られるだけでなく、ドゥルーズがはじめて明確に政治的な用語を展開し、社会・政治を論じたものであり、ネグリとハートによる『帝国』を代表として、多くの政治的なドゥルーズ（＝ガタリ）解釈はこの二冊を重視する。最後期に属するのが、知覚や脳を扱った著作群であり、『シネマI——運動イメージ』（一九八三年）、『シネマII——時間イメージ』（一九八五年）のほか、ガタリとの共著ではあるものの、実質的にはドゥルーズが単独で執筆したともいわれる『哲学とは何か』（一九九一年）などがある。

（5）Paul Patton, *Deleuze and the Political*, Routledge, 2001; Ian Buchanan and Nicholas Thoburn, Introduction: Deleuze and Politics, in Buchanan and Thoburn eds, *Deleuze and Politics*, Edinburgh University Press, pp. 1-2.

（6）國分『ドゥルーズの哲学原理』はこれを、ガタリとの共著に見出される「政治的ドゥルーズ」と『差異と反復』に見出される「非政治的ドゥルーズ」との関係の問題として提示しており（同書、「はじめに」）、本報告も示唆を受けた。この問題についての國分氏の解答と、それへの本稿の見解はのちの節で触れる。

（7）類似の概念はいくつか登場する。例えば、晩年の著作である『シネマⅡ』には、「偽なるものの力」と題された章がある。また、『哲学とは何か』では、「白痴（idiot）」に大きな役割が与えられている。しかし、「偽なるもの」は、正しい思考たる「真なるもの」と区別可能という点で、思考の内在的な問題である「おろかさ」とは異なる。また、「白痴」については、後で触れるように、従来の思考から自由な、純粋に肯定的なあり方とされている点で、やはり「おろかさ」とは異なる。

（8）Derrida, The Transcendental 'Stupidity' ('Bêtise') of Man and The Becoming-Animal According to Deleuze; *Séminaire La bête et le souverain volume 1 (2001-2002)*（『獣と主権者Ⅰ』）, 第五、六回。

（9）S. K. White, *Political Theory and Postmodernism*, Cambridge UP, 1991, chap. 2（有賀誠、向山恭一訳『政治理論とポスト・モダニズム』昭和堂、一九九六年、第二章）.

（10）Derrida, *Séminaire La bête et le souverain volume 1*, p. 204（『獣と主権者Ⅰ』一七八頁）.

（11）Joe Hughes, *Deleuze's Difference and Repetition*, Continuum, 2009, p. 24.

（12）なお、八つの公準の全てをあげておくと、既に触れた（1）思考するものの良き意志および思考の良き本性のほか、（2）共通感覚と良識が存在するという想定、（3）再認というモデルに思考を基づかせること、（4）表象として思考を提示すること、（5）思考に関して唯一の「否定的なもの」として誤謬のみ認めること、（6）命題における指示の特権化、（7）問題の解への従属、（8）知識への従属、である。

（13）Derrida, The Transcendental 'Stupidity' ('Bêtise') of Man and The Becoming-Animal According to Deleuze, p. 49.「残酷」「下劣」については、本稿では立ち入らず、これらが共にカント由来の根源悪の問題に関係付けられることを指摘するにとどめたい。すなわち、おろかさが思考の欠如でないのと同様に、残酷、下劣もまた、善の欠如ではなく、意志の積極的な対象なのである。実際、『差異と反復』の先の引用部分のしばらく後では、悪の問題を扱ったシェリング『人間的自由の本質』が注で参照されている。

（14）「……すなわち、思考されることしか可能でない超越的エレメント（「我々が未だ思考していないという事実」あるいは〈おろかさとは何か〉）」（DR 198=上四〇六）。ハイデガーの表現では次のようになる。「我々の熟思を要する時代にとって最も熟思を要することは、我々が未だ思惟していないということである」（四日谷敬子、ハルムート・ブフナー訳『ハイデッガー全集別巻三 思惟とは何の謂いか』創文社、一九八六年、七三頁）。ハイデガーの影響は濃厚だが、相違点にも留意する必要がある。ハイデガーにとっては「我々が未だ思惟していないこと」（『思惟とは何の謂いか』において、これは起源の忘却と結びつけられる）が思考を発生させるのに対し、ドゥルーズの「おろかさ」は、決して思考の不在ではないのである。

(15) ここで根底（地）と訳したfondは、シェリング『人間的自由の本質』における根底（根拠Grund）を踏まえている。根拠といってもドゥルーズが基礎づけを志向しているわけではない。むしろ、ドゥルーズがシェリングに注目するのは、根底のうちにすでに無底（Sans-fond, Ungrund）が存在しており、根拠が既に不調和を胚胎しているという議論の故であろう。Cf. フリードリヒ・シェリング「人間的自由の本質とそれに関連する諸対象についての哲学的探究」（藤田正勝訳『シェリング著作集』燈影社、二〇一一年）一七〇頁を参照。

(16) Immanuel Kant, *Kritik der reinen Vernunft*, Felix Meiner, 1998（原佑訳『純粋理性批判（上）（中）（下）』平凡社ライブラリー、二〇〇五年）B422.

(17) 同右、B132。カントの純粋統覚が、実際にドゥルーズのいうような、デカルト的コギトの復活であるかについては議論の余地があるであろう。しかし、本論考ではあくまで、ドゥルーズがカントをどう読んだのかという点に注目して議論を進めたい。

(18) 同右、B158-9。

(19)『差異と反復』では受動的総合の最終的な失敗（コギトの不成立）が二章で論じられた後、かかる受動的総合の上に個体の成立する事情が第四章および五章で語られる。ドゥルーズが「おろかさ」の源を「思考と個体化の紐帯」に求めている以上、個体化についてもより踏み込んだ説明が望ましいが、本稿では、個体化がおろかさを生むのも受動的総合の失敗に起因することだけを確認しておきたい。

(20)「個体化の差異ならびに個体化は、先―《私》であり、先―《自我》である。非人称的な個体化と、前個体的な特異性との世界、それが《ひと（on）》の、あるいは「彼ら」の世界（世間）であり、これは、陳腐な日常生活に帰せられるものではなく、反対に、出会いと共鳴がそこで仕上げられる世界であり、ディオニソスの最後の顔であり、深いもの（profond）と無底（sans fond）との真の本性である。この無底は、表象には収まりきらず、かえってシミュラクルを到来させるようなものである」（DR 355= 下二八三、強調原文）。ここで「ひと」の世界とされているものは、「表象に収まらない」と論じられるように、表象されざるマルチチュードのような存在を示していると考えることもできる。実際、あとで触れるように、晩年の『哲学とは何か』ではユートピア的な「来たるべき民衆」が語られるようになる。しかしながら、『差異と反復』が描くのは、元来表象に収まらないものが、「私」「自我」を中心にともかくも表象として成立していく過程である。それゆえ、「ひと」の世界もまた、表象に浮上するときは、匿名の人々の言葉として現われるのである。

（21）Michel Foucault, Theatrum philosophicum, *Dits et Ecrits II*, Gallimard, 1994, p. 92（蓮實重彦訳「劇場としての哲学」『フーコー・コレクション3』ちくま学芸文庫、二〇〇六年、三三三頁）.

（22）Brian Massumi, Translator's Forward: Pleasures of Philosophy, Gilles Deleuze and Félix Guattari, *Thousand Plateaus: Capitalism and Schizophrenia*, iv- xv, University of Minnesota Press, 1987.

（23）それゆえ、ドゥルーズの「おろかさ」は、アーレントがアイヒマンに見出した「思考の欠如 thoughtlessness」とも異なる。紋切り型（stock phrase）に特徴を見出す点で両者は類似しているが、アーレントにおいて思考の欠如が問題であるのに対し、ドゥルーズの場合、思考するが故におろかであることが問題となっているのである。Cf. Hanna Arendt, *Eichman in Jerusalem*, Penguin, 2006, p. 43（大久保和郎訳『イェルサレムのアイヒマン』みすず書房、一九六九年）. アーレントが思考と政治の間に緊張関係を見出していたことは良く知られているが、にも関わらず、クリステヴァは、アーレントが言語や思考への信頼を失わなかったと指摘している。Cf. Julia Kristeva, *Hanna Arendt*, translated by Ross Guberman, Columbia UP, p. 238.

（24）Derrida *Séminaire La bête et le souverain volume 1*, p. 246（『獣と主権者Ⅰ』二一九頁）.

（25）Stiegler, *States of* Shock, pp. 31-3.

（26）國分『ドゥルーズの哲学原理』一一四頁。

（27）William E. Connolly, *Why I am not a Secularist*, University of Minnesota Press, 2000.

（28）國分『ドゥルーズの哲学原理』。Paul Patton, *Deleuzian Concepts*, Stanford UP. 2011, p. 141.

（29）この経緯については檜垣立哉『瞬間と永遠』補論Ⅱを参照。

（30）『千のプラトー』では「政治は存在に先行する」というテーゼが表明される。すなわち、表象の転覆が『差異と反復』において「大いなる政治の力」と名指されたことと呼応する形で、同一性に基づく存在の秩序の形成と転覆が政治として示されるのである。Deleuze et Guattari, *Mille plateaux*, Minuit, 1998, p. 249（宇野邦一ほか訳『千のプラトー（中）』河出書房新社、二〇一〇年、八八頁）.

（31）Gilles Deleuze, Félix Guattari, *Qu'est-ce que la philosophie ?* Minuit, 1991, p. 55, pp. 63-64（財津理訳『哲学とは何か』二〇一二年、九四頁、一〇八―一一一頁）.

（32）Patton, *Deleuzian Concepts*, chaps. 7-9. パットンやタンピオは、『帝国』でマルチチュードを肯定的に描いたネグリ＝ハートら「革命的政治」をドゥルーズに見出す論者を批判し、リベラル・デモクラシーと親和的なドゥルーズ像を提出している。Cf. Nicholas Tampio, *Deleuze's Political Vision*, Rowman and Littlefield, 2015, p. 15.

(33) Deleuze et Guattari, *Qu'est-ce que la philosophie ?* pp. 100-101（『哲学とは何か』一七二―七三頁）.

(34) Ibid., p. 145（同書、二四四頁）. この部分に注目して、ドゥルーズ（およびガタリ）の政治思想はデモクラシー論として読解し難いと論じた研究として、Phillip Mengue, *Deleuze et la question de la démocratie*, L'Harmattan, 2003. ドゥルーズ哲学に貴族主義的な「一者の哲学」を看取するバディウもまた、ドゥルーズの民主主義的読解を批判している。Cf. Alain Badiou, *Deleuze*, Hachette, 1997（鈴木創士訳『ドゥルーズ』河出書房新社、一九九八年）. また、本稿執筆中に刊行された小泉義之「ドゥルーズ／ガタリにおける政治と哲学」（市田良彦、王寺賢太編『現代思想と政治』平凡社、二〇一六年所収）は、現代のラディカル・デモクラシー論とドゥルーズの違いを分析しており、大きな示唆を受けた。

(35) Deleuze et Guattari, *Qu'est-ce que la philosophie ?* p. 101（『哲学とは何か』一七三頁）.

(36) 臆見《ドクサ》の領域と哲学の領域を区分する点では、パットンやタンピオなどの、リベラル・デモクラシーの枠内にドゥルーズの政治思想を定位する穏健な解釈も、（臆見《ドクサ》たる）国家哲学の転覆を訴えるマスーミなどのよりラディカルな解釈と共通しているともいえる。例えば、タンピオはシェルドン・ウォーリンを参照しつつ、政治哲学の任務を「ビジョンの提供」に求めており、現行の政治実践とは切り離されたものとして扱っている。Cf. Tampio, *Deleuze's Political Vision*, chap. 1.

(37) Gilles Deleuze, *L'île déserte et autres textes. : Textes et entretiens 1953-1974*, Minuit, 2002, p. 131（宇野邦一ほか訳『無人島 1953-1968』河出書房新社、二〇〇三年、一九五頁）.

(38) Iain Mackenzie and Robert Porter, *Dramatizing the Political*, Palgrave, 2011.

(39) 本稿では『差異と反復』内の「暴君はおろかさを制度化するわけだが、しかし、彼はおのれのシステムの最初の召使である」（DR 196=上四〇一）という記述に注目を促してきた。ここには、自由と制度という、『資本主義と分裂症』以降に共通する二つのモチーフが登場している。まず、自由についていえば、暴君がまず召使となるという記述は、のちに『アンチ・オイディプス』が政治哲学の根本問題を「何ゆえに人間は隷属するために戦うのか。まるでそれが救いであるかのように」として提起することを想起させる。Cf. Gilles Deleuze, Félix Guattari, *L'Anti-Œdipe*, Minuit, 1972, p. 38（宇野邦一訳『アンチ・オイディプス（上）』河出文庫、二〇〇六年、六三頁）. また、制度については、國分氏がドゥルーズ政治哲学の柱として制度の重要性を指摘している他、パットンは、制度の批判にドゥルーズの「規範性」を見出し、タンピオは『千のプラトー』に「リゾーム的契約」の社会契約論を見出している。以下を参照のこと。國分『ドゥルーズの哲学原理』一一七―八頁、Patton, *Deleuzian Connections*, chap. 7; Tampio, *Deleuze's Political Vision*, chap. 4.

カント政治思想における「知恵」の概念
――公的意志の形成をめぐって

斎藤拓也

はじめに――「道徳的政治家」という形象と「知恵」

イマヌエル・カント（一七二四―一八〇四）のテクストで「政治（Politik）」という言葉が用いられている箇所は多くない。しかし、その中には彼の政治理解を窺わせる独特で印象深い表現が見られる。その一例として、カントが『永遠平和のために』（一七九五年）の中で政治を「執行する法論（ausübende Rechtslehre）」（ZeF, 8: 370）[1]と呼んでいる箇所を挙げることができる。これは、それ自体として解釈を要求する政治の定義である。これが意味するところをテクストにもとづいて論じたのは、フォルカー・ゲアハルトであった。彼の解釈によれば、政治とは法という普遍的なものを個別具体的なものへと適用するだけではなく、「法論」、すなわち市民に権利を保障する法の体系の理論がもつ理念に忠実な営みでなければならない。「執行する法論」としての政治とは、「法権利の理論（Rechtslehre）」が教えることを確実に実行することであり、法の普遍的な原理が実定法において実現していないと判断される場合には、政治はそうした原理が妥当するようになるのを促進する法権利の発展のダイナミズムを生み出さなければならない[2]。このために、政治にかかわる者は判断力を磨き、時宜に適った政策を打ち出さなければならない。

カントの法・政治思想に共和制への漸進的移行（「共和制化（Republikanisierung）」）の契機を見出す一九八〇年代以降の

優れた先行研究[3]を背景にして示されたゲアハルトの解釈は、おおむね妥当なものと受けとめられ、カントの政治概念の理解を広げることに成功した。ゲアハルト自身が研究史を回顧して述べているように、カントは長い間「あまりにも非政治的な思想家」と考えられてきた。政治と歴史に対して道徳と法を優越させる「厳格主義」が、カントが非政治的な思想家とみなされる最大の理由となっていたのである[4]。

ゲアハルトの研究は、カントにおける政治と法権利の関係を明らかにすることによって、厳格な倫理学に傾斜し、「あまりにも非政治的な思想家」と思われてきたカントの政治思想史における位置づけを更新することに貢献したと言える。そして、ゲアハルトによる研究を参照しつつ、カントの政治概念を彫琢する優れた試みがさらに積み重ねられている[5]。

しかし、政治は法権利だけではなく、法権利の枠組みの中で、やはり物質的富の獲得、蓄積、管理を通じて人民の幸福に関わる営為でもある[6]。政治が幸福と福祉の促進という「公衆の普遍的目的」を「本来の課題（die eigentliche Aufgabe der Politik）」（ZeF, 8: 386）とするという見解をカント自身のテクストの中に見出すとき、政治は、カントにおいても倫理的・道徳的な次元に結びついた営為であることが明らかとなる。こうして、極端な道徳的厳格主義とは別の観点から、徳と幸福の緊張関係を問題とするカントの道徳哲学を再検討することが不可避の課題として浮上する。

カントにおける政治と道徳（あるいは倫理）という古くて新しい問いを改めて取り上げるためには、これまで繰り返されてきた論点に異なる観点から取り組まなければならないだろう。政治は、法権利の制約だけではなく、幸福と道徳の間のあるべき均衡を見定めながら実行されなければならない。このことを、カントは『永遠平和のために』の「付録」で、道徳に基づく「知恵（Weisheit）」を備えた「道徳的政治家」という形象を、目的達成のための技術的熟練である「思慮（Klugheit）」をもった「政治的道徳家」という形象と対比させながら論じている。「知恵」に着目することによって、徳だけではなく幸福にも関わる広汎な実践の領域が視野に入ることになる[7]。カントの政治概念を論じるさいにしばしば見落とされてきた「知恵」という実践的理念を再考することによって、カント哲学において「政治」にかんする概念を用いて思考できる範囲を広げることが本論文の目的である。

「知恵」は「思慮」との単純な対比からその含意を汲み尽くすことのできる概念ではない。そこで、本論文では、まず「知恵」という実践的理念のカント道徳哲学における位置価を明らかにする（一）。続いて、行為の主観的原理である「格率」の立法という問題を軸に考察することでカントの道徳哲学を捉え直し、カントにおける「知恵」の理念に格率の吟味を通じた意志形成のプロセスが不可欠であることを確認する（二）。そして、ストア派の「知恵」の理念との比較から、カントにおける「知恵」が幸福を顧慮するがゆえに「思慮」を含み持つものであることを考察する（三）。

以上の考察を経て、『永遠平和のために』における「政治」が「知恵」との関係において解釈され、政治家が主観的格率の吟味を通じて、自分自身の「私的な意志」ではなく、一つの国家へと統合された人民の「公的な意志」を決定するプロセスに関わることが明らかにされる（四）。ゲアハルトとはやや異なる観点から、政治的進歩のために啓蒙と公共圏の役割を重視する優れた研究も積み重ねられてきた[8]。こうした研究はカントの政治思想における政治家の役割を積極的に論じてこなかったが、「公表性の原理」の解釈を通じて、政治家自身の私的意志が格率の吟味を通じて公的意志へと変容するために公的な議論が果たしうる役割がよりよく理解できるようになるだろう（五）。

一　カント道徳哲学における「知恵」

1　実践的理念としての「知恵」

カントは、煩瑣な学識との対比で、簡潔で成熟した「知恵（Weisheit）」の立場を、道徳的かつ満ち足りて幸福である理想的な人間の生のあり方と考えていた。このことは、たとえば『視霊者の夢』（一七六六年）の「実践的結論」に十分に見てとることができる。知恵に至るまでに成熟した理性の持ち主は、「それにしても自分が理解していないことが何と多くあることだろう」と嘆くのではなく、市場であまたの品物に囲まれたソクラテスのように「それにしても自分に必要ないものが何と多くあることだろう」と言い、最も重要な事柄へとただちに向かうはずなのである（vgl. Träume. 2:

368-369)。カントが結語でヴォルテールの『カンディード、あるいはオプティミズム』（一七五九年）から「さあわれわれの幸福のことを考えよう、庭に出て、働こう」という一節を引用するのは、徳と幸福が一致した状態である「最高善」を促進する知恵の立場が端的に示されているからに他ならない（vgl. Träume, 2: 373）[9]。

徳と幸福の調和を目指す「知恵」の立場は、のちに『純粋理性批判』（一七八一年）の「超越論的弁証論」において、「実践的理念」としての位置づけを獲得する。

> 実践的理念は、つねにきわめて有益であり、現実の諸行為にとって絶対に必要である。それどころか純粋理性はこの理念において、純粋理性の概念のうちに含まれているものを現実にもたらすという因果性を有している。だから、知恵について、それはたんに一つの理念にすぎない、といわば軽蔑的に言うことはできない。むしろこうした知恵は、ほかでもない、それがあらゆる可能な諸目的の必然的統一の理念であるという理由から、あらゆる実践的なものに対して、少なくとも制限的な根源的条件として〔……〕役立たなければならない（KrV, A: 328, B: 385）。

「現実の諸行為にとって絶対に必要である」と言われるほど重要な実践的理念としての「知恵」は、カントの道徳哲学の中でさらに独自の展開を遂げていく。このことを知る手がかりは、『実践理性批判』（一七八八年）の「弁証論」で、最高善の実践的可能性に関わる道徳的理念として「思慮」（エピクロス派）、「知恵」（ストア派）、「神聖さ」（キリスト教）が比較されている箇所から得られる（vgl. KpV, 5: 127-128, Anm.）。

2　有限な理性的存在者としての人間

カントによれば、エピクロス派は幸福を道徳の最上の原理と想定して、「徳は〔……〕幸福に至る手段の理性的で賢明な使用に際しての格率の形式にすぎない」（KpV, 5: 112）と考えたが、これによって道徳性を実現することはおろか、技術的熟練である「思慮」を用いて到達できるもの（物質的幸福）以上の幸福については期待することさえできなかった。

これに対して、ストア派は、徳を最上の原理として選んだ点で正しかったとカントは評価する（vgl. KpV, 5: 126）。しかし、徳がこの世において完全に到達可能なものであり、人間が道徳的能力をその本性の限界を超えて高めて「知恵ある者」（KpV, 5: 127）になることができるというストア派の想定にカントは疑義を示す。

ストア派における「知恵」が抱える問題点は、キリスト教の道徳原理である「神聖さ（Heiligkeit）」を参照することで浮き彫りにされる。カントの解釈によれば、キリスト教においても、最高善を促進するためには、純粋実践理性の自律の原理と同じく第一に道徳法則と行為の主観的原理である格率が一致することが要求される（vgl. KpV, 5: 129）。ただし、感性的動因によって触発され、主体的な諸原因から生じる願望を抱く人間の意志は、その純粋さ（善さ）を求める努力を重ねても、道徳法則に完全に適合するという意志の「神聖さ」の域に到達することは不可能である。意志の「神聖さ」は、「充ち足りて欠けることひとつない知性」すなわち神の属性なのである（vgl. KpV, 5: 32）[10]。

このように神を想定することで、人間に可能な道徳的完全性の程度が明らかにされる。意志の神聖さの理念にみられる（客観的な）道徳法則と（主観的な）格率の関係を「原像（Urbild）」として、道徳法則に照らして自らの格率が無限に進歩すること、そして不断の進歩を目指して自らの格率が確固としたものであることを確信することが、有限な理性的存在者になしうる最高のこと、すなわち「徳（Tugend）」である（vgl. KpV, 5: 32-33）。人間が獲得しうる能力としての徳は、決して完成することはない。人間は自分が有徳であるという自信、あるいは自惚れから誤りを犯しやすい。それゆえ、徳をつねに高めようとすることが重要なのである。

カントは『実践理性批判』の序言で「知恵の理念と神聖さの理念を、たとえつきつめたところ客観的に同一であると言明したにせよ、区別した」（KpV, 5: 11, Anm.）と述べている。「知恵」と「神聖さ」は、理性的存在者に道徳法則と格率の完全な一致を要求するという点で同一である。他方で、道徳法則と格率の完全な一致を人間には到達不可能な神の属性とすることによって、カントは古代以来の倫理思想が示してきた理想的な生のあり方と、道徳法則から導き出される生のあり方の理念との間に差異を作り出す。このとき、カントは後者を明らかにする自らの道徳哲学を、ストア派の理念との相違にもかかわらず「知恵の教え（Weisheitslehre）」と呼んでいる（vgl. KpV, 5: 108）。というのは、有限な理性的存在者としての人間は結局のところ道徳法則と一致する意志の「神聖さ」を僭称することはできないからである。

二　道徳法則と格率の一致とは何か

1　道徳法則と「意志の自律」

「純粋実践理性の根本法則」としての道徳法則は、個別の意志に見出される主観的差異を度外視して、その法則自体を意志の形式的で最上の規定根拠にする普遍性をもつ（vgl. KpV, 5: 32）。それゆえ、道徳法則は、規則の表象を通じて自らの因果性を決定することができる、すなわち意志をもつあらゆる理性的存在者に同じように妥当する。

このとき、「最上の知性としての無限な存在者」においては、「神聖な意志」、すなわち「道徳法則にさからう格率を何ひとつ受けつけないような意志」を想定しなければならない（vgl. KpV, 5: 32）。しかしながら、有限な理性的存在者の場合には、「純粋な意志」をもつと考えることはできても、「不足と感性的動因によって触発される存在者」であるかぎり「神聖な意志」をもつと考えることはできない（vgl. KpV, 5: 32）。むしろ「生理的心理的に触発された〔……〕選択意志は、主観的な諸原因から生じる願望を伴っており、それゆえまた純粋な客観的決定根拠としばしば対立することがあるので、〔……〕実践理性の抵抗を道徳的強制として必要とする」（KpV, 5: 32）のである。

このことから、有限な理性的存在者にとって道徳法則は無条件に命令する「定言命法」としてあらわれる。意志が道徳法則に従属する関係は「責務（Verbindlichkeit）」として捉えられ、責務において強制される行為は「義務（Pflicht）」と呼ばれる（vgl. KpV, 5: 32）。

定言命法を通じて明らかになる義務を、それが義務であるという理由からおこなう意志のあり方は「意志の自律」（KpV, 5: 33）と呼ばれる。これは、「法則の一切の実質（つまり欲求される客体）に依存しないことと、しかも同時に格率にとって可能なはずのたんなる普遍的な立法形式を通じて選択意志が決定されることのうちに、道徳性の唯一無二の原理が成り立つ」（KpV, 5: 33）ことを指す。あらゆる主観的な格率は、この自律という制約のもとでのみ最上の実践的法則と一致することが可能になる（vgl. KpV, 5: 33）。

他方で、欲求の客体の側から一方的に行為の可能性を決定されることがないという消極的な意味で自由な選択意志が、それにもかかわらず欲求の客体（意欲の実質）を実践的法則を可能ならしめる制約として取り入れる場合には、自然的で感性的な法則への依存が生じる。このとき、選択意志にはある目的を実現するために為すべきことが法則によって勧告されているにすぎない。[11]これが選択意志の他律である。「選択意志のあらゆる他律は、およそいかなる責務の根拠づけにもならないばかりか、むしろ責務の原理や意志の道徳性に反する」（KpV, 5: 33）。

2 「格率」の倫理学

さて、意志決定のさいにまず問われるのは、理性的存在者における行為の主観的原理としての「格率（Maxime）」が普遍的な法則へと高まりうるか否かという点である。[12]カントは定言命法を第一に「格率が普遍的法則になることを、その格率によって同時に君が意志することができる、そうした格率に従ってのみ行為しなさい」（GMS, 4: 421）という方式で表現している。善き意志を実現するために吟味されるべきなのは、行為ではなく、格率という行為の原理なのである。H・J・ペイトンは「カントの教説のいっそう際立った性格は、抽象的な普遍的法則と具体的な個々の行為とを媒介するものとして、格率を導入していることである」と述べている。[13]「格率は、二つの契機、すなわち相対主義に反対する統一の契機と、および格率をその都度の特定の状況に結合する契機とをまさに意味する」のであり、この観点からカントの思想を「格率倫理学」として捉え直すことが可能になる。[14]

カントの説明からは、次のような格率の特徴を挙げることができる。[15]格率はまず、個別的な行為とは区別される。格率は個別的な行為に先立って抱かれている持続的で原則的な指針であり、行為はこの指針から導き出される。このような指針は、経験的な内容に関係する以上、普遍的なものであるとは限らない。内容に応じて比較的具体的な次元から抽象的な次元に至るまで格率には重層性があり、ある格率は別の格率と交換可能でもある。[16]

第二に、格率は主観的な原則である。格率の主観性は、行為者がその格率を自ら立法したことに由来するものである（vgl. GMS. 4: 420-421, Anm.）。しかしながら、格率は主観的であると同時に、客観性に至りうる原則である。「格率が普遍的法則になることを、その格率によって同時に君が意志することができる、そうした格率に従ってのみ行為しなさい」（GMS. 4: 421）という定言命法の第一の方式は、主観的な格率を客観的で普遍的な法則にする命令を含んでいる。

そして第三に、格率は「意欲の原理」（GMS. 4: 400）であり、意志作用を含むものである。[17] したがって、ある格率を主観的に選び取ることは、他の格率ではなく、その格率に従って行為することを意志することをも意味している。

「意志の自律」は、格率の普遍化可能性を問う行為を通じて促進される。主観的格率の普遍化は、自らの格率の矛盾や問題点を突き止める段階的な吟味のプロセスを経て実現される。この点に注目して、近年の研究ではカントの定言命法が格率の普遍化可能性という観点から捉えなおされている。たとえば、ジョン・ロールズは定言命法（CＩ）手続きを四つのステップ（①格率の明確化、②格率の普遍化、③概念における矛盾の解明、④意志における矛盾の解明）として説明している。[18] この格率の普遍化可能性に注目することによって、困難な事例においても何が義務であるのかを明瞭に知ることができる。

3 「性癖」という問題

ただし、意志の自律を構成するのは、格率の普遍化だけではなく、そのプロセスで「道徳法則が直接に意志を決定するということ」（KpV. 5: 71）であるのに注意しなければならない。これは、「この法則に対する尊敬を通じて自らの義務に対する畏敬からしてその行為を定める」（KpV. 5: 82）こと、すなわち道徳法則が有限な理性的存在者に及ぼす作用が尊敬の感情として意志規定のさいに直接の動機とされることである。[19] それゆえ、意志の自律を考える際には、動機に基づいて形成される格率に「極度の厳密さをもって」（KpV. 5: 81）注意しなければならない。人間は何が義務であるかを理解しながらも、その格率を普遍的法則として立法する際に、意志規定の根拠として義務以外の感性的な動機を採用してしまう場合がある。[20] 意志決定の主観的根拠である動機には、「生の多くの魅力や快適さが結びつきうる」（KpV. 5: 88）からである。

感性的な動機は「各人が自らの傾向性に根拠づける格率」（KpV, 5: 67）の立法をもたらし、意志の自律を頓挫させてしまう。「傾向性（Neigung）」は、感性の影響下にある下級欲求能力の一つで、自然的なものと人間の文化に由来するものに大別され、前者には性への傾向性などが、後者には復讐心や名誉心などが数え入れられている（vgl. ApH, 7: 266-270）。傾向性は、衝動的な欲求とは異なり、主観が経験を通じて対象を知り、その対象がもたらす享楽によって習慣化された感性的欲望である（vgl. R, 6: 28, Anm.; ApH, 7: 251, 265）。それゆえ、傾向性は、人間的主体に感性的欲望を習慣的に呼び起こすことで、道徳法則の表象が意志の規定根拠となることを妨げる主観的に必然的な原則（格率）を形成しうる[21]。このとき、意志規定において、傾向性は道徳法則の命じる義務の持つ重みを相対化し、ときに凌駕する「強力な対重」（GMS, 4: 405）として作用する。

ただし、傾向性そのものが意志を直接に決定することはなく、道徳的には無記である。問題は、人間の理性に傾向性にとって都合のよいものを作り出そうとする「性癖（Hang）」があり、道徳法則の義務の命令に対して理屈を並べて、それを避けようとする自然的な傾き、「自然弁証論（natürliche Dialektik）」が生じる点にある（vgl. GMS, 4: 405）。諸々の傾向性がもたらす感性的欲求を優先させる自然弁証論の論法に乗って主体が意志決定のさいに性癖に力を揮う余地を与え、傾向性にもとづく格率を立法することになれば、意志の自律は実現しえない。カントが問題にする他律は、意志が欲望や傾向性という自然法則や別の現象によって直接的に規定されているという意味での「自然の他律」（GMS, 4: 453）とは異なる。「自然の他律」を認めれば、選択意志はそもそも自由ではないことになってしまうだろう。むしろ他律において問題の焦点となっているのは、「性癖」の「自然弁証論」にとらわれて傾向性や欲望を許容し、それらに譲歩するという意志のあり方である（vgl. GMS, 4: 458）[22]。

三　「知恵の教え」としての道徳哲学

1　内なる敵としての「不作為」

『人倫の形而上学の基礎づけ』（一七八五年）で、義務よりも幸福を優先させようとする自然弁証論の問題として論じられる性癖は、『実践理性批判』（一七八八年）では、自分の感性的欲求を第一の根源的欲求として押し通そうとする感性的存在者の本性の問題として扱われ（vgl. KpV. 5: 74）、『たんなる理性の限界内の宗教』（一七九三年）においては明確に悪（悪への性癖）との関連で検討されるようになる。この文脈でカントはストア派の「知恵」を再び取り上げている。

ストア派の人々は、ギリシャ語にせよラテン語にせよ敵を前提とする「徳」の概念を最高の原理として勇気と果敢さを促したが、問題は「敵を見誤った」ことにあるとカントは考える（vgl. R. 6: 57）。カントによると、ストア派の人々は人間の自然的傾向性そのものを敵とみなし、不注意で自然的傾向性に欺かれることがないよう「知恵」を掲げ、しかもそのような「知恵」をためらうことなく格率に取り入れることができる「健全な意志」が人間に付与されると考えた（vgl. R. 6: 57; 58. Anm.）。しかし、そもそも「自然的傾向性は、それ自体において見れば善い、すなわちなんら非難すべきものではない」（R. 6: 58）。カントによれば、徳をもって戦うべき相手は自然的傾向性そのものではない。「本来の悪は、傾向性が違反を唆すときに、それに抵抗しようと意欲しないことにあり、本来、この心術こそが本当の敵である」（R. 6: 58. Anm.）。有限な理性的存在者である人間は、道徳的に行為し、なおかつ自らの自然的傾向性を満たして生きなければならない。そこで、カントはストア派とは異なる「知恵」の境地に向かう出発点を次のように明らかにしている。

道徳的に反法則的なものだけがそれ自体において悪であり、端的に非難すべきもので、根絶されなければならないのはそれだけである。このことを教える理性だけが知恵という名に値し、しかも理性が思慮を実行に移すなら、なおさらそうである（R, 6: 58）。

カントは、ストア派は徳を最高の原理とした点で道徳的に正しかったが、その際に人間の自然的傾向性そのものを敵視し、幸福の追求とともに思慮をも排除してしまった点で誤っていたとみなし、思慮を実行に移す理性の知として知恵を捉え直すのである。[23]

2　幸福と思慮

カントによれば、個別的な諸々の傾向性は、「ほどほどに統一的な体系」を形成して「利己心」となり、それらの欲求を総体として満足させることで得られる「幸福」を目指す（vgl. KpV, 5: 73）。幸福は「現状においても未来のどの状態においても私が平穏無事でいられるという絶対的全体、その最大限」（GMS, 4: 418）であること以外には極めて不確かな概念で、その具体的内容を一義的に規定することはできない。ただし、人間は理性的であると同時に自然的でもある存在であるがゆえに、おしなべて誰もが幸福への意図を持っていることを「確実かつアプリオリに」前提することができる（vgl. GMS, 4: 415-416）。

幸福は「自分自身が最も安楽になるための手段を選択する際の熟練」である「思慮（Klugheit）」にしたがって追求される（vgl. GMS, 4: 416）。[24] 様々な経験的な与件をもとにして作り出される諸規則が「幸福（思慮）の格率」として一括され、勧告として与えられるのである（vgl. KpV, 5: 36）。カントは傾向性の目的（幸福）のために経験的な諸法則を統一する理性の使用方法を「思慮の教え（Lehre der Klugheit）」、「実用的な諸法則」と呼び、「道徳法則」をうみだす道徳的な実践理性の使用方法から区別している（vgl. KrV, B: 828）。『実践理性批判』では「自然弁証論」に陥り易い人間の常識を批判的に吟味し、経験的に制限された実践理性を含む「実践理性一般」から「純粋実践理性」を純化して区別することが重要な課題であった。[25] この区別を反映して、『判断力批判』（一七九〇年）では、実践理性の用法が「道徳的＝実践的理性」と「技術的＝実践的理性」に分けられることになる（vgl. KU, 5: 455: 171-173）。傾向性が惹起する様々な欲求に優先順位を設定して、最も有効な方法でそれらを実現することによって、総体としての幸福を満たすのが技術的＝実践的理性の「思慮」（R. 6: 58）である。

3　道徳的な思考様式としての知恵

実践理性の批判を経て導き出された「知恵の教え（Weisheitslehre）」は、「すべての人が進むべき知恵への道をよく整えはっきりわかるように設定し、ひとが誤った道に迷い込まないようにする」ために役立つはずのものである（vgl. KpV. 5: 163）。感性の対象に依存した存在者である人間は、様々な欲求を理性的な仕方で満たさなければ生きることができない。それゆえ、「傾向性を根絶しようとするのは、無駄なばかりか有害で非難すべきことだろう。むしろ傾向性を抑制して、それが互いに傷つけ合わず、幸福という名の全体における調和へともたらされうるようにしなければならない」（R. 6: 58）とカントは考えている。

このような幸福への願望は、すべての格率が道徳法則と一致するという制約の下でのみ、道徳的で立法的な理性と調和的に共存することができる。格率と道徳法則の一致という制約は、幸福を追求する自己愛を「理性的で道徳的な自己愛」へと制限し、「幸福たるに相応しいこと（die Würdigkeit glücklich zu sein）」を構成する（vgl. R. 6: 46, Anm.）。この道徳的な意味での自己愛は「行為の結果としての損得に依存しない満足感」によってもたらされるものであり、「格率を道徳法則に従属させるという制約の下でのみ、私たちに可能になるような満足の内的原理」を形成する（vgl. R. 6: 46, Anm.）。このような自己愛に、カントは「幸福という語のように享受を示す語ではなくて、しかも自らの存在に対する快さを示す語」として「自足（Selbstzufriedenheit）」という言葉をあてている（vgl. KpV. 5: 117）。これは、「自分の状態についての消極的快さ」として理解できる知性的充足感であり、道徳的格率を遵守するさいに傾向性から独立していることを自覚しているという自由の意識にその根源をもつ（vgl. KpV. 5: 117-118）。

道徳的動機を感性的動機よりも優位に置くという動機の秩序の制約の下でのみ幸福を願う心術に「道徳的な思考様式（sittliche Denkungsart）」が見出される（vgl. R. 6: 46, Anm.）。この思考様式のもとで、理性の怠慢による「不作為」（R. 6:

59）という内なる敵を見定め、道徳法則との一致を目指す吟味の過程を経て道徳的格率を立法し、その上で思慮を用いて自然的傾向性の充足を試みる点に、ストア派とは異なるカントの知恵の立場の要諦がある。

そして、後段で見ることになるように、「国家の知恵（Staatsweisheit）」は、意味のずれを含みながらも、公的な意志決定において道徳的秩序を取り戻す試みとして現れる。カント哲学における「知恵」は、個々の理性的存在者においても、国家においても、意志形成を通じて人間の生き方の全般に関わる道徳の原理なのである。

四 『永遠平和のために』における政治と知恵

1 政治の知——思慮と知恵

カント哲学における政治を「知恵」との関連から論じるために、カントが政治をどのように位置づけているかを改めて確認しなければならない。十六世紀以降のヨーロッパ諸国において絶対権力が確立されていくなかで、政治権力の恣意的な行使を防ぎ、その正当性を確保するために、主権を理論化する試みが展開された。主権と統治を峻別し、共和制と専制を区別するルソーの『社会契約論』（一七六二年）の試みはこのような文脈のなかで理解することができるが、カントも共和制について語るさいに、ルソーに倣って主権と統治を峻別していることを見ておこう[26]。「人民の統合した意志」（MdS, 6: 313）だけに存する主権が、市民に権利を保障するために普遍的に妥当する法を制定し、法的義務を定めるのに対して、統治は与えられた法にもとづいて個別的な事例に対応し、様々な管理に携わる。立法権の担い手と執行権の担い手の分離という意味での「代表制度」の確立にカントの国家論の重点が置かれており、この分離を制度的に成し遂げた国家体制は共和制、それに失敗している場合は専制と定義される（vgl. ZeF, 8: 352）。

この主権と統治の峻別を起点にして、統治は活動を開始する。主権者によって任命される執政者（政府）はその人格の数によって君主政、貴族政、民衆政と呼ばれるが、いずれにしても「国家の代理（Agent des Staates）」として、法の下で、法に則って官僚を任命し、人民に規則を定めることによって統治を行う義務を負うのである（vgl. MdS, 6: 316）。このとき、あくまでも「法が政治に適合させられるのではなく、むしろつねに政治が法に適合させられなければならない」（RML, 8: 429）ことにカントは注意を促している。

ただし、政治はかなりの広がりと厚みをもった活動として把握されていることにも目を向けなければならないだろう。政治的な「執行や指示〔Veranstaltung und Anordnung〕は、もっぱら法を執行するメカニズムと、それがいかにして目的に合うように設立されるべきかを意図して、人間の経験的認識から引き出される政令〔Dekrete〕を含むだろう」（RML, 8: 429）。法律を個別具体的な状況に応じて適用するために、執行権の担い手は規則や指示を出すことによって「もっぱら法を執行するメカニズム」を形成し、官僚や大臣を任命して活動を展開する。[27] しかし、法律とは区別された特殊な事例に関して出される「政令」を通じて、執行権は国家の管理と維持のために各種の課税、国家経済（財政とポリツァイすなわち公共の安全、快適、風紀の管轄）、結社への査察、貧民・孤児施設、教会制度、慈善基金および篤志基金の設立など、多岐にわたる活動を展開しうる（MdS, 6: 318-337）。

こうした統治の活動は福祉国家的な側面を持っており、集合的な幸福の追求という性格を帯びている。複雑に絡み合う状況を分析して国富を増大させ、国力を増強する必要に迫られてポリツァイ学や官房学が飛躍的な発展を遂げたのが十八世紀であり、カントの政治概念にも、経験知の蓄積から生まれる技術的熟練、すなわち「思慮」の位相が見出される（vgl. ZeF, 8: 377）[28]。カントにとってもまた、自然（のメカニズム）を利用する技術としての「思慮」が政治に不可欠な構成要素であり、政治は法が許容する範囲で「思慮」を用いて展開される、集合的な幸福追求の試みであることは否定できない。ここで再度確認すると、このような広がりと厚みをもった政治の試みを「知恵」という理念を通じて理解することが本稿の目的である（ただし、政治における「知恵」の意味を考察するためには、道徳哲学における用法との差異を把握しておく必要がある）。

カントが『永遠平和のために』の中で政治を論じるときに問題とするのは、立法と統治の代表制度がいまだ確立されていない専制的国家である。こうした専制的国家は、暴力によって設立され、知恵よりも思慮を重視する政治家（政治的道徳家）によって維持される（vgl. ZeF, 8: 374）。主権と統治の厳密な区分に従えば、「政治的道徳家」と「道徳的政治家」は、いずれも法を執行する統治者の形象として理解されるべきであろう。しかし、カントのテクストが設定する文脈からは、おそらく両者ともに執行だけではなく立法にもかかわる存在であろうことが推測される。(29) ここから、『永遠平和のために』の「付録」というテクストの文脈に固有の、革命勢力とも専制の支持者たちとも対立する改革者としての政治家（君主）像が現れる。

2　政治的道徳家——「自然のメカニズム」による国家の維持

カントによれば、「政治的道徳家（der politische Moralist）」とは、「道徳家を装う政治家たち」である（vgl. ZeF, 8: 373）。このタイプの政治家たちの特徴は、現存する国家体制において「現在支配している権力」を維持するだけではなく、権力の増大を目指して「国家の思慮（Staatsklugheit）」と総称される詭弁的な格率に基づく策略を実行する点に見出される（vgl. ZeF, 8: 373, 375, 377）。

「行為の前にあらかじめ納得させる根拠を考え、それに対する反駁を待つ」よりも、先に自らの利益に適うように行動し、事後的に弁明するという「まず実行し、そして弁明せよ（*Fac et excusa*）」の格率が有効であろう（vgl. ZeF, 8: 374）。これは隣接する他の人民たちに対してだけではなく、特に、執行する権力が同時に立法する権力も担う専制的国家体制においては自国の人民に対して効力を発揮する（vgl. ZeF, 8: 374）。たとえ自らの政治的過ちが人民を絶望させ暴動に至らしめたとしても、「もし汝が実行したのなら、それを否定せよ（*Si fecisti, nega*）」という格率に従って、被治者に責任転嫁することが賢明である（vgl. ZeF, 8: 374）。特に政敵が複数いる場合には、「分割し、そして支配せよ（*Divide et impera*）」という格率に従って、彼らを相互に分裂させるのみならず、人民とも決裂させ、最後に自分が人民の自由の側に立っているかのように振る舞うことが得策であろう（vgl. ZeF, 8: 375）。こうした格率はいずれも定言命法の普遍化のテストに耐えうるものではなく、明らかに不正である。

「政治的道徳家」は、「〔……〕彼の属している機械的秩序の中にすべてがある」と考え、自分こそが最善の国家体制と人間に関する知識を持っていると自負している（vgl. ZeF, 8: 373-374）。永遠平和の実現が問題となる場合にも、「政治的道徳家」は「彼らの慣用手続き」である「専制的に立法された強制法則に従うメカニズム」を遵守していれば解決できると信じている（vgl. ZeF, 8: 374）。このような「政治的道徳家」の態度の根底に見出されるのは「自然のメカニズム」への主観的に選び取られた従属と一体化、すなわち「選択意志の他律」であろう。「政治的道徳家」の論理に従うならば、人間は選択意志の自由を持ちながらも「他の生命をもつ機械と同一の部類」に身を落とし、「世界のあらゆる存在者の中で最も悲惨な存在者」であることになる（vgl. ZeF, 8: 378）。

3 道徳的政治家――「国家の知恵」と共和制への漸進的改革

このような「自然のメカニズム」から脱却するためには、政治を「道徳（Moral）」の次元で考察しなければならない。カントは「国家の思慮の諸原理を道徳と両立しうるように取り扱う政治家」を、「道徳的政治家（der moralische Politiker）」と呼んでいる（vgl. ZeF, 8: 372）。ここで重要なのは、「道徳的政治家」の格率が、自らの権力強化に結びつく実質的諸目的ではなく、人間と国家のあるべき関係を定める形式的な「法の原理」にもとづいて形成されなければならないとされていることである（vgl. ZeF, 8: 376-377; ThP, 8: 298）。

「法の原理」に至る第一の出発点は、「君の格率が普遍的法則となることを、君が意志することができるように行為せよ（目的が何であろうとそれは問わない）」という、定言命法に相当する道徳の原理を承認することである（vgl. ZeF, 8: 377）。ここでカントは「道徳（Moral）」を、動機を問題とする狭義の「倫理学（Ethik）」だけではなく、外的行為の自由を問題とする「法論（Rechtslehre）」をも含む、行為規定の諸原則の総体を指す言葉として使用していることに気をつけなければならない（vgl. ZeF, 8: 386）[30]。定言命法の場合には「道徳性」の問題として格率を立法するさいの動機が問われるが、法については内面的な動機ではなく外的な行為が義務に適っているかどうかが重要である。そこでカントは、定言命法との類比にもかかわらず、これを人間たちの間の「外的関係における自由を基盤とする」原理、あるいは「外的行為の格率の形式的原理」と呼んで区別を設けている[31]。

定言命法を承認するならば、理性的存在者たちが相互の人格を目的として尊重しあう「目的の国」(GMS, 4: 436) の実現が次のように命じられることになる。「何よりも第一に、純粋実践理性の国とその正義を追求せよ」(ZeF, 8: 378)。ただし、外的行為の観点からは「純粋実践理性の国」は、市民を法的に結合する「公法の諸原則」にもとづく共和制の国家として理解される。それゆえ、法の原理を論じるテクストでは、次のようにパラフレーズされた原則が見出される。

> ある人民が自由と平等という唯一の法概念に従って一つの国家に自らを統合すべきであるということは、道徳的政治の原則である。そして、この原理は思慮にではなく、義務に根拠づけられている (ZeF, 8: 378)。

思慮を駆使した権力の追求ではなく、国家体制の欠陥や不都合を、共和制の自由と平等の原理に適合するよう速やかに改善することが政治家の義務である (vgl. ZeF, 8: 372)。カントはこの文脈で「政治 (Politik)」を「執行する法論 (ausübende Rechtslehre)」(ZeF, 8: 370) と呼んでいる。これは政治が法権利の教え (法論) の確実な実行でなければならないことを意味しており、その教えの中には正しい国家体制の形成も含まれているのである[32]。

この義務を改革によって果たすべく、「道徳的政治家」が政治的技術を用いるときに原則となるのが「国家の知恵 (Staatsweisheit)」である (vgl. ZeF, 8: 372)。注目すべきことに、「国家の知恵」において「道徳」と「思慮」が結びつかなければならないことをカントは指摘している。「国家の知恵」は、一見すると「国家の思慮」に対置されているように見えるが、道徳哲学のテクストで論じられていたように、実際には「知恵」は道徳の優位のもとで、その実現のために「思慮」を用いる立場のことである (vgl. ZeF, 8: 377)[33]。欠陥のある体制の改革を試みることは重要だが、「それに代わるよりよい体制がまだ準備段階のときに、国家的統合や世界市民的統合の紐帯を断ち切ることは、道徳と一致したすべての国家の思慮に反することである。だから先の欠陥を即座に激しい仕方で改善するよう要求することは、確かに辻褄が合わないだろう」(ZeF, 8: 372)。

それゆえ、道徳的政治には、「国家の思慮」がつねに求められることになる。「国家の知恵」は、実践理性の目的としての共和制の実現を目指すが、その目的を性急な仕方で強引に引き寄せるのではなく、「都合の良い状況に応じて、その目的に絶え間なく接近しようとする思慮」をつねに持ち合わせていなければならない（vgl. ZeF, 8: 372, 377-378)。

この「国家の知恵」の観点から、国家体制の改革以外にも様々な政治的判断の可能性が引き出される。たとえば国際関係において、ある専制的国家が他国によって侵略される事態を招きうる場合には、より適切な機会を待って体制改善の要求を延期することも許容される（vgl. ZeF, 8: 373)[34]。他方で、劣悪な体制に耐えきれずに革命が勃発し、新たに成立した国家体制が旧体制よりも法の原理の観点からみて改善されている場合には、新たな国家体制を旧体制に引き戻すことは許容されえない（vgl. ZeF, 8: 372)。

五　政治的知恵のために——「言論の自由」と「公表性」

1　カントの政治思想における公的意志形成の条件

カントは前節のような例を挙げて「国家の知恵」を説明しているが、実際にはこの観点から政治を行うには高度な政治的判断が要求され、しかもそのさいの意志決定は被治者との関係から見た場合、パターナリスティックな支配におけるそれと紙一重でもある[35]。

『理論と実践』（一七九三年）でパターナリズムは「考えうる最大の専制」（ThP, 8: 291）と呼ばれているが、この問題が生じるのは、政治が道徳の制限のもとであっても幸福を目指すものであるからにほかならない。このとき、幸福は二つの見地から考察されるべきであろう。第一に、国家体制の創設や運営によって市民に保障される権利としての自由が何よりも重要である（vgl. ThP, 8: 298)。カントは「公共の福祉は最上位の国法である（Salus publica suprema civitatis lex est)」という古代以来の命題を引きつつ、「公共の福祉」を幸福ではなく権利を保障する国家体制（の創設と運営）そのものと解釈する（vgl. ThP. 8: 298）。政治は個々人が幸福を追求する自由を保障することで、幸福を間接的に促進する。第二に、幸福は「市民の裕福や人口の増加」といった物質的安寧に関わる（vgl. ThP. 8: 298）。たとえ国家の維持（自足）という目的に適った範囲に限られるとしても、この意味での幸福は考慮されなければならない。

政治家はこのようにして二重の観点から人民の意志を考慮し、ときに一致しない二つの観点を比較考量する思考実験をとおして、自らの判断が趣味判断の場合のように（たとえば戦争をすべきかどうかについて）人々の「同意（Beistimmung）」（ZeF. 8: 351）を得ることができるかどうかを想像しなければならない。これは、A・ピンツァーニによれば、政治的判断のために共通感覚を働かせることである[36]。共通感覚は「あらゆるひとが私たちの判断と合致するであろうと言うのではなく、あらゆる人が私たちの判断と合致すべきである、という。それゆえ、共通感覚はたんなる理想的規範である」（KU. 5: 239）。

しかし、道徳的政治家は、共通感覚を研ぎ澄ませて同意の可能性を探るだけではなく、主権者であり被治者でもある人民の意志を考慮して政治的格率を吟味することによって、公的な意志の形成に努めなければならないだろう。それゆえ、過去、現在、未来にわたって想定しうる人民の「普遍的意志」を、ある種の擬制、カントによれば「理念」として考慮しなければならない（vgl. MdS. 6: 264）。その理由を、カントは次のように述べている。

> アプリオリに与えられた普遍的意志こそが（一人民の内部でも、さまざまな人民の相互関係でも）人間たちの間で何が正しいかを唯一決定するからである（ZeF. 8: 378）。

「アプリオリに与えられた普遍的意志」は一つの国家に統合された人民の理念であり、この意志から「正しさ」、すなわち法が普遍的なものとして妥当しうるか否かの基準として、次のような「根源的契約」の理念が導き出される。「すべての立法者に対して、その人が法を制定するにあたって、その法が人民全体の統一された意志にもとづいて生じえたかのような仕方で制定するよう義務づけること、そして、市民であろうとする限りですべての被治者を、あたかもその人がこのような意志に同意したかのようにみなすこと、このことは理性のたんなる理念である。とはいえ、この理念は疑う余地のない〔実践的な〕実在性をもっている。というのも、それはあらゆる公法の正当性の試金石なのだから」（ThP, 8: 297）。被治者への強制〔場合によっては処罰〕と結びついた法は、普遍的に妥当するために、人民全体の意志の統合から生じる根源的契約の理念に適うものでなければならない。

この万人の意志の統合は〔……〕その執行に際して〔in der Ausübung〕首尾一貫して行いさえすれば、自然のメカニズムに従ってもなお同時に、意図された作用を引き起こし、法概念に効力を与える原因となりうるからである（ZeF, 8: 378）。

根源的契約の理念という「あらゆる公法の正当性の試金石」を手掛かりに吟味された立法に依拠してはじめて、政治は道徳的なものでありうる。

「道徳的政治家」は、法の原理を尊重するという点で「政治的道徳家」と異なるだけではなく、一方的に政治的な幻想を振り撒く「政治的芸術家（politischer Künstler）」からも自らを区別しなければならない[37]。それゆえ、政治家は、道徳的であろうとするならば、自らの主観的な政治的格率が普遍的法則となりうるかどうかを考えたうえで意志決定をなさなければならない。これは、政治家が自分自身の「特殊意志」（ThP, 8: 295）を決定することではなく、一つの国家へと統合された人民の「公的な意志」を形成するプロセスに関わることである。根源的契約という擬制は「一つの人民において各々の特殊で私的な意志を一つの共通の公的意志へと結合するもの」（ThP, 8: 297）である。この結合のプロセスにおいて、国家の内政と外交を可能ならしめる格率が法律として与えられる。

2 「言論の自由」を通じた知恵の伝達——哲学と政治

このとき、純粋共和制の理念に接近する方法についての提言は政治家への要求と忠告として為されるが、カントはこのような行為の可能性それ自体が保障されるように、国家において哲学者が公的に発言する自由そのものを次のような命題のかたちで求めている。「公的平和の可能性の諸条件に関する哲学者の諸格率が、戦争に備えて武装している諸国家によって、忠告として受け取られるべきである」(ZeF. 8: 368)。

カントはこの命題を提示する際に、立法する権威を持つ者にはすでに「最大の知恵」が付与されているはずであると述べ、「被治者」である哲学者たちの忠告を請うことによって、その権威に傷がつくことがないように配慮してみせる(vgl. ZeF. 8: 368-369)。その一方で、哲学者は禁止されなければ自ら進んで発言するので、言論の自由を保障し、自由な議論への介入を控えれば、立法する権威を持つ者は敢えて忠告を請い求めなくとも、こうした忠告を手に入れることができるとカントは助言する(38)。

しかし、カントは哲学者の見解が権力を保持する者につねに聞き入れられ、実行されることを要求しているのではない。カントはむしろ哲学と権力とのあいだに境界線を引き、政治家と哲学者の役割を明瞭に分け、哲学者自身が権力を獲得することを慎重に避けようとしている。この態度は、カントの次のような権力観と緊密に結びついている。「国王が哲学をし、あるいは哲学者が国王になるというようなことは、期待できないが、しかし願われるべきことでもない。なぜなら、権力の所有は理性の自由な判断を必ず損なうからである」(ZeF. 8: 369)。それゆえ、カントが権力者に求めるのは、哲学者に自由に語らせ、それに耳を傾けることだけである(vgl. ZeF. 8: 369)。

統治権力の誤謬を訂正するために「言論の自由」が権利として保障されなければならないという論理は、『理論と実践』(一七九三年)において、権力へのいかなる抵抗も認めないホッブズの政治思想への反論の中心を成している(vgl. ThP. 8: 303-304)。『永遠平和のために』(一七九五年)では、この論理を用いて、カントは哲人王というプラトン的理念とは異なり、権力(とりわけ立法する権力)の誤謬を批判する役割を哲学の側に割り振っている。この点で「統治すること」と「哲学すること」は相補的であり、哲学には固有の政治的位相があるというゲアハルトの見解は重要である(39)。そして、この相補的関係においては、哲学は「知恵」の観点から道徳的格率を示すことで、誤謬を明らかにするだけではなく、さらに公的な意志の形成を促進するということを指摘できるだろう。

3 「公表性」を通じた政治的格率の吟味

特殊で私的な意志を共通の公的意志へと変容させるという観点からは、政治的格率の公表を権力者の側に求める「公表性の原理」をカントが論じている理由もよりよく理解できる。E・エリスは、公共圏が政治的な理念と現実の政治を媒介することで政治的進歩をもたらすことを強調した上で、支配者が受け入れざるをえない策として巧みに「公表性の原理」を差し出すカントの議論に「マキャヴェリの亡霊」を見出している(40)。では、政治家はどのように公表性の原理を受け入れなければならないのだろうか。

政治家は重要な政治的意志決定にさいして「国家の知恵」の立場から格率の普遍化可能性を問い、公的な意志を形成しなければならない。そして、そのさいの思考の過程は、法に従う被治者（市民）の見解を聞くことだけではなく、さらには自らの原則を明らかにすることによって、被治者との共同作業に開かれていなければならないのである。公的な意志の形成においては、「言論の自由」を通じて道徳的な正しさが明らかにされるのに対して、「公表性（Publizität）」は道徳的な正しさだけではなく、政治が実現を求められている幸福を顧慮するために必要なのである。公表性の原理においては、政治家の格率が議論の焦点となることによって、公的意志の形成が促進される。

どのような政治的格率も、法という枠組みを通じて実現されるものでなければならない。そして、それが正当性を主張する限り、それは公表されうるものでなければならない。というのは「正義はただ公的に知らせうるものとしてのみ考えられる」からである（vgl. ZeF, 8: 381）。「公表性」は、法の内容を度外視した場合にも、公法が「公の法（öffentliches Recht）」でありうるために残る「公的に知らせうる（öffentlich kundbar）」という形式のことである（vgl. ZeF, 8: 381）。

この形式から、カントは公法の可能性の条件である「公法の超越論的公式」を次の消極的原理として定式化している。「他の人間たちの権利に関係する行為は、その格率が公表性と一致しない場合には、すべて不正である」（ZeF, 8: 381）。この原理の消極性は、それによってもたらされる認識に由来する。この原理を適用することで、正義が積極的に定義されるのではなく、「何が他人に対して正しくないか」が認識される（vgl. ZeF, 8: 381）。その意図を成功裏に実現するために秘密として保持されなければならないような格率は不正であり、「すべての人からのアプリオリに洞察されうる反対」を引き起こす（vgl. ZeF, 8: 381）。

カントはこの原理によって、一方で「抵抗権」のような被治者の反乱による国家体制の変更が法的に不正であることを明らかにしようと試みている（vgl. ZeF, 8: 382）。他方で、権力者は、不正な格率を抱いているとしても、それを隠す必要がないとカントは指摘する（vgl. ZeF, 8: 384-385）。圧倒的な力を有する者は、格率が不正であると判明した場合にも、なお実力の行使によって意図を実現できるからである（vgl. ZeF, 8: 382-383）。

しかし、そうであるからこそ、圧政やパターナリズムを避けて善き統治を目指す政治家には、自らの格率を積極的に公表するようカントは推奨する。政治家として国政に関わり、国家の安寧を維持することを目指すのであれば、被治者の同意を調達しうる格率にもとづいて政治を執り行う必要がある。このような政治の条件を、カントは公表性の「肯定的な（bejahend）」原理として定式化する。

> （その目的を逸しないために）公表性を必要とするすべての格率は、法と政治の両方に合致する（ZeF, 8: 386）。

この肯定的原理において括弧に入れられていても目を引くのは、「目的」への言及であり、目的達成のために公表性を必要とする格率が法だけではなく「政治」に合致すると述べられていることである。カントによれば「統治の技術」としての「政治」の存在理由は、それが「公衆の普遍的目的」である「幸福」を成し遂げ、公衆を満足させることにある（vgl. ZeF, 8: 386）。「幸福」は、誰もが求めるという点で普遍的である。しかし、それは多義的で曖昧な概念でもあり、公衆の求める「幸福」が変化するたびに、「政治」は適切な方法を選択してそれを満たさなければならない。このような政治の試みが一方的な断定による誤謬または不正とパターナリズムに陥ることを避けるためには、政治的格率が公表されて公法の観点から吟味されるだけではなく、公衆の求める幸福を満たそうとするものであることも証明されなければならない。このような吟味の過程を経た政治的格率だけが、被治者の同意を受け、「公衆の権利」の要求をも満たすことができるのである（vgl. ZeF, 8: 386）。

この肯定的原理によって明らかにされたのは、「知恵」による政治の可能性の条件、つまり政治が法の原理に適った仕方で幸福という政治の本来の目的を実現しうるための条件なのである。

むすびにかえて――「共和制化」における公的意志の形成

『永遠平和のために』では、「自然のメカニズム」の次元で設立され、維持されている国家に変化の楔を打ち込み、改革を通じて共和制へと接近させる役割は、明瞭に政治家の側に与えられているように見える。ここで見出された政治家による国家体制の改善という論点は、専制的な統治様式を改革して、主権と統治の「代表制度」を確立する「共和制化（Republikanisierung）」の過程として把握することができるものである。

先行研究では国家体制の「共和制化」は政治家（君主）による「上からの改革」として論じられてきた[41]。これはカントの政治思想を再構成するうえで説得力を有する見解であると言えるだろう。そして、本論文の冒頭で参照したゲアハルトの研究は、この政治家（君主）が負う法的（道徳的）制約を明らかにしたものと考えることができる。

他方で、カント哲学における「言論の自由」の意義と戦略を重視する研究においては、「代表具現的公共性」から「市民的公共性」への構造転換（J・ハーバーマス）がなされたことを背景にして、啓蒙と公共圏の側の政治的影響力が重視されてきた[42]。このような解釈もまた、カントの政治思想を幅広い視野で検討すれば否定しえないものである。

本論文では、二つの対立しうる先行研究を念頭に置きつつ、『永遠平和のために』「付録」の「国家の知恵」の検討によって、両者が相互に補完しあうことが可能になる視座の獲得が試みられた。政治権力と公共圏の接点が、政治的格率の普遍化を軸にして、公的な意志形成の場として成立する――このことを明らかにする端緒が、「知恵」の考察であった。

カントの道徳哲学において、知恵は有限な理性的存在者としての人間が到達を望みうる最高の道徳的境地（実践的理念）として示される。この意味での知恵は、格率を吟味し普遍化するプロセスを経て、動機の道徳的秩序のもとで意志の自律をなし、なおかつその行為の目的を首尾よく達成するべく、技術知としての思慮を用いる。「国家の知恵」では（道徳哲学の場合のように）主体の動機が問われることはないが、定言命法を手がかりに、法という形式的原理を制約として政治的格率の普遍化可能性が吟味され、普遍化された格率のもとで「思慮」を用いて、その行為の目的（福祉）が追求される。

「政治的道徳家」と対比される「道徳的政治家」は、専制的な国家体制から脱却するために要請される理想的な政治家像だが、この政治家像を通じて示される政治には独断的である余地はほとんど残されていない。カントは、専制的体制下で政治が「執行する法論」として共和制への改革を進展させる条件を明確化するために道徳的政治家の形象に「国家の知恵」を結びつけており、その構成要素である政治家の主観的格率の吟味（普遍化）を通じて、特殊で私的な意志から脱して公的な意志が形成される過程が政治に導入されるからである。

この公的意志の形成に関わる部分として、カントは『永遠平和のために』では、哲学者とともに政治的格率を吟味する過程（言論の自由の行使）と、公衆の観点から政治的格率を吟味する過程（公表性の原理）を挿入したと考えることができる。市民に権利を保障する共和制こそが何よりも実現されるべき公共の福祉であるとカントは述べており、「知恵の教え」にたずさわる哲学者は、人間の義務を承認して国家体制を共和制へと絶えず接近させるという格率を政治家に対して明らかにする。また、政治家は自らの政治的格率を公的に表明し、その反響を得ることで、自らの主観的格率を吟味し、さらに市民がその都度実際に何を政治に求めているかを知る必要がある。政治は福祉（幸福）の達成を本来的な課題とする営みであり、政治家は、市民にとってその時々の「幸福」が何であるのかを知らなければならない（ただし、市民の求める「幸福」それ自体もまた政治的格率を吟味する過程で問い直される）。

政治家（君主）の政治的格率は、肯定的に受け止められるにせよ、批判の対象になるにせよ、公的な意志を形成する過程で議論の焦点を結ぶ場である。「道徳的政治家」はこの格率を吟味するプロセスを経て誕生するのであり、したがって、すでに道徳的な政治家として登場しうるのではなく、つねに道徳的な政治家であるのでもなく、公的意志の形成過程において道徳的であろうと試みる政治家なのである。そして、「共和制化」の過程では、このような立法と執行を一手に代表＝代行する政治家の格率形成を通じて、人々は公的な意志を形成していく。「国家の知恵」を中心にした議論全体が、理想的な政治家の条件を論じるカント的な「君主論」をなしているのである。

謝辞：初稿にたいして貴重なご指摘をくださった匿名の査読者の方々に、ここで記して感謝いたします。なお本稿は文部科学省科学研究費補助金（一五H〇五九八〇）による研究成果の一部です。

（1）カントの著作を引用する際には、以下のように略記した原題と*Kants gesammelte Schriften*（hrsg. von der Kgl. Preuß. Akad. der Wissenschaften und von der Deutschen Akademie der Wissenschaften, Berlin, 1902ff.）の巻数および頁番号をアラビア数字で記す（岩波書店版カント全集も参照したが訳語を変更した場合もある）。Träume: *Träume eines Geistersehers*（1766）（植村恒一郎訳『視霊者の夢』『カント全集3』）; KrV: *Kritik der reinen Vernunft*（A: 1781/ B: 1787）（有福孝岳訳『純粋理性批判』『カント全集4・5・6』）; GMS: *Grundlegung zur Metaphysik der Sitten*（1785）（平田俊博訳『人倫の形而上学の基礎づけ』『カント全集7』）; KpV: *Kritik der praktischen Vernunft*（1788）（坂部恵・伊古田理訳『実践理性批判』『カント全集7』）; KU: *Kritik der Urteilskraft*（1790）（牧野英二訳『判断力批判』『カント全集8』）; R: *Die Religion innerhalb der Grenzen der bloßen Vernunft*（1793）（北岡武志訳『たんなる理性の限界内の宗教』『カント全集10』）; ThP: *Über den Gemeinspruch: Das mag in der Theorie richtig sein, taugt aber nicht für die Praxis*（1793）（北尾宏之訳「理論と実践」『カント全集14』）; ZeF: *Zum ewigen Frieden. Ein philosophischer Entwurf von Immanuel Kant*（1795）（遠山義孝訳『永遠平和のために』『カント全集14』）; MdS: *Die Metaphysik der Sitten*（1797）（樽井正義・池尾恭一訳『人倫の形而上学』『カント全集11』）; RML: *Über ein vermeintes Recht aus Menschenliebe zu lügen*（1798）（谷田信一訳「人間愛からの嘘」『カント全集13』）; ApH: *Anthropologie in pragmatischer Hinsicht*（1798）（渋谷治美訳『実用的見地における人間学』『カント全集15』）. ただし、『純粋理性批判』からの引用には、J・ティンマーマンの校訂による哲学文庫版（Meiners *Philosophische Bibliothek*, Bd. 505）を使用し、本文中に原著第一版（一七八一年）をA、第二版（一七八七年）をBとして示し、原著の頁数をアラビア数字で併記する。

（2）Vgl. V. Gerhardt, „Ausübende Rechtslehre. Kants Begriff der Politik", in: G. Schönrich/ Y. Kato（Hg.）, *Kant in der Diskussion der Moderne*, Frankfurt am Main: Suhrkamp, 1996, S. 480（福田俊章訳「実地の法論――カントの政治概念」、坂部恵、加藤泰史、ゲアハルト・シェーンリッヒ、大橋容一郎編『カント・現代の論争に生きる〈下〉』理想社、二〇〇〇年、三〇七頁）.

（3）R. Brandt, „Das Erlaubnisgesetz, oder: Vernunft und Geschichte in Kants Rechtslehre", in: ders.（Hg.）, *Rechtsphilosophie der Aufklärung: Symposium Wolfenbüttel 1981*, Berlin: Walter de Gruyter, S. 233-285; W. Kersting, *Wohlgeordnete Freiheit: Immanuel Kants Rechts- und Staatsphilosophie*, 3., erweiterte und bearbeitete Auflage, Paderborn: mentis, ³2007（¹1984）（舟場保之・寺田俊郎監訳『自由の秩序――カントの法および国家の哲学』ミネルヴァ書房、二〇一三年）; C. Langer, *Reform nach Prinzipien: Untersuchungen zur politischen Theorie Immanuel Kants*, Stuttgart: Klett-Cotta, 1986.

（4）道徳哲学に「具体的な課題を離れて原理という非歴史的な領域に逃げ込むカント」を見出す見解を指摘するにあたって、ゲアハルトは特にH・アーレントを意識している。Vgl. V. Gerhardt, „Ausübende Rechtslehre", S. 465（邦訳書、二九四頁）。「厳格主義」を見出す立場の一例としては、次の文献を参照されたい。Cf. R. F. Atkinson, "Kant's Moral and Political Rigorism", in: *Essays on Kant's Political Philosophy*, edited by H. L. Williams, The University of Chicago Press, 1992, pp. 228-248. 日本語の先行研究では、福田歓一による次のような指摘がある。「カントの実践哲学はそのあらゆる形而上学的展開にもかかわらず、常にある一点、すなわちあまりにも狭隘な倫理主義的偏倚によって制約せられ、社会と歴史はもとより、芸術も、学問も、宗教も道徳の拘束につながれて、豊かなる実践の世界、そのおのおのの領域、否人間の人間的生活そのものが生き得るような論理的完結を得なかったものといわざるをえない。〔……〕このような倫理主義的偏倚の根底は、何よりも第二批判における形式的な法則性への執着、人間をただちに理性とする抽象的普遍の追求に見出されるであろう」（福田歓一『近代政治原理成立史序説』岩波書店、一九七一年、三七一頁）。

（5）B. Ludwig, „Politik als „ausübende Rechtslehre" Zum Politikverständnis Immanuel Kants", in: H. J. Lietzmann u. P. Nitschke（Hg.）, *Klassische Politik. Politikverständnisse von der Antike bis ins 19. Jahrhundert*, Opladen: Leske+Budrich, 2000, S. 175-199; A. Pinzani, "Representation in Kant's Political Theory", in: B. S. Byrd, J. Hruschka und J. C. Joerden（Hrsg.）, *Jahrbuch für Recht und Ethik*, Bd. 16, Berlin: Duncker & Humblot, 2008, S. 203-226. 小谷英生「カントの政治概念――アーレントおよび理念の「移行理論」を手がかりに」、『倫理学年報』第五九集、二〇一〇年、一四五―一五八頁。

（6）国家目的としての幸福概念とカントによる批判、およびカントにおける政治的思慮（怜悧）の詳細な検討は、V. Sellin, „Art.

Politik", in: O. Brunner, W. Conze u. R. Koselleck（Hg.）, *Geschichtliche Grundbegriffe: Historisches Lexikon zur politisch-sozialen Sprache in Deutschland*, Bd. 4. Stuttgart: Klett-Cotta, 1978, S. 789-874と、網谷壮介「政治・道徳・怜悧——カントと執行する法論」、『政治思想研究』第一四号、二〇一四年、三五六—三八四頁、を参照されたい。

（7）Cf. R. B. Louden, *Kant's Impure Ethics: From Rational Beings to Human Beings*, Oxford University Press, 2000, p. 199, n. 4.

（8）Vgl. L. Hölscher, „Art. Öffentlichkeit", in: O. Brunner, W. Conze und R. Koselleck（Hg.）, *Geschichtliche Grundbegriffe*, Bd. 4, Stuttgart: Klett-Cotta, 1978, S. 413-467; I. Maus, *Zur Aufklärung der Demokratietheorie: Rechts- und demokratietheoretische Überlegungen im Anschluß an Kant*, Frankfurt am Main: Suhrkamp, 1992, S. 185（浜田義文・牧野英二監訳『啓蒙の民主制理論——カントとのつながりで』法政大学出版局、一九九九年、一五九頁）; J. C. Laursen, "The Subversive Kant: The Vocabulary of "Public" and "Publicity"", in: *What is Enlightenment?: eighteenth-century answers and twentieth-century questions*, edited by J. Schmidt, University of California Press, 1996, pp. 253-269; E. Ellis, *Kant's Politics: Provisional Theory for An Uncertain World*, Yale University Press, 2005; 金慧「カント哲学における言論の自由」、『社会思想史研究』第三八号、藤原書店、二〇一四年、八六—一〇五頁。

（9）カントによれば、知恵の立場で義務をなす善き性格の魂こそが来世を期待できる（vgl. Träume, 2: 373）。「かかる知恵の立場は根本において、被造物としての人間の、創造主の指定に対する自覚的応答であると言うことができるであろう」（浜田義文『カント倫理学の成立——イギリス道徳哲学およびルソー思想との関係』勁草書房、一九八一年、一八五頁）。カント哲学における知恵の位置づけを理性批判と（ソクラテスに由来する）自己認識という観点から解明した研究として、宮村悠介「カント哲学における知恵の理念——体系と自己認識をめぐって」、『哲学』第六三号、二〇一二年、二八一—二九六頁、が示唆に富む議論を展開している。

（10）神においても、意志は「それ自身〔……〕神聖である純粋な道徳法則」（KpV, 5: 32）に完全に適合しているがゆえに神聖たりうる。「道徳法則の神聖さ」については、宇都宮芳明『カントと神』岩波書店、一九九八年、一〇七—一二九頁を参照されたい。

（11）無条件に命令する定言命法に対して、何らかの実質的な目的のために条件的に命ずる命法、「仮言命法」は幸福を追求するさいの一般的な規則、勧告となりえても、道徳的なものにかかわる普遍的規則にはなりえない（vgl. KpV, 5: 20, 36）。

（12）この点について考えるには、人間も含めた有限な理性的存在者にのみ適用可能な概念である「動機（Triebfeder）」、「関心（Interesse）」、「格率」（KpV, 5: 79）に着目するのが有効である。動機は、理性が道徳法則に必ずしも適合するとは限らない有限な存在者の意志を主観的に決定する根拠である（vgl. KpV, 5: 71-72）。動機が理性によって表象される限り、それは関心と呼ばれ、感覚に囚われず「道徳法則を遵守することに対する関心」は純粋な道徳的関心である（vgl. KpV, 5: 79-80）。そして、格率は関心に基づいて形成される。「それゆえ、格率は、それが法則の遵守に対して抱く混じりけのない関心に基づく場合にのみ、道徳的に真正である」（KpV, 5: 79）。これらの概念を中心にして、カントにおける性格（思考様式、心術）の形成を論じた研究として次の文献が有益である。G. F. Munzel, *Kant's Conception of Moral Character: the "Critical" Link of Morality, Anthropology, and Reflective Judgment*, The University of Chicago Press, 1999.

（13）Cf. H. J. Paton, *The Categorical Imperative: A Study in Kant's Moral Philosophy*, London: Hutchinson's University Library, 1947, p. 135（杉田聡訳『定言命法：カント倫理学研究』行路社、一九八六年、一九九頁）.

（14）Vgl. O. Höffe, *Immanuel Kant*, 5., überarbeitete Auflage, München: C. H. Beck, 2000, S. 187-188（藪木栄夫訳『イマヌエル・カント』法政大学出版局、一九九一年、一九八頁）.

（15）これらの特徴については、御子柴善之「『格率』倫理学再考」、『理想』第六六三号、理想社、一九九九年、六七―七六頁、を参照されたい。

（16）人は吟味も意識化もされていない格率に従って行為している場合もある。しかし、生の具体的な次元の格率を命題として明らかにすることもできるし、具体的な格率を倫理学的に徹底的に見直すことで抽象的な次元の格率、言い換えれば根本的な生き方とも言うべき原則を定式化することもできる。御子柴「『格率』倫理学再考」、七一―七二頁、参照。

（17）命題として言語的に表現される格率を道徳判断の一種と理解すれば、カントの道徳哲学を動機内在主義として理解することも可能である。蔵田伸雄「カント倫理学と動機内在主義――現代メタ倫理学から見たカント倫理学」、カント研究会編『現代カント研究十三　カントと現代哲学』晃洋書房、二〇一五年、二八頁、参照。

（18）Cf. J. Rawls, *Lectures on the History of Moral Philosophy*, edited by B. Herman, Harvard University Press, 2000, pp. 167-175（坂部恵監訳〔久保田顕二・下野正俊・山根雄一郎訳〕『ジョン・ロールズ　ロールズ哲学史講義　上』みすず書房、二〇〇五年、二五一―二六二頁）.

（19）道徳法則と尊敬の感情が別々のものではないことについては、山蔦真之「カント実践哲学における尊敬の感情――道徳における動機、もしくは執行の原理？」、『哲學』第六一号、二〇一〇年、三〇九―三二〇頁参照。

（20）普遍化可能性という観点から定言命法を論じることで義務を明らかにするカント的「道徳理論」は「意志の自律」とは厳密には異なることに注意が必要である。この相違とカント的道徳理論の意義については、田原彰太郎「カントと『普遍化可能性』論

――『普遍化可能性』はカント倫理学研究の中心でありうるか」、『早稲田大学大学院文学研究科紀要（第一分冊）』第五六輯、二〇一一年、三五―四九頁、が詳細に論じている。

(21) 御子柴善之「カントの『傾向性』論」、早稲田大学哲学会編『フィロソフィア』第八三号、一九九六年、七二頁参照。

(22)「『自然の他律』を自らの原理として採用するという意志の在り方」が問われている（新田孝彦『カントと自由の問題』北海道大学図書刊行会、一九九三年、二三九頁）。

(23) とはいえ、ストア派（このように一括して論じることが許されるとして）が一般的に欲求の充足を二次的であれ善とみなしていることについて、カントが十分な説明を与えていないことも事実である。ストア派とカントの道徳哲学の相違の背景にあるキリスト教と弁神論の問題については次の文献を参照されたい。J. B. Schneewind, “Kant and Stoic Ethics”, *Aristotle, Kant, and the Stoics: Rethinking Happiness and Duty*, edited by S. Engstrom and J. Whiting, Cambridge University Press, 1996, pp. 285-301.

(24) Klugheit は主体において「すべての自分の意図を自分自身の恒常的利益へと統合する見識」(vgl. GMS, 4: 416, Anm.) となるため、否定的な意味を込めて「怜悧」、「賢しさ」とも訳されるが、目的達成の手段に関する熟練であり、それ自体としては道徳的に無記である。

(25) 宮村悠介「〈実践理性批判〉の理念の成立――学と常識のはざまで」、『倫理学年報』第五七集、二〇〇八年、一五七―一七一頁、は『実践理性批判』で行なわれている二つの批判の企図を明らかにしている。

(26) 主権論の系譜におけるカントの位置づけについては、斎藤拓也「民主政のパラドクスとカントの共和制概念」、『社会思想史研究』第三九号、藤原書店、二〇一五年、九二―一一〇頁を参照されたい。

(27) Vgl. W. Kersting, *Wohlgeordnete Freiheit*, S. 315（邦訳書、三一〇頁）.

(28) 一六世紀以降「国家（Staat）」の概念がドイツ語圏で広がり、国家理性としての政治的思慮が相対的な意味での規範として新たに受容されるようになった歴史的背景については、次の文献を参照した。H. Münkler, *Im Namen des Staates. Die Begründung der Staatsraison in der Frühen Neuzeit*, Frankfurt am Main: Fischer Verlag, S. 165-208.

(29) V・ゲアハルトは「道徳的政治家」は同時代の政治家（君主）、「政治的道徳家」については特にフリードリヒ二世を念頭においた表現であると解釈している。Vgl. V. Gerhardt, *Immanuel Kants Entwurf ›Zum ewigen Frieden‹: eine Theorie der Politik*, Darmstadt: Wissenschaftliche Buchgesellschaft, 1995, S. 166-176. ただし、「政治的道徳家」はひとつの形象であり、後段で述べるように様々な条件の下で生成し維持されるものであることに注意が必要である。実在した君主と結びつける解釈は、この形象の概念的射程を狭めかねない。

(30) この区別は『人倫の形而上学』（一七九七年）の「法論」と「徳論」において明瞭になる。Vgl. M. Castillo, „Moral und Politik: Mißhelligkeit und Einhelligkeit“, in: O. Höffe (Hg.), *Zum ewigen Frieden / Immanuel Kant*, Klassiker Auslegen Bd. 1, 2., durchgesehene Aufl., Berlin: Akademie Verlag, 2004, S. 196.

(31) 『人倫の形而上学』では「法の普遍的原理」が「誰のどのような行為でも、その行為が、あるいはその行為の格率から見て、その人の選択意志の自由が、誰の自由とも普遍的法則に従って両立できるならば、その行為は正しい」（MdS, 6: 230）と説明される。

(32) Vgl. V. Gerhardt, *Immanuel Kants Entwurf ›Zum ewigen Frieden‹*, S. 156-160.

(33) 両者の関係は単純な対立として理解されている場合もある。Cf. A. Pinzani, "Representation in Kant's Political Theory", S. 221.

(34) ここでは暫定性を与える規範として「理性の許容法則」を考えることができる。カントの許容法則概念がもつ思想史的意義と『永遠平和のために』における実践的含意については、次の文献を参照されたい。網谷壮介「カントと許容法則の挑戦——どうでもよいこと・例外・暫定性」、『法と哲学』創刊第一号、信山社、二〇一五年、一三三—一六五頁。

(35) Cf. A. Pinzani, "Representation in Kant's Political Theory", S. 217. 小谷はこの問題を「政治的原理主義」という観点から検討し、それが回避されうる可能性を政治と公共圏の関わりに見出している。小谷英生「カントの政治概念」、一五五頁、参照。

(36) Cf. A. Pinzani, "Representation in Kant's Political Theory", S. 219.

(37) Cf. A. Pinzani, "Representation in Kant's Political Theory", S. 224. カントは『実用的見地における人間学』（一七九八年）で次のような皮肉を述べている。「政治的芸術家も芸術家とまったく同様に現実の代わりに構想を現実と思わせる術を心得ており、たとえば（イギリス議会におけるように）人民の自由という構想や、（フランス国民議会におけるように）身分と平等という構想もそうだが、たんなる形式にすぎないような構想によって世界を導き支配することができるのである〔……〕」（ApH, 7: 181-182）。

(38) 介入さえなければ「国家は、哲学者たちに無言で〔……〕、そのように忠告することを促すだろう。換言すれば、国家は、戦争遂行と平和樹立の普遍的諸格率について、哲学者たちに自由で公的に発言させるだろう」（ZeF, 8: 369）。このような発言の自由が公刊された著作の「永遠平和のための秘密条項」において求められているのは、国家の不名誉を「それを秘密にすることで」避けるというアイロニカルな配慮からである。Vgl. V. Gerhardt, *Immanuel Kants Entwurf ›Zum ewigen Frieden‹*, S. 126. カントによれば、この自由を国家において保障することは人間の理性によって義務づけられている（vgl. ZeF, 8: 369）。

(39) Vgl. V. Gerhardt, *Immanuel Kants Entwurf ›Zum ewigen Frieden‹*, S. 133 ff.

（40）E. Ellis, *Kant's Politics*, pp. 104-111.

（41）Vgl. W. Kersting, *Wohlgeordnete Freiheit*, S. 345ff.（邦訳書、三三五頁）; C. Langer, *Reform nach Prinzipien*, S. 81ff., 118ff.; R. Brandt, „Das Erlaubnisgesetz", S. 252ff.

（42）「はじめに」における注（8）で挙げた研究を参照されたい。

ホッブズの「助言」論と熟慮・熟議

――『リヴァイアサン』における統治の構想

上田悠久

一　はじめに

熟慮あるいは熟議（deliberation）は政治思想史および規範的政治理論における主要なテーマであるといえる[1]。熟議においては理性的な議論は可能なのか、熟議は情念によって阻害されるのか、あるいは熟議から情念を完全に排除すべきなのかといった課題は、古典的かつ現代的な課題であるといえよう[2]。また熟議における言語に注目するとき、言語は他者とのコミュニケーションを可能にする一方、他者を煽動してコミュニケーションを妨げることもできる。このように熟慮／熟議は論争的なテーマであり、古典古代以来多くの思想家が取り組んできた。本稿で扱うトマス・ホッブズ（一五八八―一六七九）も例外ではない。

ホッブズは集合的熟議、すなわち複数人が合議体において熟議することにたいして否定的であり、ゆえに集合的熟議を必要としない君主政を称揚する。重森によれば、ホッブズの思想においてコモンウェルスに対する忠誠心は紐帯の結合力として機能しているが、集合的熟議の場が煽動の空間となり私的意見が増幅されると、忠誠心が分散しコモンウェルスは解体してしまう[3]。カプストはホッブズが合議体を問題視する理由として、彼が人の自己愛や自信よりも人々の競争を危険視していること、集合的判断が困難であること、統治にかかわる人数が増えるほど情念の作用や勝利欲求が高まることなどを採り上げている。[4] またスキナーは、熟議の不可能性を説くホッブズのことばを引き出したうえで、イングランド議会への敵愾心を持つホッブズは合議体の問題点を指摘することで議会擁護派を中傷していると論じる。[5] このように先行研究はホッブズの熟議に対する否定的な見方を紹介し、君主政に好意的なホッブズの特徴を描き出す。

しかしホッブズの思想は反熟議論に留まらない。とくに『リヴァイアサン』において、ホッブズは、主権者が統治するために用いる様々な仕組みを紹介し、コモンウェルスを如何に運営するかに注目している。そこでホッブズが注目したのが「助言者」[6]（counsellor）の存在である。ホッブズは、合議体における弁論家の説得を「悪い助言」であると考える一方、「善い助言者」の存在に期待した。彼は主権者単独でのコモンウェルス統治ではなく、有能な補助者である助言者を伴った統治を目指したのである。ここにおいて、ホッブズは単なる集合的熟議の反対者ではなく、集合的熟議による問題を回避しながらも政体を機能させる現実的な方策を模索しているのである。

そもそも助言者（あるいは顧問官）はイングランドの君主政を支える重要な存在であり、ホッブズ自身が助言者について語る動機は十分にあったと考えられる。イングランドでは、宮廷内の顧問官だけでなく議会構成員もが、君主政を前提とし、主権者に対する助言者としての自負を持っていた。[7] イングランドの君主政は「国王の『恣意』ではなく、顧問官や聖職者、宮廷人、議会などによる『助言』によって成立していた」[8] のである。ホッブズのパトロンであったニューカッスル公ウィリアム・キャヴェンディッシュはチャールズ一世の顧問官であり、またホッブズの友人でホッブズへの批判でも知られるクラレンドン伯エドワード・ハイドもチャールズ一世および二世の顧問官であった。[9] ホッブズがコモンウェルスの統治にかんして構想を膨らませる中で、自分の身近な存在でもあり、かつイングランド政治において重要な位置を占めていた「助言者」について考察することは極めて自然なことであったと言えよう。

ホッブズの「助言」論を中心に扱った先行研究はこれまでにも存在する。[10] 例えばアボットは、ホッブズが熟議における忠告機能の必要性を認識しており、人々の情念に訴える弁論家を批判する一方、思慮ある忠告を個別的に供給する助言者を描いたのだと主張する。[11] またオーキンは、合議体の形態をとった助言に対するホッブズの批判が、当時のイングランド議会に対する批判であると解釈する。[12] カプストは、君主単独による熟慮を基本とする君主政の特徴が、助言者のしくみを生みだしており、助言の導入により「君主がおべっか使いに影響されやすいとして君主権力を制限する立憲主義的な策略を除去するがゆえに、君主は非君主政よりも良い決定を下しやすい」ことが示せているのだと論じる[13]。しかしこうした研究はホッブズの熟議批判を強調するあまり、熟議に対する関心が如何に「助言者」への関心へと発展していったのか把握できておらず、助言論をホッブズの君主政擁護と結び付けるに留まっている。

本論文はこうした先行研究とは異なる特徴を有している。助言論に関するこれまでの先行研究は、ホッブズの思考や意図が諸著作の間で首尾一貫していることを前提としてきた。これに対し本論文は、『リヴァイアサン』(*Leviathan*)がそれ以前にホッブズが世に問うた『法の原理』や『市民論』をはじめとした書籍とは異なり、如何に政体を運営し統治を実行するのかという統治の実践に関する関心のもとに書かれた書物であると位置付ける。そして「助言者」の担う熟慮と、助言者に求められる学知と経験の知識との関連について『リヴァイアサン』に特化して考察することで、主権者による統治実践にかんするホッブズの構想を明確にさせ、ホッブズの政治哲学がもつ実践的側面が明らかになると考える。

本論文は『リヴァイアサン』を中心に、ホッブズの助言(counsell)に関する議論を熟慮/熟議との関連において考察し、絶対的主権者の統治における助言者の役割について考察する。第二節では、ホッブズの『法の原理』『市民論』における熟議への関心が『リヴァイアサン』において助言論へと発展し、助言者と助言相手の利益に焦点を当てた「助言」の定義がホッブズの一貫した熟議批判を反映していることを明らかにする。第三節では、統治において経験と学知の連結を模索するホッブズの姿勢を示し、ホッブズの考える「善い助言者」がそれに対応して経験と学知を供給する存在として描かれていることを示す。そして第四節では助言者が担う熟慮について、熟慮が持つ将来予測の機能に焦点を当てて論じる。助言者は熟慮により将来を予測し、予測した結果を言語の情報伝達機能によって主権者に伝えなければならず、よって正確な伝達を妨げる言語の煽動性は助言からは排除されるのである。以上の考察により、主権者による統治を助言者が補佐するというホッブズの構想を審らかにし、実践の書としての『リヴァイアサン』の特徴を描き出す。

二　熟議から助言へ――「悪い助言」の排除

ホッブズ『リヴァイアサン』の特徴の一つとして、集合的な熟議に対する懐疑をとりあげることができる。そして一六五一年の『リヴァイアサン』出版よりも前に書かれたホッブズの著作にまで視野を広げると、一六二〇年代に行ったトゥキディデス『戦史』の英語訳から、一六四〇年代に世に出された『法の原理』(*Elements of Law*)、『市民論』(*De Cive*) に至るまで、ホッブズは合議体における熟議の困難性を一貫して主張していることが解る。これらの著作では、人々が一堂に会して討議する合議体が、雄弁を駆使して人々を煽動し、人々の熟議を妨害する弁論家 (orator) の台頭を必然的に招いてしまうと指摘される。しかし『リヴァイアサン』とそれ以前の著作を比較すると、熟議の困難性にかんする強い主張が継承されている一方、ホッブズの合議体に対する問題関心が「助言者」の議論へと発展したことがわかる。ホッブズは煽動的助言を「悪い助言」とみなすことで、君主政擁護のための熟議批判を主権論のなかに捉え直したのである。

1　弁論家批判から助言論へ――熟議論の転換

ホッブズはトゥキディデスから民主政の欠点である民衆煽動と弁論家の危険性を学んでいる。彼は一六二九年に出版したトゥキディデス『戦史』の英語訳に、「トゥキディデスの生涯と歴史」(Of the Life and History of Thucydides) と題した序文を付している(14)。そこでホッブズは、アテナイの民主政が「公共性を損なうほどの他人の助言への相互批判、弁論家のレトリックの様々な目的や力によって引き起こされた決議の非一貫性」を伴うデマゴーグとの抗争に巻き込まれていたので、トゥキディデスは民主政を少しも好んでいなかったと指摘する(15)。ホッブズはトゥキディデスの描くアテナイの歴史から、デマゴーグや弁論家たちが民主政に与える悪影響を学んだのである(16)。

大きな合議体 (*magnus coetus*) における熟議は弁論家によって妨げられる。「大きな合議体」では「ただ弁論自身の目的のために合議体を引っ張り揺さぶる」弁論が存在し、さらに一部の者によって全体が揺さぶられるため、民主政は事実上弁論家の貴族政となってしまう（EL 21.5）。そして大きな合議体の弁論において用いられる雄弁術（*eloquentia*）自体にも問題がある。ホッブズ曰く、大きな合議体では意見表明者の弁論が長々と展開されるだけでなく、聴き手からよい評判を得るために雄弁術が用いられるため、大きな合議体は熟議には適さない（DC 10.11）[17]。雄弁術の役割とは、「話し手の目的に役立つと思われるところに従って、善悪、有用無用、徳不徳を実際以上もしくは実際以下に見せかけ、不正な事を正しいと思わせる」こと、つまり真理を歪めてまで相手を説得することである（DC 10.11）。このように弁論家自身のために人々を真理ではない方向へと導く雄弁術をホッブズは批難する。彼は弁論家によって合議体における熟議が困難になると指摘し、弁論家が跋扈する民主政を批判するのである。

ホッブズは君主政を擁護する理由として、弁論家の行動原理である称賛欲求および近しい者への便宜供与をとりあげる。ホッブズによると民主政擁護者は、称賛（*laus*）欲求を満たすのにふさわしい政体は民主政であり、君主政では称賛と位階（*dignitas*）を獲得する可能性が多くの場合閉ざされていると主張する（DC 10.9）。しかしホッブズは、徳を競うことによって敵対、憎悪などの不利益が生まれるので、競争の回避は競争を好む「弁の立つ者」にとっても不利益ではないとして民主政擁護論を論駁する（DC 10.9）。ホッブズは、民主政擁護論者が肯定的に捉える称賛欲求が弁論家の利益を必ずしももたらさないのだと指摘しているのである。さらに君主政では君主の偏愛によって恣意的な徴税が行われるという懸念に対しては、デマゴーグたち、すなわち民主政における弁論家たちが、自らの保身のために自分の子供、親類、寵愛者（*amicus*）、おべっか使い（*adulator*）を富ませて自分につなぎとめようとするので、人々の税負担は君主政下よりもかえって重くなってしまうとホッブズは指摘する（DC 10.6）。君主政において君主が寵愛者への偏愛や腐敗に陥る危険よりも、民主政においてデマゴーグたちの野心により人々が満足させられる危険の方が問題なのである[18]。このように合議体における弁論家の振る舞いは、君主政ゆえの不利益を否定するホッブズの主張を裏付けている。

弁論家たちが用いる雄弁は、政体の解体を引き起こす危険な存在である。『法の原理』においてホッブズは、ローマで叛乱を起こしたカティリナを「雄弁はあるが知恵は少ない」（*Eloquentiae satis, sapientiae parum*）と評したサッルスティウスの言葉を吟味する。[19] 真理ではなく人々が信じることを求める叛乱者は、「人が何も感じない時にひどく傷つけ損害を与え、話し手のことばと情念のほかには原因を持たない激怒と憤慨へ誘い込む」雄弁の力によって、叛乱の正しさ、不平不満が侵害に基づくこと、彼らの希望が偉大であることを人々に信じさせる（EL 27.14）。しかし叛乱者たちは、物事の名辞を自分たちの情念に従って、あるいは古典の権威に従って正邪、善悪を名づけることにより、悪が善、害が有益であるかのように語っているにすぎない（EL 27.13）。雄弁家である叛乱者は、情念のことばをつなぎ合わせて聴衆の情念による援護を獲得し、叛乱が正当であることを人々に信じ込ませるのである（EL 27.14）。よって叛乱者は雄弁家であるとホッブズは証明する。[20]

ホッブズは合議体における弁論家あるいは雄弁の問題を『リヴァイアサン』においても引き続き強調するが、雄弁を使い合議体の成員に対して説得を試みる者としてホッブズが新たに想定するのが「助言者」である。[21] ホッブズは君主政の利点について説明するために、主権者がひとりである君主政と、主権者が合議体である民主政および貴族政を比較する。その中でホッブズは、弁論家を主権的合議体の寵愛者（favorite）[22] と位置づけ、人を傷つける力を持つが人を救うことはほとんどないと断じる（L 19, 290/97）。ホッブズによれば弁論家は君主政における君主の寵愛者あるいは「おべっか使い」（flatterers）に相当する存在であり、君主は寵愛者を富ませるために臣民の財産を奪う懸念があるが、主権的合議体も「悪い助言」（evil counsel）に支配され、弁論家によって騙される懸念がある（L 19, 290/96）。ホッブズは『市民論』などで弁論家批判のために用いた「おべっか使い」「寵愛者」などの語彙を再び使って、合議体が多くの寵愛者を抱えてしまうため君主政は強みを持つと説明する。[23] 一方でホッブズは『リヴァイアサン』で新たに、弁論家の合議体における営みを「悪い助言」と位置付けている。[24] ここにおいて、熟議中に煽動する弁論家の存在を、『リヴァイアサン』では助言の問題としてとらえようとしていることが分かる。

『リヴァイアサン』において、君主政の優位は助言論を通じて語られる。ホッブズによれば、君主は自らの趣くままに、いつでもどこでも誰からでも、如何なる地位や身分の助言者からでも助言を受けることができるが、合議体が主権者である場合は特権的な助言者しか助言することができず、しかも助言者は知識よりも富の獲得に精通し、人々を興奮させて行為させる（L 19, 288/96）。相手を煽動して説得を試みる助言は、社会状態における集団性においては自然状態同様の私的判断の対立を生み、共通の結論を形成し共通の目的を達成することを困難にするのである。[25] このように、『法の原理』『市民論』でホッブズが熟議や弁論家に対して向けていた関心は『リヴァイアサン』において「助言」の問題へと拡大発展されているのである。そこで、次項ではホッブズが如何に助言を定義したのか考察し、いかにして「悪い助言」を排除したのか探る。

2　相手の利益のための助言

ホッブズは『リヴァイアサン』第二五章「助言者について」という独立した章において、助言者の定義や説明を詳細に行っている。[26]『リヴァイアサン』における助言の定義の最大の特徴は、便益（benefit）あるいは利益によって助言を定義していることにある。ホッブズは『法の原理』と『市民論』において、「助言」を法や命令との関連において定義する。助言と法の決定的な違いは、助言に対して人が義務付けられることが無い点にある（EL 29.5）。また助言は「教えを授けられる事柄に従うべき理由が〔教えを授ける者の意志ではなく〕その事柄自体から取り出されるような、その様な教えである」と説明がなされ、命令者の意志の表出である命令から助言を切り離す（DC 14.1）。しかしこうした定義には利益、便益といった語句は現れていない。ホッブズは『リヴァイアサン』において、法や命令とは区別される助言の概念を説明し、助言を相手の利益のための営みだと位置付ける。そしてホッブズは、相手の利益にはならない助言を「勧奨」（exhortation）「諫止」（dehortation）と名付け、「悪い助言」として批判したのである。

ホッブズは助言を他人の便益を追求する営みと位置付けることで、自己便益を追求する命令（command）との差別化を図ろうとする。助言、命令はどちらも「これをせよ」といった類の命令形のことばである（L 25, 398/131）。しかしホッブズは命令と比較した場合の助言の特徴として、他人の便益を追求する、助言されたことには服従契約のようには義務付けられない、誰も助言者となる権利を要求しえない、という三つの特徴があると考えている（L 25, 400/132）。ホッブズがこの三つの内で最大の特徴として挙げているのは一番目の便益にかんする特徴であり、ホッブズは「命令はある人自身の便益（benefit）を目指し、助言は他の人の便益を目指す」とまとめる（L 25, 400/132）。つまり命令は命令者の便益のために為される一方、助言は助言される者の利益のために為されるのだ[27]。

> 助言とは、「これをせよ」「これをするな」という際に、それによってそれを言う相手にもたらされる便益から自らの推論を演繹する場合である。そしてここから明らかなのは、助言を与える者は、（どの様な事を彼が意図しているにせよ）助言を与える相手の善のみを主張するということである（L 25, 398/132）。

一方ホッブズは「勧奨」「諌止」という言葉を用い、助言者が自分の利益を増進するために相手を従わせようとするのは相手の利益のためにならないとして糾弾する[28]。ホッブズによれば、勧奨と諌止とは相手を従わせ行為へと駆り立てようとする「烈しい欲望のしるし」が伴っている助言、すなわち「烈しく押しつけられた助言」であり、自己利益の為のための助言であることはその話しぶりから明らかである（L 25, 400/132）。つまり勧奨や諌止の特徴は、相手ではなく自分の利益のために相手を説得することにある。

> 勧奨と諌止は、助言を請う者の善ではなく助言を与える者の善に向けられる。これは、（助言の定義によって）彼自身の便益ではなく彼が忠告する相手の便益を顧慮しなければならないという助言者の義務とは相反する。そして彼〔勧奨者と諌止者〕が彼の助言を彼自身の便益へと仕向けていることは、長くて烈しい説得、あるいは助言の狡猾な授与によって明らかである（L 25, 402/132）。

ホッブズは勧奨と諌止という言葉を用いて、「弁論の道具」すなわちレトリック[29]の使用を非難するが、ホッブズがとりわけ警戒したのが隠喩（metaphor）である。ホッブズ曰く、勧奨者は「彼ら〔勧奨者〕の忠告に従うことの効用、名誉、正義を聞き手に説得するために、自分たちのことばの中に人々に共通の情念と意見に対する顧慮、そして直喩、隠喩、例示、その他の弁論の道具を有している」（L 25, 400/132）。ホッブズは助言において直喩（similitude）は時に効果的だと考えていたが、隠喩は徹底的に排除されなければならないと考える（L 8, 108/34）[30]。隠喩とは語を比喩的に、すなわち定められた以外の意味に用いることであり、隠喩は他者をだます目的で使用されるとホッブズは説明する[31]（L 4, 50/13）。ホッブズの隠喩批判は『リヴァイアサン』の様々な記述にみられる[32]。例えば、ホッブズは隠喩が闇夜に浮遊し人を惑わす「鬼火（*ignes fatui*）に似ており、隠喩に基づく推論は無数の不合理の間をさまようことであり、隠喩の目的は論争、煽動、侮辱である」と批判する（L 5, 74/22）。ホッブズは、獲得した知見を他者に説得するために隠喩を用いることを徹底して排除する。そして、こうした隠喩は情念をかきたて、「我々が助言相手を欺いたり、彼自身の目的とは違う目的へ導いたりする為にのみ有用なのだから」、隠喩を助言に用いることは助言者の職務に反すると主張する（L 25, 406/134）。このようにホッブズは、隠喩の使用が助言相手の利益を損なうとして、明晰なことばによる助言を目指すのである[33]。

　ホッブズはレトリック、とりわけ人々を煽動し誤った方向へ導く隠喩を助言から排除し、こうした「悪い助言」の弊害を「利益」に注目して説明した。勧奨及び諫止には大勢に対して行われる時だけ効用があるという特徴がある（L 25, 402/133）。この特徴からホッブズは、『リヴァイアサン』以前の著作において表明した合議体における弁論家の台頭への懸念を継承し、合議体に対する助言が熟議を困難にすると表明した。そして『リヴァイアサン』においてホッブズは、こうした弁論家批判を利益概念の導入により再整理し、民主政批判に留まらない、より広範な文脈に位置付けようとした。すなわち、相手を煽動する弁論家の行為を相手の利益ではなく自己利益のために為される「悪い助言」と位置付けることで、主権的合議体という特定の文脈を超えた合議体批判を展開しているのである。では「悪い助言」を排除するのならば、ホッブズの考える「善い助言者」とは一体いかなる存在なのか。次節ではホッブズの考える「善い助言者」について考える。

三　善い助言者——経験と学知

前節において、相手の利益にならない助言は「悪い助言」に分類されることが解った。ではホッブズの考える「善い助言」とは何か。そこで注目すべきなのは、『法の原理』『市民論』では表明されておらず、『リヴァイアサン』ではじめて登場する主権者の職務（office）である。ホッブズは、コモンウェルスの平和と安全のために「善い助言者」あるいは「有能な助言者」を選ぶことが主権者の職務であると考えたのだ[34]。しかし善い助言者には、単に助言相手の利益を考えるだけでなく、経験と学知（science）、物事を識別する判断力と勤勉な省察（industrious meditation）が求められているのである。ホッブズは哲学から思慮や経験的知識を排除していると先行研究では考えられているが[35]、ホッブズ自身は統治の実践から経験を完全に排除したのではなかった。助言者には経験と学知が強く結合された知識を主権者に提供することが求められているのであり、主権者は自らに経験と学知を供する助言者を選ばなければならないのである。

助言者を選ぶことは主権者の権利であるだけでなく職務である。ホッブズによれば、コモンウェルス設立の目的は臣民の平和と防衛であるから、主権者がその目的のために手段を講じ、障害を除去し、紛争の予防と平和の回復といった措置を講じることは、主権者の権利である[36]（L 18, 270/90-91）。しかし主権者は助言者をもつことで更によい統治ができる。ホッブズによれば、自己の判断だけに従うよりも、助言者から個別的に助言を受けて仕事をするときの方がよりよい仕事ができる（L 25, 410/136）。そればかりか特に君主政においては[37]、「それぞれの種類について最も有能な人を選ぶように努力しない主権者は、彼の職務を彼が為すべき様には遂行していないのである」とまで述べる（L 30, 546/184）。ただしコモンウェルスを代表するのはあくまで主権者である。主権者がいるにもかかわらず助言者がコモンウェルスを代表することはなく（L 23, 384/126）、人民を代表する二つの主権者が存在する「人民の平和と両立しえない」状態は避けなければならない（L 22, 366-368/121）。このように、主権者は統治を補佐する有能な助言者を職務として選ぶのであり、コモンウェルス設立の目的である平和と安全に役立つことがらについて最も多くの知識を持つのが有能な助言者である（L 30, 546/184）。助言者はあくまで主権者に従属し、コモンウェルスを統治する主権者を補佐する役割を担うのである。

主権者を補佐する「善い助言者」には研究と経験が求められる。ホッブズによれば「善い助言者」とは、①助言者の目的と利益が助言を受ける者の目的や利害と相反しない、②助言が確固たる推論と意味のある正しいことばで簡潔に行われる、③コモンウェルスの事柄について長年経験を積み、研究している、④国際関係に関して条約などの記録に熟知している、⑤合議体にではなく個別的に聞く、の五つの条件を満たした助言者である（L 25, 404-408/134-135）。特に③にかんして、助言する能力は経験と長い研究から生じるのであるが、大きなコモンウェルスの運営に必要なあらゆる事柄において経験を有する者などいないので、コモンウェルスの運営に精通し、かつ省察していることが善い助言者の条件となる（L 25, 406/134）。ホッブズは以下のように述べ、助言者に対して、コモンウェルスに関する知識を獲得するよう要求する。

コモンウェルスの営みを、人々を国内において平和に保ち、また外敵に対しては彼らを防衛することだとみなすと き、それ〔平和と防衛〕が、研究以外には達成され得ない、人類の性向、統治の諸権利、公平、法、正義、そして名誉の性質についての大いなる知識（great knowledge）と、自分たちの国だけではなく近隣の強さ、産物、土地について、さらに何らかの形で自分たちを困らすかもしれないあらゆる民族の傾向や企図についての大いなる知識を要求することをわれわれは見出すのである。そしてこれ〔大いなる知識〕は多くの経験なしには獲得されない。これらの事柄のうちで、その全体の合計のみならず、個別の一つ一つのものが、一人の人の数年にわたる普通の研究以上の年月と観察を要求するのである（L 25, 406/134-135）。

「大いなる知識」は、経験によって獲得される知識と研究によって獲得される知識に大別される。ホッブズは知識を、ある事実が行われているのを見たり想起したりする際の「事実に関する知識」と、ある条件を設定し推論する「断定の他の断定との連結に関する知識」すなわち哲学者が担う学知の二種類に分ける（L 9, 124/40）。右記の引用において、「事実に関する知識」は「国内外の力、産物、土地、および諸民族についての知識」に、学知は「人類の性向や統治の諸権利などに関する知識」に対応すると考えられる[38]。つまり助言者には、事実に関する知識と学知の両方が求められているのである。

ホッブズは助言者に経験の豊富さ、すなわち「思慮」(prudence)を要求するが、思慮だけでは不十分であるとも考える[39]。そもそも経験とは「衰え行く感覚」である「想像」の集積であり、また過去に関する消えゆく感覚が記憶であるから、経験とは沢山の記憶を持つことに他ならない(L 2, 28/5)。ホッブズは「それ〔コモンウェルス〕が知るべき全てのものをそれに対して示唆する助言者は〔人為的人間の〕記憶である」とも述べ(L Introduction, 16/1)、助言者が主権者の記憶として機能すると考える(L 25, 404/134)。経験の豊富さをホッブズは「思慮」と名付けるが(L 5, 76/22)、思慮は単に経験の多寡によってしか差を生じないので、人々の思慮にさほどの差はない(L 8, 108/34; L 13, 188/60-61)。よって単に経験を積んでいるだけでは助言者の卓越性は生まれない。

善い助言者になるには、経験の多さだけでなく物事の識別能力である「判断力」(judgement)も必要である[40]。ホッブズ曰く、「助言に必要な知力(wit)は、私が前に〔第八章〕述べたように判断力である」(L 25, 406/135)[41]。『リヴァイアサン』第八章の説明によると、「判断力」は相違点を観察することが容易でない物事を区別し識別できる知力であり、判断力によって人が時、所、人間を識別するとき、判断力はそれ自体で分別(discretion)の徳として扱われる(L 8, 104/33)[42]。助言者は「大いなる知識」のうち、コモンウェルス内外の力、産物、土地や、近隣の諸民族の性向を複数観察したうえで、それらを比較し、相違点を見出すことで、主権者が求めている統治に必要な知識を用意できるのである。ここには、統治において経験的知識を主権者に供給するには思慮も判断力も必要であるというホッブズの考えが表れている。

さらにホッブズはコモンウェルスの統治に関する学知を獲得しようとする勤勉を助言者に要求していた。学知は推論によって獲得された「名辞の全ての連続関係についての知識」であるが、この推論は「勤勉」によって適切な名辞を付与することから始まる。(L 5, 72/21)。そしてホッブズは、「一部の勤勉な人」が材料、形、均整について長年研究することで建築術が引き出されたように、「勤勉な省察」によってコモンウェルスが永続するための理性的諸原理が見出されると考える(L 30, 522/176)。勤勉さを備えた一部の人間すなわち専門家は、コモンウェルスを継続的に研究、観察し、自分自身で省察することによりコモンウェルス統治の学知を獲得できるのである。一方で一般の人、すなわち「必要または強欲のために自分の交易や労働に熱中している人々、他方であり余る財産または怠惰に依って、感覚的快楽のみ追いかけている人々」は、「自然的正義だけでなく他のすべての学知における真理の学習が必然的に要求する深い省察からはかけ離れている」のである（L 30, 532/179）[43]。つまり限られた人間のみが学知を獲得できるのであり、人類の性向や統治の諸権利にかんする学知は、専門家である助言者が「勤勉な省察」により獲得するのである。

助言論では、コモンウェルスを統治するために「確実な規則」の把握と実践の両立が重視される。たしかにホッブズは、「コモンウェルスを作り、維持する技術[44]は、算術や幾何学と同じように確実な規則（certain rules）によって構成されているのであり、（テニスのように[45]）実践だけではない」と述べている（L 20, 322/107）[46]。しかし確実な規則と実践の融合は、助言の営みにおいて明確となる。ホッブズは、「もしあることをするための無謬の規則（機械や建築における幾何学の規則のように）があれば、世界中の全経験は規則を学ぶか見出した者の助言に等しくなりえない」と述べ、確実な規則を学んだ助言者の必要性を述べる（L 25, 406/135）。一方、「こういう規則が無い場合は、個々の種類の仕事に最大の経験を持つものが、それについての最善の判断を持ち、最善の助言者である」（L 25, 406/135）とホッブズは述べ、「確実な規則」を獲得してはいないが豊富な経験を有する助言者の必要性も主張する。ここで「確実な規則」を学知と言い換えるならば、コモンウェルスの知識において学知と経験は互いの足りない部分を補う関係にあり、主権者は各助言者から学知あるいは経験にかんする知識を受け取るというホッブズの構想を読み解くことができるのである。そこで次節では、この経験と学知を助言者がいかに主権者に対して伝えるのか、再び熟慮に注目し見ていくことにする。

四　助言者が担う熟慮

経験と学知を得た助言者は、それらの知識を主権者に提供するだけでなく、自ら熟慮して行為の帰結を予測することが求められる。先行研究は熟慮が意志および行為を生み出すメカニズムを強調してきた[47]。一方本論文は熟慮がもつ予測、予見の機能に注目する。将来予測は経験や推論（reasoning）、思慮や学知によって得られるものであり、助言者が担う熟慮はこうした将来予測に関するあらゆる営みを含んだものなのである。人間内面での熟慮と助言を関連付けてとらえるホッブズは、予測により得られた知見を主権者に伝えるために「しるし」（sign）としての言語、すなわち言語の情報伝達機能に注目する。しかし言語は社会的紐帯を解体させる作用も含有しており、助言に際しては煽動的言語を排除するために個別的に助言しなければならない。助言者を、「その忠告を彼〔主権者〕がコモンウェルスの統治にとり得るべき人」（L 30, 546/183）と定義するホッブズは、言語の悪用を排し有用性を最大限に活用する助言者が、将来を予測し、主権者と一体となって熟慮し統治に資するモデルを整えたのである。

助言者は熟慮により将来を予期（expectation）することができる。熟慮とは、ある事柄を実行するか不可能と判断するまで続く欲求、嫌悪、希望、恐怖などの情念の総和であり、熟慮において最後に生じる最後の欲求、すなわち熟慮の帰結が意志（will）である（L 6, 90/28）。ホッブズによれば、行為に関して熟慮する際、行為の帰結が善か悪かを最後まで見通せる者は少数しかおらず、通常は帰結へ至る連鎖のうち見える限りの範囲での善悪を衡量することで行為の善悪の見通しを得る（L 6, 94/29）。そして、帰結の予見、見通しは思慮や学知の営みでもある。思慮は過去の類似の行為の結果とそれに続いて起こった結果から将来の結果を予測する思考であり、過去の経験に長じている者はより思慮深く、誤ることが少ない（L 3, 42/10）。つまり、助言は経験を言葉によって伝える行為であり、経験の蓄積すなわち「思慮」を有する助言者は将来の予測を相手に対して示すことができるのである。また学知によって我々は物事の原因と方法を把握するので、現在のことから将来のことを、或いは類似のことを行う際に何を為すべきか、知ることができる（L 5, 72-74/21）。予測の精度に関して思慮と学知では違いが生じるが、思慮も学知も行為の帰結を予測するための手段である。つまり助言者は経験や学知を用いて熟慮するのである。

助言者が熟慮によって得るのは条件的な（conditional）知識である。ホッブズは「コモンウェルスの人格に対しては、彼の助言者たちが記憶と心の説話（mental discourse）の領域において仕える」（L 25, 404/134）と述べる。この心の説話とは、精神内部における概念の連なりであり、概念に名辞を付与し名辞、命題、帰結を導く推論である。[48] どの様な説話も絶対的知識には到達し得ず、また事物それ自体の関係も知ることができないので、説話は常に事物に付与された諸名辞の関係性についての条件的知識でしかない（L 7. 98/30）。ホッブズ自身は個人の情念あるいは擾乱に基づく名辞の付与は推論の基礎たりえないと考えるので、欲求に端を発する熟慮と推論は相いれないと考えることもできる。しかし説話に関するホッブズの考えからは、彼が熟慮と推論を包括的に捉えていることがうかがわれる。助言者は助言相手に未来の予測にかんする条件的知識を提供するために、熟慮し推論するのである。

ところで熟慮を担うのは助言者単独、助言相手である主権者単独のいずれでもなく、その両方である。ホッブズは『法の原理』では、「我々自身がどうするべきか否かに関する心の内的熟慮において、行為の帰結は心の中でかわるがわる継起することで我々の助言者となる。同様に、ある者が他者から受ける助言において、助言者は行為の帰結をかわるがわる露わにし、助言者は何れの帰結も熟慮しないが、それら〔帰結〕のなかで、助言される者全てに対しその人自身の中で熟慮しようとしている所の議論を供給するのである」（EL 13.5）と述べる。この記述からは助言者が助言相手の熟慮を代行すると解釈することも可能であるが[49]、一方で助言者は「帰結を熟慮しない」のであるから熟慮などしていないという反論を想定することもできる。こうした矛盾する解釈は、助言者―主権者関係のなかで熟慮がいかなる営みを指すのかはっきりと書かれていないことに起因する。ホッブズによれば、行為の帰結を予見し「見かけ上の善悪」（apparent good or evil）を経験や推論によって最大かつ最も確実に知り得る人間は、自分自身の内部において最もよく熟慮する者であり、また他人に対して最もよく助言することができる者である（L 6. 94/29）。善悪を欲求の満足如何でとらえる彼の考え方を踏まえるならば（L 6. 80/24）、助言者は助言相手である主権者の行為の帰結の見通し、すなわちその行為が主権者の欲求を満たすものであるかを考えるのであり、助言者が行うこうした営み全体を熟慮と呼ぶことができる。一方で、様々な欲求が生起する熟慮の過程から最終的な欲求である意志が生まれ行為へと至るとき、その意志を創出するのは行為する主権者自身でなければならない。つまり、熟慮を「行為の帰結の見通しを得ること」と「意志を創出すること」の二つに切り分けるとき、助言において前者を助言者が、後者を主権者が担うのである。ホッブズは少なくとも『リヴァイアサン』において、助言者が主権者の熟慮を担うとは明言していない。むしろ主権者の行為を生みだす熟慮が助言者―主権者の二者関係を前提とするだけでなく、二者の共同の営みとしてなされることが示唆されているのである。

助言において助言者と主権者とを媒介するのが言語であり、助言は言語がもつ伝達機能すなわち「しるし」(sign)としての機能に依存している。[50] ことば(speech)は二つの一般的効用、すなわち人間の思考の連なりを記録する「符号」(mark)あるいは「記号」(note)と、「多くの者が同じ語群をつかうとき、(その語群の関連と順番によって)各事柄について彼らが何を知覚し何を考えるのか、何を欲し、恐れ、その他何についての情念を抱くかを互いに知らせる」という「しるし」を有している(L 4. 50/13)。とくに「しるし」は、「我々の獲得した知識を他人に示す、すなわち互いに助言し教える」という特殊な効用を導く(L 4. 50/13)。しかし実際に助言において使われるのは「これをせよ」「それを回避せよ」といった命令形の言語であり、ホッブズはこれらを欲望や嫌悪の言語と呼ぶのだが、そのうち相手が何かをすること或いは回避することを義務づけられるのが命令、それ以外の場合が祈りや助言であるとホッブズは説明する(L 6. 94/29)。つまり助言は自らの情念を示すことばの機能に依存している。

助言者は「しるし」によって行為の帰結を助言相手に伝達する。ホッブズは「経験とは以前に観察された類似の諸行為の諸帰結についての記憶にほかならず、助言とはその経験が他人に知られる〔手段であるところの〕ことばにほかならない」と述べ、経験の伝達に言及する(L 25. 404/134)。また学知をもたらす推論は「思考を符号付け、しるしづける(signify)ために同意された一般的名辞の諸関係を計算すること」であり、とくに「しるしづけ」は自分の計算を他者に対して提示することを指す(L 5. 64/18)。つまり助言者は、助言は熟慮によって得られた行為の帰結に関する予測を他人に示すために、経験の蓄積や推論により得られた知識を示すことばの機能を活用するのである。こうして助言者は助言相手のために熟慮し、熟慮から得られた帰結を「しるし」によって助言相手に伝える。助言者は相手の利益のために自ら熟慮し、その帰結を助言相手に正確に伝えることを職務とするのである。

助言者の職務は、ある行為が熟慮される際、助言相手が真にかつ明白に知ることができるやり方で行為の帰結を明らかにすることであるから、助言者は忠告する際、真理が最も明白に現われることばの形態によって、すなわち、明白さが許す限り確固たる推論と、意味のある（significant）適切な言語によって、そして簡潔に忠告しなければならない（L 25, 406/134）。

助言者は主権者のために助言するが、助言がことばを介して為される以上、言語が持つ煽動性は排除されなければならない。コモンウェルスは人為人格であり意志を持ちうるが、その意志は主権者の意志に一致するので、主権者が一人の場合（君主政）は君主が意志を形成する際の個人的熟慮が、合議体が主権者である場合（民主政や貴族政）はその合議体の意志を形成する集合的熟議が問題となる。[51] とくに集合的熟議においては、言語の持つ煽動作用によって熟議が解体することを念頭に置き、コモンウェルス自体の解体を回避しなければならない。[52] ホッブズの考えでは、言葉は情念を伝達する機能を有する一方、容易に煽動性を持ち得る。[53] 動物も情念を伝達する音声を用いるが、人間の中にはことばの技（art of words）によって「善なるものを悪のごとく、悪なるものを善のごとく」表わす者がおり、人々に不満を抱かせ平和を攪乱する（L 17, 258/87）。こうした共同性を解体する煽動的言語は人間に特有のものであり、人々が共通権力を樹立する目的であるところの平和や安全とは逆行するものである。そのためホッブズは、各人が自らの権利や力を譲渡し、意志を服従させる恐怖によって各人の意志をコモンウェルス設立へと向かわせる必要性を導く（L 17, 260/87-88）。すなわちホッブズは煽動的言語の存在が、共通権力の強制力によって人々の和合を維持する必要を生みだすと指摘しているのであるから、再び煽動的言語が幅を利かせる状態に陥らないようにしなければならない。

煽動的言語を助言から排除するには、助言は個別的でなければならない。ホッブズは大勢の合議体（assembly of many）による助言では、①人々は雄弁に動かされ、反論による不利益を恐れ、賛成や反対を表明することに終始する、②自己利益のために雄弁を使って他人を「引きずりこむ」、③助言を吟味できず議論の多様さに眩惑され、雄弁家は称賛を得るために助言する、④秘密を保持できない[54]、の四つの問題があると考え、問題に精通し誠実さを信頼できる少数者のもとで助言を行うべきだとし、個別的な助言を推奨する（L 25, 408-410/135-136）[55]。特に第二の理由に関してホッブズは、「ばらばらの情念は一つの燃え木の熱さのように穏やかであるが、合議体において人間の情念は、互いに火をつけあう多くの燃え木のように、(互いに弁論によって煽る場合は特に) コモンウェルスに助言するという口実の下、コモンウェルスに火をつけることになる」ので、公共の利益と対立する自己利益を持つ者が雄弁によって他者を「引きずりこんで」しまうと考える (L 25, 408-410/135)[56]。彼は、少数の助言者による個別的な助言でなければ、助言による正確な伝達はできないことを示したのである[57]。本稿第二節で確認したように、ホッブズは合議体における雄弁の危険性を指摘し、主権者が合議体である場合は主権者に対する助言によって熟議が困難になると述べる。この「合議体に対する助言」は本節で扱っている「合議体による助言」とは異なる。ただし煽動的言説に対する警戒は両者に共通しており、ホッブズは『リヴァイアサン』において「合議体に対する助言」を批判する論法を「合議体による助言」の問題に応用したのである。

こうしてホッブズは様々な分野に秀でた助言者が主権者を補助する統治モデルを構想した。ホッブズは「合議体においてよりも助言者から個別的に聞く方が、人はよりよく助言される」と主張する (L 25, 408/135)。ホッブズ曰く、「人は多くの思慮ある助言者から、それぞれの固有な領野において個別的に助言を受けながら仕事をするとき、テニスにおいてしかるべき位置に有能な補助者を配している場合のように、最良の仕事を達成する」のであり、自己の判断だけに従う場合よりもよいと考える。(L 25, 410-412/136)。ただしホッブズの助言論においては、あくまで主権者が選択的に有能な助言者を選ぶのであり、助言者の意見を幅広く集めた上で、最終的な判断は自分で下す。「狙いを見誤らないよう望む人々は、見回す時には両眼を用いるが、片方の眼だけでしか狙わない」のである (L 25, 412/136)。こうしてホッブズは、主権者が助言者を選択し、各助言者から個別に助言を得るという統治モデルを推す準備を整えたのである。すなわち、各自得意分野を持つ助言者が、経験を積み、学知を獲得しようと努力し、自ら熟慮して行為の帰結を予測し個別的に主権者に助言することで、主権者はより良い統治ができるのである。

五　おわりに

本論文によって、ホッブズが『リヴァイアサン』において助言者が助言相手の利益のために、統治に必要な学知と経験を主権者に提供し、そして自ら熟慮して助言者に将来の予測を示し主権者の統治に貢献するという統治の構想を提示していたことが明らかになった。トゥキディデス翻訳以来ホッブズが持ち続けていた熟議に対する懸念は、『リヴァイアサン』において助言論として発展し、助言相手の利益に注目した新しい「助言」の定義が示された。そして統治において経験と学知の強固な結合を重視するホッブズは、助言者に両方を求めた。そして助言者は主権者のために熟慮する存在であり、言語の情報伝達機能を最大限に発揮する一方、言語の煽動性は徹底的に排除されているのである。こうした「助言論」には、君主政の必然性ではなく、コモンウェルスの運営を実行可能なものとする方策に関心を向ける『リヴァイアサン』の特徴が表れていると言えよう。以下まとめとして、ホッブズの政治哲学における助言論の位置づけについて考察する。

ホッブズが如何に『リヴァイアサン』を語ったのかは、ホッブズの政治哲学における重要なテーマであると言える。藤原はホッブズの哲学において、「事実としての人間の情念や性向の分析から正しき推論によって因果的に導き出された規則こそ、科学的確実性と規範としての普遍性を保障されるものであった」と論ずる。(59) ここで我々は、ホッブズが自分の哲学を科学的普遍性に基づき如何にして語ったのかという問題に直面する。この問題に関して、ホッブズを人文主義者として特徴づけようとする研究者は、ホッブズが科学的方法論を堅持しながらも『リヴァイアサン』においてレトリックを用いた説得を試みたと指摘する。たとえばスキナーは、一度は推論のみで展開される学問の構築を試みたホッブズが、『リヴァイアサン』では雄弁の説得能力により推論を補うという古典的なレトリックの方法論を採用したと主張する。(60) またジョンストンによると、『リヴァイアサン』でホッブズは政治理論を表明するための手段として論理的論証だけでなく「新しい言語」、すなわちレトリックに依拠した言語に注目した。(61) こうした研究は、ホッブズが如何に自らの哲学を語ったのかという方法論と、ホッブズが誰を念頭にそうした方法を採用したのかという読者論に関心を向けさせるものである。

そこで『リヴァイアサン』が助言書なのか、という疑問が生じてくる。ウェランは、ホッブズの提示する冷静な（dispassionate）推論を用いて支配者の利益を目指す助言者でも、情念に働きかけて助言をする堕落した助言者でもない第三の場合、すなわち共通の（あるいは主権者の）利益に適うと確信するところの意見を情念にはたらきかけて助言する、妥協のない理想主義者としての助言の可能性について議論を試みる。[62] この「第三の助言」は助言書としての『リヴァイアサン』を読み解く一つの鍵となる。ホッブズが彼自身読者に対する助言者となっていたのであり、それだけでなく推論の効果を高める雄弁の説得能力も認め、レトリックを用いて議論を展開していたのだと解釈する研究は、以上の解釈の援護となろう。[63] ただし、ウェランは、この「第三の助言」は「勧奨」の特殊な場合とみなされるかもしれないというものの、「第三の助言」がホッブズのテキスト解釈からは必ずしも引き出され得ないことを事実上認めている。[64] それでもマルコムの言うように、ホッブズの助言論を踏まえるならば、『リヴァイアサン』が主権者（イングランド王）に向けて書かれた主権権力の維持についての助言であり、『リヴァイアサン』には「君主への進言」（advice to princes）の要素がちりばめられていると解釈することも可能である。[65] もし『リヴァイアサン』が主権者のために主権者の情念へ働きかける助言書であると考えるならば、『リヴァイアサン』において情念に訴えかけるレトリックが積極的に用いられていたと論じる諸研究との整合性も図られることになり、ホッブズの方法論、読者論に対する一つの統一的な解釈を導くことができよう。[66]

ただしホッブズが自らの本を「助言書」として位置付けていたのかは明らかでない。書物の権威に基づく論究を否定するホッブズは、自らが統治の学知を獲得したのと同様に、助言者にも論究によってコモンウェルス統治の学知を獲得することを要求していた。書物の権威に依拠するばかりに誤った教義に囚われる人々は無知（ignorant）であり、生まれ持った思慮をもつ人々よりも劣った状態にあるとホッブズは考える。[67] 定義に誤謬が含まれていると推論の過程で誤謬が増加し、虚偽あるいは無意味な教義へと導くのであり、それゆえ無知は「学」に劣るとはいえ、誤った教説よりも優れているのである（L 4, 56/15）。正確な定義により自らの哲学を生みだすホッブズはこうした「誤った教説」と『リヴァイアサン』を峻別しようと試みていることに疑いようはない。だが『リヴァイアサン』という書を無批判に権威として取り扱い、本の内容をやみくもに実践しようとすることは、ホッブズが最も批判することであるといえよう。『リヴァイアサン』は単なる統治の手引書ではなく、読者に対して自ら熟慮し、考察し、内容を吟味する高度な知的能力を要求しているのである。いずれにしても、ホッブズの助言論はホッブズの方法論、読者論を知る手がかりとなる可能性があり、今後も検討が必要である。

※ホッブズの著作のうち左記の著作については略号を用いて本文中に引用箇所を明記した。なお訳文は必ずしも邦訳に従っていない。

EL: *The Elements of Law: Natural and Politic*, ed. by J. C. A. Gaskin, Oxford: Oxford University Press, 1994（伊藤宏之・渡部秀和訳『哲学原論／自然法および国家法の原理』、柏書房、二〇一二年）. 略号のあと、章、節を示す。章はガスキン版にならって第一部、第二部の通し番号とした。

DC: *De Cive: The Latin Version*, ed. by Howard Warrender, Oxford: Clarendon Press, 1983（本田裕志訳『市民論』、京都大学学術出版会、二〇〇八年）. 略号の後、章、節を示す。

L: *Leviathan*, ed. by Noel Malcolm. Oxford: Clarendon Press, 2012（水田洋訳『リヴァイアサン』全四巻、岩波書店、一九八五―一九九二年。永井道雄・上田邦義訳『リヴァイアサン』全二巻、中央公論新社、二〇〇八年）. 略号の後、章、マルコム版の頁数、初版（一六五一年ヘッド版）頁数を示す。なおラテン語版を参照する際は別記する。

（1）今日、「熟議」（deliberation）という語には「政治的な争点について、情報提供を受けたうえでよく考えること（熟慮の側面）」、「質疑や議論を通じて他人と話し合うこと（討議の側面）」の両側面が含まれていると考えられている（谷澤正嗣「訳者解説」、アッカマン&フィシュキン『熟議の日——普通の市民が主権者になるために』、早稲田大学出版部、二〇一四年、三一四頁）。規範的政治理論の文脈では、一九八〇年代、九〇年代の「熟議的転回」により、利益対立の調整ではなく、価値対立の調停や市民社会の公共的議論を捉える「熟議デモクラシー」が注目されるようになった（齋藤純一「デモクラシーにおける理性と情念」、齋藤・田村編『アクセス デモクラシー論』日本経済評論社、二〇一二年、一八〇—一八二頁）。この熟議デモクラシーにおいて「熟議」とは、「『よりよい理由』のみが力を持つ空間であり、互いが互いの理由を検討しあう『理由の交換』が行われる場」と考えられる（田畑真一「熟議デモクラシーにおけるミニ・パブリックスの位置づけ——インフォーマルな次元での熟議の制度化」、田中愛治監修、須賀晃一・齋藤純一編『政治経済学の規範理論』、勁草書房、二〇一一年、二五四頁）。ホッブズは、議論の場におけるコミュニケーションの不可能性を指摘する一方、本稿で検討するように他者からの情報提供と熟慮の関係を示すなど、現代の熟議論を検討する一つの視座を提供している。そこで本稿ではdeliberationを、人間の内面における「熟慮」と、人々の集合体における複数人による討議としての「熟議」に区分し、熟議論における更なる議論を喚起するべくあえて「熟議」の語を用いることとする（「熟議」の語の選択については匿名の査読者から有益な指摘を頂いた。この場を借りて感謝申し上げる）。

（2）齋藤は、群衆の情念が秩序を破壊する暴力性、非合理性を有するという「政治思想の伝統」的な考えに対して、情念の欠如によって政治的無関心が引き起こされると熟議がかえって困難になることを指摘する。齋藤純一「政治的空間における理由と情念」、『思想』第一〇三三巻、二〇一〇年、一四頁。齋藤は、「政治は、一方においては情念を制御しながら、他方においては情念を喚起するという困難な課題を背負わざるをえない」と述べ、「情念による情念の統御」をテーゼとするヒュームに注目しながらデモクラシーにおける情念の作用について考察する（前掲書、一五頁）。

（3）重森臣広「ホッブズの政治的熟議論——動く『リヴァイアサン』」、『政策科学』第一九巻第四号、二〇一二年、一三四—一三七頁。

（4）D. J. Kapust, The Problem of Flattery and Hobbes's Institutional Defense of Monarchy, in *The Journal of Politics*, Vol. 73, No. 3 (2011), pp. 685-689.

（5）Q. Skinner, *Reason and Rhetoric in the Philosophy of Hobbes*, Cambridge: Cambridge University Press, 1996, pp. 229, 287.

（6）以下断りがない限り、counselには「助言」、counsellorに関しては「助言者」の訳語を用いる。また本稿ではadviceを、ホッブズの著作においてcounselと同等の意味で使用されているとみなし、訳出の際は「忠告」という訳語を充てる。

（7）J. G. A. Pocock, *The Machiavellian Moment: Florentine Political Thought and the Atlantic Republican Tradition*, Princeton: Princeton University Press, 1975, p. 340（田中秀夫・奥田敬・森岡邦泰訳『マキァヴェリアン・モーメント』、名古屋大学出版会、

二〇〇八年、二八七頁。

(8) 木村俊道「君主主義の政治学——初期近代イングランドにおける「文明」と「政治」」、犬塚元編『岩波講座 政治哲学2：啓蒙・改革・革命』、二〇一四年、一七頁。

(9) 木村、前掲書、一九—二〇頁。なお犬塚によればクラレンドン伯は、『リヴァイアサン』の政治モデルをアジア的な専断支配になぞらえ批判し、ヨーロッパ的な文明化された君主政、すなわち主権者自身の自己制限により下部機関に権力の運用が委ねられ、臣民と主権者の互恵的関係が構築された政体を構想する。犬塚元「クラレンドンのホッブズ『リヴァイアサン』批判（一）：ステュアート王党派の「君主主義」政治思想とその系譜分類をめぐって」、『法学』第七六巻第三号、二〇一二年、二〇—二三頁。

(10) 本稿の脱稿と前後して、ホッブズとヘンリー・パーカーの「助言」論に注目する以下の論文が出た。J. Paul, Counsel, Command and Crisis, in *Hobbes Studies*, Vol. 28, No. 2 (2015), pp. 103-131.

(11) D. P. Abbott, "Eloquence is Power:" Hobbes on the Use and Abuse of Rhetoric, in *Rhetorica*, Vol. 32, No. 4 (2014), pp. 405-406.

(12) S. M. Okin, The Sovereign and His Counsellours: Hobbes's Reevaluation of Parliament, in *Political Theory*, Vol. 10, No. 1 (1982), pp. 62-64.

(13) Kapust, op. cit., p. 688.

(14) 梅田によれば、ホッブズは当時のイングランドの緊迫した政治状況の中でこの作品を翻訳することで、責任ある行動と、秩序安定のための現状認識について政治指導者に対し提示したのだという。梅田百合香『ホッブズ 政治と宗教——『リヴァイアサン』再考』、名古屋大学出版会、二〇〇五年、四五—四六頁。

(15) T. Hobbes, *The English Works of Thomas Hobbes*, vol. 8, edited by Sir William Molesworth, London: John Bohn, 1843, pp. xvi-xvii.

(16) D. J. Kapust and B. P. Turner, Democratical Gentlemen and the Lust for Mastery: Status, Ambition, and the Language of Liberty in Hobbes's Political Thought, in *Political Theory*, Vol. 41, No. 4 (2013), p. 660. 山本隆基「トマス・ホッブズの初期政治思想——自然法・情念・国家（1）」、『福岡大学法学論叢』第五七巻第一号、二〇一二年、六六—六八頁。

(17) オーキンの議論を参照（Okin, op. cit., p. 61）。

(18) Kapust. op. cit.. p. 686.

(19) ホッブズがカティリナをとりあげた背景には、一六一一年にイングランドで上演され流行した、ジョンソンの「カティリナの陰謀」(*Catiline His Conspiracy*)の影響がある。Cf. Skinner, *op. cit.*, p. 287, Kapust and Turner, op. cit., pp. 658-659.

(20)『市民論』でもカティリナの例が持ち出されるが、ホッブズはここで雄弁を二種類に分類している。一つは心の中の意見や概念を明瞭かつ優美に表わすもので、真なる原理に基づき熟慮するために用いられ、論理学にかかわる。もう一つは情念を刺激するもので、人々に広く受け入れられている意見に依拠した煽動のためのものであり、レトリックを用いる(DC 12.12)。重森は以上の記述から、熟議において雄弁は英知と不可分であり、ホッブズは雄弁の持つ説得能力が熟議に不可欠だと述べ、推論と雄弁の両立を説く『リヴァイアサン』「総括と結論」中の記述を引き合いに出す(重森、前掲書、一三六—一三七頁)。なおスキナーによれば、ホッブズは『リヴァイアサン』で推論と雄弁の結合が不可避であると考え、「総括と結論」において二者の両立に基づくcivil philosophyを宣言した。Skinner, *op. cit.*, pp. 346-356.

(21) Cf. Okin, op. cit. p. 61. Abbott, op. cit. p. 406.

(22)『リヴァイアサン』英語版の後にホッブズ自らの手で出されたラテン語版では*amicus*となっている。イングランド人文主義を代表するトマス・エリオットの助言論では、あらゆる主権者には主権者の意志に効力を持たせるための下位統治者(inferior governors)、つまり寵愛者・友(*amicus*)が必要なのであり、彼らの存在は君主の残酷さや悪を抑制する重要な手段であるだけでなく、良い君主以上に、君主を抑制する良い「友」が必要であると考えられていた。F. W. Conrad, The problem of counsel reconsidered: the case of Sir Thomas Elyot, in *Political thought and the Tudor Commonwealth: deep structure, discourse and disguise*, ed. by Paul A. Fideler and T. F. Mayer, London: Routledge, 1992, pp. 85, 90. 小林麻衣子「ルネサンス期イングランドとトマス・エリオット——顧問官の概念」、『一橋研究』第二九巻第四号、二〇〇五年、五九—六一頁。しかし後にみるように、ホッブズはこの主権者を制御するエリオット的な「友」ではなく、あくまで主権者に従属する助言者を打ち立てようとしたのである。なおスキナーによれば、ホッブズが家庭教師としてニューカッスル公キャヴェンディッシュに施した教育は、当時一般的な人文主義教育の教科書であったエリオット『統治者論』*The Book Named the Governor* の教育論に沿ったものであった。Cf. Q. Skinner, *Visions of Politics*, vol. 3, Cambridge: Cambridge University Press, 2002, pp. 49-50. ホッブズがエリオット的な助言論に対抗した可能性は低くないと考えられる。

(23) Kapust, op. cit., pp. 687-688.

(24) ただし当該個所のラテン語版では、「悪い助言に支配され、弁論家により騙される」の部分が「レトリック使いや弁論家のおべっかに騙される」となっている(T. Hobbes, *Leviathan*, ed. by N. Malcolm, Vol. 2, Oxford: Clarendon Press, 2012, p. 291)。だがホッブズの考える「悪い助言」が、レトリック、弁論の道具を使用する「勧奨」に該当すると考えれば、弁論家と（悪い）助言を結びつけるのは自然である。

（25）Kapust, op. cit., p. 685.

（26）「助言者」にかんする独立した章は『法の原理』や『市民論』にはない。

（27）Cf. Kapust, op. cit., p. 688.

（28）人文主義者が重視したアリストテレスのレトリック論では、レトリックのうち審議的（助言的）なものを勧奨と制止〔諫止〕の二つに分けている（アリストテレス『弁論術』戸塚七郎訳、岩波書店、一九九二年、四五頁、1358b）。アボットによれば、ホッブズはこのアリストテレスの区分法を反映させている（Abbott, op. cit., p. 405）。

（29）ホッブズは不合理の原因の一つとして隠喩、比喩といったレトリック表現（rhetorical figure）を挙げており（L 5. 70/20）、ここで取り上げられている項目は引用文中の「弁論の道具」の項目と一致する。よって、弁論の道具はレトリックと同一視されると考えられる。

（30）Cf. Abbott, op. cit., pp. 407-408.

（31）スキナーは、ホッブズは相手を騙そうという意図を伴った隠喩を攻撃しているのであって、隠喩それ自体を攻撃しているのではないと主張する（Skinner, *Reason and Rhetoric.*, p. 345, n. 92）。しかしホッブズが『リヴァイアサン』で助言においてレトリック、特に隠喩を使うべきではないと言っていることはスキナーも認めている通りである（Ibid., pp. 344-345）。

（32）Cf. P. Pettit, *Made with Words*, Princeton: Princeton University Press, 2008, pp. 50-51. Abbott, op. cit., p. 407.

（33）なおホッブズはあくまで助言におけるレトリック使用を批判したのであり、レトリックそのものは否定していないとされる（Skinner, *op. cit.*, p. 343）。アボットは、ホッブズ自身が直喩と隠喩の近接性を理解しており、情念に訴えかけさえしなければレトリックを使った私的な（或いは文字を介した）助言は助言相手の利益を促進する装置になると考える（Abbott, op. cit., pp. 408-409）。またスキナーによれば、ホッブズが『リヴァイアサン』で追求した簡潔さと明快さはレトリックのなかでも*eloqutio* を構成するものである（Skinner, *op. cit.*, p. 361）。ただし情念に訴えかけないレトリックをホッブズが想定していたかどうかは議論の余地がある。

（34）「善い助言者」(good counsellor) あるいは「有能な助言者」(able counsellor) はどちらもラテン語版では *bonus consiliarium* となっている（Hobbes, *op. cit.*, pp. 403, 547）。「善い助言者」と「有能な助言者」は同じものを指すと考えられる。

（35）藤原保信『ホッブズの政治哲学』、藤原保信著作集第一巻、佐藤正志・的射場敬一編、新評論、二〇〇八年、五二頁。藤原は哲学が往々にして経験に基づくことは認めるが、経験的知識は「正しき推論により因果的にとらえられないかぎり」哲学とは呼べないのだと論ずる（同上、五七頁）。

（36）ホッブズが主権者の主たる権利や職務として注目するのは、人民の安全のために「善い法」を制定すること、具体的には紛争を予防するために所有権を規定する「市民法」（civil law）を制定することである（L 18, 274/91; L 30, 520/175）。更に、叛乱を起こさぬよう人民を教え導くことは主権者に課せられた職務である（L 30, 522/175-176）。

（37）ホッブズは、助言者の選定を君主政に固有のものととらえる。というのも、主権者が合議体である民主政と貴族政では、助言者も助言される人格の成員となってしまうからである（L 30, 546/184）。ところがラテン語版『リヴァイアサン』ではこの個所は削除されている。これはおそらく、主権者が合議体である場合（民主政や貴族政）の助言に言及した『リヴァイアサン』一九章の記述と齟齬が生じるからであろう。

（38）Cf. D. W. Hanson, Science, Prudence and Folly in Hobbes's Political Theory, in *Political Theory*, Vol. 21, No. 4（1993）, pp. 659. ハンソンは統治に必要な知識を、研究によってのみ獲得されるcivil scienceすなわち統治の権利や法の性質に関する一般的知識と、経験によって得られる知識、すなわち自国や近隣の強さや産物などに関する具体的な知識の二種類であると考える。ただし「大いなる知識」が二種類の知識の両方を指すと考えるならば、ハンソンのいうcivil scienceを助言者が獲得ためには豊富な経験が必要であると解釈することが可能である。なおラテン語版においては、人類の性向や統治の諸権利などに関する知識と経験が、国内外の力や産物、諸民族に関する知識と人間の観察が結びつけられている（Hobbes, *op. cit.* p. 407）。

（39）本稿ではハンソンにならって、『リヴァイアサン』第二部第二五章における「経験の豊富さ」を、同書第一部で説明される「思慮」と結びつけて議論する（Hanson, op. cit., p. 659）。ハンソンによれば、ホッブズは思慮を個々人の私的関心に、学知をコモンウェルスの統治に結び付け、学知がコモンウェルスに安全をもたらすと述べる一方で、統治においても経験から引き出される思慮や判断の価値を認めており、ハンソンはホッブズの助言論から経験と学知の両方の重要性を読み取っている（Ibid., pp. 658-659）。またヴァンデン＝ハウテンによれば、助言者が主権者に思慮を提供することをホッブズは期待していた（A. Vanden Houten, Prudence in Hobbes's Political Philosophy, in *History of Political Thought*, Vol. 23, No. 2（2002）, p. 286）。しかし人間だけでなくあらゆる動物が持つことができる（L 3, 44/10-11）思慮が、はたして助言者に求められる豊富な経験と同一のものなのか、そして助言者に求められる思慮とは何なのか、アリストテレス以来の「思慮」の伝統との関連も踏まえさらなる検討が必要である。特に一六世紀後半に、「思慮」が利益実現のための世俗化された「政治的思慮」（*prudentia civilis, prudentia politica*）に転換し、助言者に必要な徳として称賛されるようになることに留意しなければならない。佐々木毅「政治的思慮についての一考察――J・リプシウスを中心にして」、有賀弘・佐々木毅編『民主主義思想の源流』、東京大学出版会、一九八六年、三―九頁。木村俊道『顧問官の政治学――フランシス・ベイコンとルネサンス期イングランド』、木鐸社、二〇〇三年、一一一頁。小林麻衣子『近世スコットランドの王権――ジェイムズ六世と「君主の鑑」』、ミネルヴァ書房、二〇一四年、一七八―一七九頁。（匿名査読者からの指摘に感謝申し上げる。）

（40）ホッブズは「判断（力）」を何通りかに考えている。一つは、ここでとりあげる知力としての判断力である。また論究（discourse）の結果としての「判断」、すなわち真理探究の結果最終的に獲得される意見も論究者の「判断」となる（L 7. 98/30）。さらに自然状態において人々が理性とともに持つ判断もある（L 14. 198/64）。これらの判断（力）の関係性についてはさらなる検討を要する。

（41）助言は論証とともに「あらゆる厳密な真理の探究」として扱われ、「判断力がすべてである」と言われる（L 8. 108/34）Cf. Hanson. op. cit., p. 658. ホッブズによると知性の徳（virtues intellectual）は、他の者との比較に基づく卓越性である「徳」のなかでも、人々が称賛し所有を願う精神の能力をさすものであり、「自然な知力」と「獲得された知力」に分けられる（L 8. 104/32）。方法、指導により獲得された知力は推論そのものであり学を生みだす一方、使用と経験のみよって得られる知力は「自然的知力」と呼ばれ、後者は類似点を見出す「想像力」（imagination）と相違点を見出す「判断力」の二つから構成される（L 8. 104/32-33）。ホッブズは、知力の差の原因は各人の情念、とりわけ力（power）への欲求の差にあると述べ、力への欲望を持たない人間は想像力も判断力も持ちえないと主張する（L 8. 110/35）。一方で、助言者に求められる判断力の差は教育によっても生じる（L 25. 406/135）。ヴァンデン＝ハウテンは情念の差が知力の差を生み、判断力の差を生むことは説明しているが、教育の差については全く言及していない（Vanden Houten. op. cit., p. 276）。

（42）なおヴァンデン＝ハウテンは、一つの事例から他のすべての関連する状況を観察する人間の能力は限られているので、思慮は物事の類似性を見出す類比的推論を必要とするのであり、その類似性を見分ける知力が想像力と判断力であると考える（Vanden Houten. op. cit., p. 277）。しかし想像力が物事の類似性を見出す知力である一方、判断力は物事の相違点を見出す知力であるから、ヴァンデン＝ハウテンの考えは誤りである。

（43）Cf. Skinner, *Reason and Rhetoric*, p. 348.

（44）ラテン語版では*scientia*（学知）となっている（Hobbes, *op. cit.*, p. 323）。

（45）ブラモールが『リヴァイアサン』にたいして後年『リヴァイアサン捕獲』（1658）で批判した中で、ブラモールは、ホッブズがコモンウェルスを作り維持する技術を算術や幾何学のように規則に基づくとしたのは誤りであり、国の政策はテニスのように、さまざまな状況や事情と関連するものであると指摘した（J. Bramhall, The Catching of Leviathan, or the Great Whale, in *Leviathan: Contemporary Response to the Political Theory of Thomas Hobbes*, edited by G. A. J. Rogers, Bristol: Toemmes Press, 1995, p. 141. 川添美央子『ホッブズ——人為と自然』創文社、二〇一〇年、二二〇頁、注一六）。しかし本節で議論するように、ホッブズはコモンウェルスを設立ののち「維持」する段階においては、幾何学的な規則だけで十分であるとは考えていなかったのである。

（46）ペティットはこの箇所を、推論が真理（それも実践における）を達成するのに重要である例として取り上げ、真理の連関という理論的性格しか持たないと考えられがちな推論の実践的性格を示していると主張する。Cf. Pettit, *op. cit.*, p. 46. しかし推論を理論的性格と実践的性格に分ける妥当性については疑問が残る。

（47）意志を生み出す熟慮を如何に解釈するかは、ホッブズの哲学を機械論としてとらえるか否かという根本的な問題にかかわっている。人間の内面において意志を産出する過程である熟慮は「刺激とそれに随伴する運動」として、すなわち欲求が感覚器官への作用に対する反作用であり、また欲求が運動の端緒である努力（endeavour, *conatus*）から生じる以上、人間にとっては自らの主体性が及ばない受動的な運動としてとらえられる（川添、前掲書、五八頁）。機械論的な見方によればこうした受動的な運動としての熟慮は、人間を行動の作用因と捉えるアリストテレスの目的論的自然観を転換したものだとみなされる（藤原、前掲書、一六五頁）。梅田によれば、熟慮中に生起する欲求は自分で制御できない「必然」であるとし、この運動法則を支配するのは運動の第一起動因たる神である（梅田、前掲書、一二二頁）。機械論的自然観においてこの第一起動因としての神は、神・人間・自然の階梯の中で人間が目的因である神に従属するという中世の秩序観の転倒として捉えられる（佐藤正志『政治思想のパラダイム——政治概念の持続と変容』新評論、一九九六年、二二八—二二九頁）。しかし梅田は神を起動因とする熟慮の議論により、ホッブズは神に服する内面的思考の領域と、国家が介入できる外面的行為の領域を切り分けていると主張する（梅田、前掲書、一二四頁）。また川添は熟慮の受動的側面が神の視点を必要としているとしたうえで、熟慮についてホッブズが「人間が主体的に行なっている側面を前面に出し」ているとし、人間の主体性であるところの言語使用に基づく理性の営みを強調する（川添、前掲書、五七—五九頁）。

（48）佐藤正志「ホッブズ——リヴァイアサンと平和概念の転換」、『年報政治学』第四三巻、一九九二年、三〇頁。ただし心の説話にはことばは必ずしも要らず、ゆえにある対象に対する名辞の付与は「その対象についての各人の関心によって恣意的に形成される」ので、「絶対的確実性を持った真理」も誤謬も生じうる（同上）。

(49) 重森、前掲書、一三五—一三六頁。

(50) 佐藤によれば、「しるし」は主観的な心の説話として形成される思惟内容を他者に伝達するためのものにすぎないので対話的理性を可能にするものではなく、人間の言語は対話能力を欠いている。そして主権者が政治的語彙に対し共通の意味を与え平和を実現する際、相互の意思疎通ではなく命令が強調される。（佐藤、前掲書、三二頁）。

(51) 重森、前掲書、一三四—一三五頁。

(52) ホッブズは『法の原理』『市民論』において、君主政の必然性を言語の煽動作用によって導く論理を展開している。人々の同意によって政治体を立ち上げる際、人々相互の信約によって主権が授与された主権的合議体が民主政であり、民主政は貴族政や君主政における主権者の任命以前には必ず存在するとホッブズは考える（EL 20.2, DC 10.8, 10.12）。しかし合議体が主権者である民主政は、煽動的言語により熟議が困難に陥る。そこで人々は、君主に委任することで熟議の問題を解消するのである。しかし『リヴァイアサン』において、民主政は貴族政や君主政の基礎とは位置付けられておらず（L 19, 284/94）、主権者の人数によって分類された政体の単なる一分類となっている（N. Malcolm, Editorial Introduction, in *Leviathan*, Vol. 1, ed. by N. Malcolm, Oxford: Clarendon Press, 2012, p. 17）。煽動的言語の存在から君主政の必然を導くロジックは『リヴァイアサン』にはないのである。

(53) F. G. Whelan, Language and Its Abuses in Hobbes' Political Philosophy, in *The American Political Science Review*, Vol. 75, No. 1 (1981), p. 61.

(54) ホッブズは「秘密」に度々言及する。秘密が国外への漏洩防止のために重要であることは『市民論』でも指摘される（DC 10.14）。これに関して、君主の弱点が判明し神秘的な崇拝が失われることが無いよう、君主の秘密は守られねばならないとするジェームズ一世の言葉は、統治における「秘密」の重要性を窺わせる（木村、「君主主義の政治学」、一六頁）。

(55) オーキンの議論を参照（Okin, op. cit., pp. 61-62）。

(56) スキナーによれば、ホッブズがここで用いている「引きずり込む」（draw）という語はクインティリアヌスがもともと用いていた語である。クインティリアヌスは、雄弁によって同胞市民を正義と真理の受容へと引っ張る（*trahero*）ことの意義を説いていた（Skinner, *Reason and Rhetoric*, pp. 351-352）。なおアボットによれば、ホッブズは合議体における雄弁の危険を読者に訴えかけるためにこの燃え木のたとえにおいてあえて直喩を用いている（Abbott, op. cit., p. 408）。

(57) Abbott, op. cit., p. 406.

(58) ここで使われている「思慮」は、経験の豊富さを指していると考えられる。すでにみてきたようにホッブズは思慮それ自体を卓越性とみなすことに終始反対している。

(59) 藤原、前掲書、五七頁。

(60) Skinner, *op. cit.*, pp. 347-348, 352-354.

(61) D. Johnston, *The Rhetoric of Leviathan: Thomas Hobbes and the Politics of Cultural Transformation*, Princeton: Princeton University Press, 1986, p. 67.

(62) Whelan, op. cit., p. 68.

(63) Abbott, op. cit., pp. 406-407.

(64) Whelan, ibid.

(65) Malcolm, op. cit., pp. 55-56.

(66) 読者論に関して川添によれば、一般の人々の精神は白紙（clean paper）に似ており（L 30, 524/176）、人々は偏見や党派性に汚染されていない限りホッブズの政治学を理解できるはずだとホッブズ自身考えていた（川添、前掲書 一三九―一四〇頁）。

(67) Hanson, op. cit., p. 656.

〔政治思想学会研究奨励賞受賞論文〕

神の主権と人間の連合

――プルードンの連合主義論

金山　準

一　序文

1　連合主義と政治思想

単一的で絶対的な国民国家体制を相対化する秩序の可能性への問いは、政治学や国際政治のみならず政治思想においても重要な主題となっている。具体的な論点には様々なものが存在するが、その一つとして連合〔連邦〕(federation)[(1)]が挙げられるだろう。

もちろん、単一不可分の主権を有する国家の形成をメインストーリーとする政治思想史において、連合主義のような思想がもともと傍流にあったことは否めない。それはまた、EUのような政治秩序に関する経験的記述の蓄積に比して、理念的・思想的分析が立ち遅れていることとも無縁ではない。ただしヨーロッパ統合の進展と危機や、冷戦終焉以降におけるアイデンティティ・ポリティクスの噴出と多様性のマネージメントの新たな必要性などの現代的問題に呼応して、思想史の領域においてもまた連合の思想は読み直されつつあるといえるだろう。[(2)]

連合の問題を思想史の観点から見るときしばしば参照される存在が、ピエール＝ジョゼフ・プルードンである。「アナーキズム」の思想家として一般に知られるプルードンはその晩年に連合主義（fédéralisme）の思想に至る。連合主義がもっとも体系的に展開された『連合の原理』（一八六三年）では「二〇世紀は連合の時代を開くだろう。さもなくば人類は千年にわたる煉獄を再び繰り返すことになるだろう」（PF 355-356＝四〇六）と宣言される。このような彼の思想は連合主義の思想と運動に小さからぬ痕跡を残すこととなる。パリ＝コミューンやサンディカリズムなど、フランスの労働運動におけるプルードン主義的契機にくわえ、バクーニンのアナーキズム的連合主義や、二〇世紀初頭のM・ブーバーら「人格主義（personnalisme）」的連合論もプルードン主義の系譜に数えられる。[3][4] さらに二〇世紀の連合主義の思想家として知られるA・マルクの思想的淵源も、一方で一九三〇年代の人格主義、他方でプルードンの連合論に求められる。[5]

本稿の第一の目的は、このようなプルードンの連合主義を彼の思想全体の中に位置づけて再検討することである。前期プルードンを特徴づける「アナーキー（anarchie）」から後期の連合への移行の意味はプルードン研究における一つの問題であった。[6] 国家の存在意義を否定するアナーキーに対して、連合は主権の批判ではあれ国家や政治権力そのものの否定ではないからである。本稿はアナーキーから連合への移行において根本的な断絶はないという立場に立ちつつ、従来とは別の視点から両者の連続性を指摘するものである。それは彼の連合主義を新たな視角から再評価することにもつながるだろう。

第二の目的はより広い文脈に関わる。連合の思想のみならず、共産主義でも自由放任でもない「社会的」経済観などの点で、プルードンの思想の検討は現代的な意味を持ちうるだろう。だが他方では、まさにそのような特徴（主権の批判、ならびに経済や社会の原理による政治的なものの相対化）のゆえにこそ、彼の思想は政治思想史において周縁に置かれ、その含意が十分に検討されてこなかったともいえる。その意味で本稿は、プルードンのような周縁的な位置から成された伝統的概念への批判を通じて、それらの概念の拡張可能性を検討する試みでもある。本稿がとくに取り上げるのは主権の問題である。

2 連合主義とフランス

以上に挙げたのは、政治思想史学一般にかかわる文脈と、プルードン研究にかかわる文脈である。それでは、その中間に位置すべき一九世紀フランス思想史の観点からは彼の連合論の読解にあたっていかなる補助線が設定できるだろうか。

まず確認すべき点は、一九世紀フランスにおいてその語がきわめて否定的な意味合いをもっていたことだ。もっぱら否定的な含意を持つ概念をあえて自らの思想を表すものとして提示する論法は、プルードンが好んだものの一つである。もっともよく知られたものに、「私はアナーキストだ」がある（QP 335＝二八六―二八七）。これは革命期に秩序を壊乱する者として否定的に用いられたアナーキストの語をむしろ積極的に用いて自称したものだ。

同様の経緯が連合主義の語にも当てはまる。そもそも連合主義とは革命期にジロンド派に対して、ナショナルな統一を乱すものとして作られた造語であった。一八世紀に連合を論じたモンテスキューやルソーが用いたのは「連合共和国（république fédérative）」の語であったが、革命期以降この表現は、連合主義という否定的な含意をもつ語に取って代わられることとなる。(7) それはほぼつねに国民的統一の解体と結びつけて語られ、ときには反革命の企図というイメージすら与えられる。

このような政治文化を持つ近代フランスにおいて、連合主義の思想の展開は相対的に乏しいものであった。一九世紀におけるその貴重な例外がプルードンとトクヴィルであるといえよう。ただしトクヴィルの連合論が基本的に外国の政治経験の記述というスタイルでなされたのに対して、プルードンは連合をより明示的に規範性を持った教説ないしイデオロギーとして、彼自身の言を借りれば普遍的な「原理」として捉え直す。「連合主義は人類の政治形態である」（JRE II 287）。したがってそれは、およそ連合の対極にある集権的秩序を有するフランスにおいても実現が可能かつ必要と考えられている。

本稿はプルードンの連合主義について、次のような順序で考察する。まず次項では、先行研究を踏まえたうえであための視点を確認する。続いて彼の連合思想の発展を簡単に跡づけたのち（二）、六〇年代に展開された彼の連合思想の特徴を概観する（三）。そのうえで、連合論の最重要の理論的問題として主権への問いを検討し（四）、主権への問いを通じて、連合論が彼の思想全体の中に新たな仕方で位置づけられることを示す（五）。

これによって明らかになるのは、前期思想から連合主義を繋ぐ連続性のみならず、連合論を彼の思想全体の中で評価する必要性である。これまでも指摘されてきたように、プルードンの連合主義を単体として取り上げれば、それがいくぶんか抽象的・楽観的な性質をもつことは否めない。それに対して本稿では、連合論は彼の思想に見られる他の論点との関連の中でこそ十分に評価しうると考えている。そのような観点から、結論部（六）では連合論と他の論点を繋ぐ契機を示したい。

3　本稿の視点

プルードンの連合論はこれまで様々な形で言及されてきたものの、それを主対象とした研究はさほど多くない[8]。本稿では、これまでの研究で十分に検討されていないと思われる以下の三つの側面を視点として設定する[9]。

第一にフランス一九世紀の思想史における連合主義（fédéralisme）の位置づけの問題である。上述のように革命後のフランスの政治文化において、連合主義はほぼ否定的な含意をもって語られた。かかる事情は、その概念の内容への理解をも妨げるだろう。実際にも連合主義の概念は、脱集権化（décentralisation）の訴えとほぼ同一視されてきた。この概念は集権化や唯一不可分の共和国の理念に対して個別的・多元的自由を擁護する主張に吸収され、そのなかに漠然と溶け込むものとなる[10]。

一般的にも知られるように、プルードンの思想もまた、権威に対する自由主義的な批判を重要な特徴とすることは確かである。彼が晩年に構想した連合論にも、巨大な集権的機構としてのフランス国家への批判と、イタリアなどが保持していた（そして国民統一によって失われつつある）個別的自由への称賛が随所に見て取れる。

ただしここで指摘されるべきは、自由主義的な権力批判や分権化だけを本質と考えることは、プルードンの連合論の含意を削ぎかねないということだ。第一に、彼の連合主義は国際関係への視点を本質的なものとして含んでおり、単なる国内の脱集権化とは位相を異にする。第二にそれは権力批判であるのみならず、政治秩序の積極的な組織化の原理として提示されている。実際にプルードンは、秩序や統一性への強い関心を繰り返し表明している。たとえば最晩年の著作では、連合主義とも関連の深い「相互性（réciprocité）」の理念を挙げつつ次のように言われる。「政治ならびに経済の秩序における相互性の原理は、人々の間に形成しうる紐帯として確実にもっとも強力かつもっとも巧みなものである。／統治の制度も、共同体やアソシエーションも、宗教も誓約も、人々をこれほど緊密に結びつけつつ、同時にこれほどの自由を保障することはできない」（CP 222＝二三四）。

したがって問題は、自由主義的といってよい権力批判が、それにもかかわらず（あるいはそれゆえに）国内の統合と、さらには国際的な平和に至る論理を跡づけることである。彼にとって連合はユートピア的なものではなく、むしろ単一不可分の主権（souveraineté）こそが無秩序の最大の要因である。下位集団の自由を守るためだけではなく、政治秩序がそもそも存立するためにこそ政治権力は「連合化（se fédérer）」されなければならない。

そして第二の問題は、彼の連合論と「社会的なもの」との関係である。もともとプルードンの主要な関心は産業社会の問題にあり、晩年の連合論も国際関係や国法学的な水準にとどまるものではなく、社会経済的な関心と密接に結びついている。彼の連合論が「全面的連合主義（fédéralisme intégral）」と呼ばれる所以である。[11]このような関心は、一九世紀フランス思想史研究でしばしば論じられる、統合を担保する原理としての政治的なものと、それに対抗しつつ節合される社会的なもの、という図式[12]の一変奏であるように見えるかもしれない。たとえば一九世紀政治思想史研究のスタンダードというべきP・ロザンヴァロンの論考によれば、プルードンの連合論は政治におけるデモクラシーを市民社会にまで拡張したものである（産業民主主義）。それを逆に見れば、社会的な領域に見られた関係形成のモデル（端的には社会分業）が政治に示唆を与えたとも言いうる。[13]

だがこの種の把握では、主権の解体というプルードンの連合論の最大の論点が回避され、それはジャコバン的共和国の一変種に還元されてしまう。さらにいえば、プルードンが社会に関わる語彙を用いるとき、それは一元的統治への対抗として措定されると同時に、より根本的には、一元性と多元性の、あるいは権威と自由の対立それ自体を包含する地平として提示されている点を指摘しなければならない。これはプルードンにおける社会的なもののもつ非常に独特な点であり、連合論の含意を測定するうえでも重要な論点となる。

第三は、連合主義と宗教との関連である。プルードンも確認しているように「連合（fédération）」の語は契約や協約を意味するラテン語の語彙fœdusを語源に持つが（PF 318＝三七〇）、古代以来の連合の基本的発想は、神との垂直的な契約関係が人間どうしの水平的な関係の基礎でもある、というものであった。ドイツの政治思想において連合を意味するBundや英語のconventionは、神と人との契約という宗教的含意を濃厚に保っている。また近代においては、プロテスタント諸国においてカトリック教会の集権的秩序に抗いつつ発展した「契約神学（théologie fédérale）」の系譜が連合思想の最大の基盤となった（その代表例がアルトゥジウスやグロティウスである）。それに対してカトリック国のフランスにおいて、かかる系譜はほとんど力を持つことがなかった[14]。

プルードンの思想はむろんこれらの文脈とは遠いところにある。だが彼の連合主義、ひいては彼の思想全体は独自の仕方で宗教（とりわけ神の問題）と深く結びついてもいる。単純化した見通しを述べておけば、一般的な連合主義が神と人との契約に基づくとすれば、彼の連合論はむしろ両者の対立を基礎として発想されたものである。

二　連合主義の発展

プルードンが晩年に構想した連合論は、理論的にも彼の思想の到達点であると一般に考えられている。彼自身もまた、「アナーキー」から出発した「統治の理念の批判」がやがて、「ヨーロッパの国際法の不可欠の基礎であり、さらにはあらゆる国家組織の基礎としての連合」に行きついたことを述懐している[15]。実際そこには、彼がかつてから論じてきた多様なモチーフを一つの理念に収斂させようとする試みが見て取れる。

まず本節では、本稿の議論に必要な限りで彼の連合思想の発展を跡づける[16]。

連合論や国際関係論を主題的に扱った著作が記されるのは晩年の一八六〇年代である。著作として最初に公表されたものが『戦争と平和』（一八六一年）であり、それに『連合とイタリアにおける統一』（一八六二年）、『連合の原理』（一八六三年）が続く。遺著となった『労働者階級の政治的能力』（一八六五年）にも関係の深い論点が記されている。

ただしプルードンの連合論はこの時期に至って初めて展開されたわけではない。すでに五〇年代には思想の端緒が芽生え始めている。その出発点に挙げられるのが、国家の主権的権力に対して――またその主権を生み出す社会契約に対して――四八年から五一年頃にかけて構想された水平的・双務的な契約の理念だろう。それはプルードンの思想を初期より特徴づける「相互主義（mutuellisme）」の具体的形態として構想されている。この時期のプルードンは国家や政治秩序の意義をほぼ否定しており、個人間の水平的な契約の連鎖によって政治秩序は全面的に置き換えられる。その契約はもっぱら経済的次元のものであり、秩序形成のモデルは「〈交易〉（COMMERCE）」に求められる（IGR 187＝一二一）。このような経済主義的発想から晩年のプルードンは遠ざかっていくが、水平的な二者間の契約を基礎とする秩序形成という発想は連合主義にも受け継がれる。

このもっとも先鋭化された形での「アナーキー」は、ルイ・ブランを中心とする「リュクサンブール派」社会主義者との差異化のため掲げられた面が大きく[17]、五〇年代半ば以降は影をひそめる。それに対して五〇年代には、従来のプルードンが扱わなかったいくつかの論点が浮上する。その中でも、民族集団のもつ、経済関係に還元できない相対的自律性や、国家の積極的役割の再認識は本稿の文脈にとって重要である。こうして相互主義とアナーキーは、六〇年代に至ってより包括的・複眼的な秩序観の中で再定式化される。その意味で連合主義は、「一般化された相互主義の理論」ということができる[18]。

この五〇年代の変化の経緯はきわめて興味深いが、これについてはすでに複数の検討がなされており、ここで仔細を論じることはしない[19]。重要な点だけを確認するなら、ここではまずプルードン自身の環境の変化が大きな意味を持った。ミシュレやフェッラーリとの出会いが連合についての示唆を与えたことは、彼の書簡などに明らかである[20]。また彼は五八年の著書『革命における正義と教会における正義』（以下、『正義』）中でナポレオン三世を批判した廉で告発され、家族と共にベルギーに亡命する。彼は六二年まで同地に残るが、これは彼にとって事実上初めての国外滞在経験であった。彼は国際都市ブリュッセルにおいて同国人の亡命者と交流し、国際関係についての知見を深める。それと同時に、ワロニーとフランドルという異質な共同体がなんら「自然的」な根拠のないままに政治秩序を作り上げているベルギー国家のあり方も、彼に大いに示唆を与えることとなる。

かかる環境の変化に応じてプルードンが関心を持った最大の国際問題は、四八年以降のナショナリズムの波、とくにイタリアの国民統一運動である。ここに至って彼は、これまで真剣に問題化したことのなかった「民族（ナショナリティ）（nationalité）」というテーマに直面することとなる。イタリア統一への批判は彼の連合論に頻繁に登場する論点であり、仔細は次節に譲るが、民族に関する態度の変化だけを辿るなら次のようになる。

上述のように五〇年頃のプルードンにとって、経済革命による政府の廃絶が最大の問題であった。彼によれば国民に対する抑圧と民族間の憎悪は相関しており、なおかついずれも政府の存在が原因であるから、政府の消滅と同時に民族間の敵対も消え去る。政府ないし政治に利用されているときにこそ、民族は巨大な悪をもたらすのである。よってドイツ統一問題も経済問題の前では意味を失う。必要なのは国家の「連合（confédération）」ではなく「解消（liquidation）」である（IGR 331-336=二九九―三〇七）。

この認識が大きく変化するのは五八年の『正義』であった。同書第四章において彼は、アンリ四世の「輝かしい思想」として「普遍的連合、すなわちあらゆる自由と権利の保障にして、戦士も司祭ももたず、キリスト教的・封建的社会に取って代わるもの」を称揚する。連合においては「あらゆる集団が政治的に平等とな」るため、「連合の原理がより完全なかたちで適用されるにつれて、諸民族（les nationalités）もまたより安全に守られる。この点からみれば、この三〇年間の世論は間違った道を辿ってきたのだ」（JRE II 288）。

つまり、たしかに連合はイタリアの国民統一運動に対抗して提起されているものの、それは民族の原理そのものを否定するわけではない。上の引用から明らかなように、連合はむしろ民族集団をよりよく保障するものと考えられている。この問題は次節の課題であるが、さしあたり確認しておくべき点は、民族原理への態度の変化は、政治権力への観点の変化と対応しているということだ。五〇年代の変化の重要な特徴は、既存の政治権力をただ奪取するのでもなく（それはプルードンが一貫して否定する立場だ）、あるいは政治をすべて否定するのでもなく、むしろ政治権力の存在意義を認めつつ、その本性を変える必要があるという発想への転換である。[21] 言い換えれば権力には複数の種類があり、権力が抑圧的でなくなる条件がありうる。それが晩年の彼の問いとなる。そこで提起されるのが、絶対不可分の主権をもって実現される国民国家と連合主義との対置である。

三　連合主義の思想

本節では六〇年代に展開された連合論の概括的な特徴を確認する。すでに述べたように、連合論に至るもっとも重要な文脈はロマン主義的な国民主義運動、とくにイタリアのそれである。彼がこの点に触れているのは、上に挙げた連合論に関わる著作と『正義』第二版（一八六〇年）である。彼がイタリア統一に反対する理由は、大別すれば自由と平和の二点がある。以下ではこの二点の批判に沿うかたちで連合主義の内容を検討する。

1　自律と自由

彼がイタリア統一に反対する理由の第一点目は、小集団の自律と自由の抑圧である。「はっきりと区切られた領土のなかで独立した生を送ることのできるあらゆる人間の集合体は、自律（autonomie）へと定められている」（NO 211）。統一国家の建設はこのような自律の破壊に至る。それは「社会的民主主義」と「自由の真の原理」に反する「時代錯誤的企図であり、なおかつイタリアの伝統にも反するものである（JRE IV 336）。

そのような自由の破壊の根源にあるのは、集権化と国民という統一国家の原理である。

集権化の第一の帰結は――ここではそれ以外問題にしない――、ある国の地域的多様性、あらゆる固有の性質の消滅だ。人はこれによって大衆の政治的活力を高揚させようと思いこむが、むしろその活力を構成する部分と要素を破壊してしまうのだ。イタリアがそうなるであろう二六〇〇万人の国家とは、地方と都市の自由が上位の力（すなわち政府）の利益のために横領された国家である。あらゆる地域性は黙らされ、「鐘楼精神」は沈黙を強いられる……誰ももはや呼吸をせず互いを知ることもない抽象的な国民（une nationalité abstraite）の中で、市民がそのうちで生きて姿を見せる個別の民族（nationalités particulières）が消滅すること、一言でいえば融合（fusion）。これこそが統一だ（FUI 98-99）。

ナショナリズムと集権化は政治的主体を形成するどころか、個別の民族集団と市民とを切り離すことで政治の生命を破壊する。

これに続く箇所では、「もしもナショナリズムの原則が真実であるとするならば、それはもっとも大きな民族についてももっとも小さな民族についても真実であるべきだ。それはもっとも巨大な集合体と同様にもっとも小さい集団の独立と自治とを意味する」（FUI 99）としてマッツィーニの国民統一の企図が批判される。すなわちプルードンの批判の対象はナショナリティの概念そのものではなく、人工的・抽象的な「国民」である（NO 219）。それは政治的な集権化に伴って形成され、ある意味ではその道具ですらある。簡単に言えば、ナショナリティは民族の言語的・歴史的・地理的特性の表現としては擁護されるが、国民統一の原理としては根本的に否定される。[22]

したがって連合は、以上のような統一国家と反対に、民族を含めた「中位集団」の活動を最大限に促進することを理念とする。「連合の体系は……各民族・州・コミューンに、最大の生と活力と独立を、また各個人には最大限の自由を与えようと欲する。これが八九年の真の原理であり、あらゆる世紀に見られる共和主義の傾向だ」（FUI 150）。プルードンにとってはフランス革命の意義もまた、統一的・集権的な国民国家を生み出したことにはない。むしろ連合こそが革命の真の射程であった。かつてのゴール人もまた連合主義者であり、集権的制度はカエサルの占領以降に課されたものである。フランス革命もゴール人が有していたような連合の思想に鼓吹されていたが、ジロンド派が国民公会から追放された九三年五月三一日を境として、ジャコバン派のもとでフランスは不分割性と中央集権に決定的に舵を切った（FUI 97）。

このような連合の理念を実現すべく、中央国家の役割はきわめて限定されたものとなる。これは連合を生み出す契約の性格によって担保される。連合が契約に基づくことはすでに述べたとおりだが、プルードンは契約の種別を民法典に則り区分したのち、その中から双務的（synallagmatique）と交換的（commutatif）を連合の契約にふさわしいものとする。双務的とは契約当事者が互いに義務を負うこと、交換的とは当事者が、受け取る物やサービスの等価物と見なされるものを与えることを意味する（PF 315-317＝三六七―三七〇）。

こうして連合の契約は以下のように定義される。

〔契約によって〕結合する市民は、第一に国家に捧げるのと同じだけを受け取らなければならない。第二に、契約が結ばれた特別な目的であり、国家による保証を求める対象に関わるもの以外は、彼の自由・主権・イニシアチヴを完全に保持しなければならない。このように画定されて理解された政治契約こそ、私が「連合（*fédération*）」と呼ぶものである（PF 318＝三七〇）。

なおこれに加えてもう一つ重要な条件は、当事者が、契約を通じて手放すより以上の権利・自由・権威・所有を自らに保っておくこと、すなわち契約の限定性である。よって連合政府に付与される権限は、その構成要素たる集団の権限を実質的に越えてはならず、後者の集団の権限は市民のそれを越えてはならない（PF 319＝三七一）。権限は可能な限り下位の集団や個人に留保され、具体的な必要に応じた限りで上位の集団に委ねられる（これはプルードンの思想がいわゆる「補完性原理」に近づく点である）[23]。彼は同箇所でルソーの社会契約に対し、権威を契約に取って代えた点で大きな進歩を認めているものの、すべてを共同体に譲渡することを市民に求めるルソー的社会契約と連合が相いれないのは明白だろう。

こうしてできあがる連合は脱集権化を重要な特徴とする。ではそこにおいて、中央の国家にはいかなる役割が与えられるのか。この時期のプルードンは、国家が廃絶されるべきとはもはや考えていない。むしろそれには果たすべき重要な役割がある。現代の社会には「学問、労働、財産、公衆衛生」の改善という大きな課題があり、そのために国家は絶えず行動し、たえず問題を解決しなければならない。そのために国家は「立法（législation）、設立（institution）、開始（inauguration）、設置（installation）」の任を取る。その意味で国家は、連合全体に関わるべき課題についてのイニシアチヴを取る、「第一動因にして最高指導者」である（PF 326-329＝三七八―三八一）。

より具体的な任務としては、度量衡や尺度単位、貨幣の価値などを定めること、あるいは交通や信用制度の設置などが挙げられている。これらの例は示唆的である。自由に対する尊重はプルードンの思想の本質的な特徴であるが、それは権威や制限の単なる撤廃を意味するものではない。彼において自由とは、それを可能にする社会的な条件ないし環境への問いとつねに結び付けて考えられている。より具体的には、秩序を構成する要素の自由の最大限の保証と、それらの自由で円滑な活動を可能にするための場や媒介の設定という二側面が彼の秩序観の典型的発想となる[24]。いうまでもなく関係の形成には何らかの媒介ないしメディアがつねに必要であり（法・言語・貨幣など）、自由な運動がもたらす帰結もまたその媒介の性質如何によって大いに変化しうる。四八年前後の彼が構想した「人民銀行」は、市場を直接に規制するのではなく、むしろ経済活動の自由を積極的に推奨しつつ、そのうえで不平等を抑制すべき機制として信用の問題に着目した点に特徴がある。自由な活動の保障とそれを可能にする媒介への着目という点で、人民銀行はまさに上記の発想を具体化している。連合論における国家にもまた、このような意味で自由な行動と関係の形成を保証する包括的な平面の設定機能が割り当てられているといえよう。そしてその限りにおいて、プルードンにとって中央国家の意義は決して小さくない。

だがここでプルードンが注意を促しているのは、その国家の活動は決して繰り返されてはならないということだ。言い換えれば、国家がもつ執行権力は可能な限り小さくなければならない。上に挙げた交通機関にせよ銀行にせよ、ひとたび設置されれば国家が実質的な運営に携わることはできない。仮に中央権力が始めた事業であれ、その実行は連合した諸政府の署名とその命に従う代理人を通してのみ行われる（PF 330-331＝三八二）。

このような執行権力の肥大化への警戒には、法的・形式的な規定には還元されないデモクラシーの実質ないし実効性への関心がある。五〇年代のプルードンの政治への関心の高まりは、それを国法学的次元のみならずより包括的なプロセスとして見ようとするものでもあった。そのような観点からプルードンは、四八年革命で実現された普通選挙や、それをさらに先鋭化させたルドリュ＝ロランらの直接民主制の企図を批判的に捉えている。たとえその試みが国家レベルで実現されたとしても、人民が起草した法はもっとも一般的な次元にしか関わりえず、「問題の一〇分の九は「政令」の名のもとに〔人民の〕イニシアチヴから取り上げられる」（IGR 224＝一六七―一六八）。その意味で「普通選挙」によって「自らの支配が成立したとデモクラシーが考える」ことは、むしろその歩みを止めることでしかない（PF 262＝三二五）。すなわち脱集権化は個別的自由の維持であると同時に、デモクラシーの実現のためにも要請されている。

2　均衡・平和・主権

プルードンがイタリア統一の企図を批判する第二の理由は、それがヨーロッパの均衡を破壊するというものだ。国民の原理は戦争の原因とされる。そこには五九年の戦争以後続く混乱と、その要因となったロマン主義的ナショナリズムへの不安が見て取れる。自由を求める彼らの運動によって一八一五年のウィーン体制が崩壊しつつあることを、プルードンは深い懸念をもって記述している（JRE II 317）。

プルードンによればウィーン体制で実現されていたのは、たとえ不十分であったにせよ、均衡としての平和と、諸国民への最低限の自由の保障である。[25]この体制を破壊してそれに取って代わったのが、国民と自然国境の原理である。

四八年以降のナショナリズム運動を批判し、ウィーン体制的な勢力均衡の意義を留保付きではあれ認めるこの立場は、当時の文脈からすれば明らかに保守的な勢力のそれである。実際にも彼の議論は「進歩的」勢力からは批判を受ける一方、ローマにおける教皇座の支配を確実なものとしたいカトリック勢力から支持を受けるという皮肉な事態を招く。[26]

だがもちろん、彼の述べる「均衡（équilibre）」はウィーン体制的な大国の利害を優先した勢力均衡に還元されるべきものではない。彼にとってヨーロッパの均衡がもしありうるとすれば、それは大国支配への後戻りでもなければ、主権国家という形態を維持したまま、単にそれを分割することでもない。むしろ政治権力そのものの質的な変更が必要となる。すなわち絶対的で単一不可分の主権そのものの解体である。本稿が彼の連合論についてもっとも重視するのもこの点である。

すでに述べたように、イタリア統一運動の指導者マッツィーニに対してプルードンは繰り返し強い批判を投げかけている。ただしマッツィーニもまたヨーロッパ連合論者として知られた存在であった。マッツィーニに限らず一九世紀のロマン主義的国民運動は一般に、王政を打倒して国民を単位とする共和国を打ち立てることを、世界共和国の樹立へ向けた不可避の道程と想定していた。つまりプルードンの批判は世界共和国ないしヨーロッパ連合とそれを通じた平和の実現という最終目的というよりは、その手段としての国家統一にかかわる。その論理はどのようなものか。

この点について彼は、いくつかの論点を挙げている。第一に、イタリアに限らず、ある統一への動きが出現すれば、それに対抗する企図が続き、この連鎖はとどまることがない（JRE II 320）。たとえば『イタリアにおける統一と連合』に収められたガリバルディ論では次のように言われる。イタリアの統一への要求に対するフランスの反応は、統一の企図をヨーロッパの均衡の名のもとに抑圧するか、それに対抗すべく自己拡大を求めるかのいずれかであろう。後者の選択肢を取るとき真っ先に標的となるのがベルギーとライン川一帯であり、周辺国にもベルギーを守る利害はない。それゆえベルギーの民主主義者がガリバルディの野心に共感することは矛盾である（FUI 125-126, 139-142）[27]。

そして第二は、国民統一が主権的権力との結合によってなされることの意味である。「デモクラシー」[28]は「〈国民〉（NATIONALITÉ）」や「統一（Unité）」という理念との結合によって「反動の党派」に堕した。

> そのような国民は、絶対的・不可分・不変の権力（pouvoir absolu, indivisible et immuable）であることを明確に宣言することで、デモクラシーの改宗を裏付けた。／「国民」と「統一」、そこにこそ今日、信条が、法が、国家理性がある。これこそデモクラシーの神である（PF 262-263=三二五）。

こうしてできあがった絶対的で単一の権力、すなわち国民の原理と主権国家の結合、言い換えれば国民国家体制がプルードンの批判の焦点である。彼にとって「あらゆる国家はその本性から言って併合主義的（annexioniste）である」。それは対内的に抑圧的であるのみならず、外に対しては拡張的たらざるをえない（PF 333-334＝三八六―三八七）。それは並び立つものを認めることのない「絶対的」権力が定義上有する性格である。したがって衝突はいずれかの破滅か支配に至るまで終わることがない[29]。そして「自然国境」の議論に見られるように、このような拡張主義に対して国民の原理は口実ないし道具に堕す。むしろ国民それ自体がしばしば政治の産物であり、政治がそうであるのと同様に不安定な存在でしかない（PF 507）。

こうして主権国家は、それ自体が対外的には拡張主義に、対内的には抑圧に至る。より端的にいえば、統一的な主権国家はそもそも秩序と相いれないということになる。そうであればこそ、マッツィーニが奉じたような国民国家建設を通じた世界連合の理念はナンセンスとされるのである。

それに対して連合は拡大併合ではなく、相互の（mutuel）保存を理念とする。一八三六年と五六年のスイス連邦のように、連合は他国からの侵略に対しては一致して防衛する力をしばしば示した（FUI 30）。他方で、連合下にある一政府が他国に対する侵略への野心をもったところで、他の政府の賛成を得ることは容易ではない。「その存在そのものによって、連合はあらゆる拡張を自らに禁じているといえるだろう」（PF 335＝三八七）。

連合が平和に資するという認識自体は、サン＝シモンなどにもすでにみられたものだ。ただしサン＝シモンの連合構想がヨーロッパ大のものであったのに対して、プルードンのそれは小規模な連合間の均衡であった。また後者に特徴的な点は、国内における秩序の様相と対外的な関係とが（単なる類比ではなく）相関的に把握されていることである。彼にとっては国家が拡張主義的であるのは、それが内部に十分に安定した秩序を打ち立てた強力なものだからではない。むしろ内部での「均衡（équilibre）」こそがその国に力と安定を与えるのであり、均衡が得られていないがゆえに、拡大し続けることなしには自己保存できないという視点がここにはある[30]。「あらゆる国家＝力（puissance）は、自らのうちに均衡を、そしてその均衡のうちに力（force）を求めるかわりに、拡張を求めることで外部からは独立を図り、同時に内部に対しては集権化を図るのだ」（JRE II 319）。

このように、主権国家はその本性からして拡張主義的たらざるを得ない。よって連合と均衡の実現にあたっては主権そのものの解体が根本条件となる。プルードンはフランスが連合国家となった際、それは二〇から三〇の政府から構成されると想定しているが（PF 507）、ここでも本質的なのは国家の数や大きさそれ自体ではなく、権力の質の転換である。このような彼の「均衡」のビジョンは、大国を主軸とした勢力均衡というウィーン体制の理念とはまったく関係のないものだろう。

こうして主権批判の論理は、彼の連合論の中でももっとも問われるべき問題として位置づけられる。この点が次節以降の主題である。

四　主権から連合化へ

1　均衡と時間

本節の主題はプルードンの主権批判であるが、連合主義の思想的系譜はそもそも主権的国民国家に対する対抗パラダイムとして展開されてきたものであり[31]、連合論者として主権を批判することそれ自体が稀有というわけではない。本節の主題は、彼の主権批判のより具体的な内容と、その独自性を探ることである。ここでは彼の主権批判に含まれる理論的問題として、まず時間性の論点を取り上げる。

アンサールが指摘しているように、プルードンの述べる「連合」は実現されるべき体制のあり方であると同時に、連合化という行為（fait de se fédérer）でもある[32]。連合とは、「漸進的な連合化（Fédération progressive）」である（PF 362＝四一一）。

したがって連合の思想からする主権批判もまた、二つの秩序を単に対置するというものではない。むしろ主権を基礎とする無時間的な秩序観を脱し、秩序の完成を連合化という運動の軸において考えることになる。すでに述べたように、連合を形成する双務的契約はルソー的な社会契約に取って代わるものとして考えられている。この転換は単に、服従すべき共同体を生み出す契約から水平的な合意への移行ではない。ルソー的な社会契約が一度の合意により成立するとすれば、水平的契約は無数の主体によってなされるネットワーク的なものである以上、原理的に時間の中で生成するものでしかありえない。言い換えれば、社会契約が個人や集団間の契約の累積に取って代わられるということは、秩序を担保する絶対的な主権機構が微細なプロセスへと代わるということである。

補完性原理にも近づく彼の発想から明らかなように、主権が現に果たしている機能のすべてではないにせよ多くは、プルードンからすれば連合した集団が十分に担いうる。むしろ自由の抑圧と平和の破壊のように、主権のもたらす悪の方がより重大だとみなされる。

ただし主権がもつ機能が機構として無時間的に確立されているとすれば、連合は時間軸のうえで、連合化の運動においてそれらを果たすこととなるだろう。連合契約は、具体的な問題や必要性に応じてそのつど結ばれる。そうして主権の機能を時間軸上に展開し、おおむね等価かつ効率的な形で実現するのが連合化といえる。連合とは連合化であり、機構というよりは、たえず主権を解体してそれに取って代わりゆく運動である。(33)

プルードンは『連合の原理』第一章から第三章において、あらゆる政体を貫く二元論として「自由」と「権威」の対立について述べている。「家族的・家父長的・教師的・君主的・神政的で、ヒエラルキーと集権化と併合の傾向を持つ権威の原理」は「自然」によって与えられたものであり、自由に先行する。この原理は制度に定着するとき「権力の不分割」という特徴になる。このような権威の原理に対して、「個人的・個人主義的・批判的な原理」であり「分化と選択と取引の要因」としての自由は「精神」により与えられ、権威を制御し限定せんとする。自由の制度の特徴は「権力の分割」である（PF 271-275＝三三二―三三六）。このような両原理が主権と連合化に対応していることは見やすいが、プルードンによれば両原理の戦いは終わることがなく、また一つの原理のみで成り立つ政体はありえない。だとすれば、自由を体現する連合化もまた完遂することのない過程である。

以上のような主権批判には、いかなる含意を認めることができるだろうか。もちろん、たとえ彼の主権批判に一定の有効性が認められるにせよ、そのことをもって連合化のプロセスが主権国家よりも有効に機能することが理論的・経験的に示されたということはできない。その限りで彼の連合主義の抽象性ないし楽観性は否定できない(34)。

ただし本稿では、プルードンの連合主義は彼の思想全体の中に置き直すことではじめて十分に含意を評価しうると考えている。そのような観点から以下では、連合論と別の著作をつなぐ連関を示したい。この点についての検討は、彼の前期思想から連合主義への連続性を示すことにもなるだろう。

連合化の過程は二層に分かれる。すなわち、連合の秩序が全体としていかにして形成されるかという次元と、その形成の原動力たる個々の契約において契約主体に何が起こっているのか、という次元である。両者はマクロとミクロ、ないしは制度と政治的能力として区分することができるだろう。前者の次元においてプルードンの議論がやや抽象的な次元にとどまっていることは否めないが、遺著の題である『労働者階級の政治的能力』にも見て取れるように、それは政治的能力への問いによって補完されていると考えられる。

その政治的能力に関して重要なのは、「反省性」への問いである。水平的契約の連鎖は、総体としての制度的次元では連合を形成し、より仔細に見れば契約の当事者が自身の関わる問題や事象を反省的に捉え返す過程である。後者の点は、連合の制度論を単に補完するのみならず、それをより広い思想的問題へと開く契機となる点で重要である。

2 反省性

プルードンがナショナリズムを批判する際、彼は近代的国民を政治の所産、いいかえれば恣意的・人工的で不安定なものとし、それとの対比として自然的・根源的な集団や民族の意義を語っている(PF 507-508)。

このような論法は連合を扱う論者にはしばしば見られるものでもあった(35)。この対比は、主権的国民国家の自明性を疑い、むしろそれがきわめて人工的かつ恣意的な構築物であることを暴露する点で有意味であったろう。そして国民国家の人工性の強調は、それによって奪われる民族集団やその中で育まれる「自然的」生とつねに対になって現れる。

このような側面を強調するとき、プルードンの連合主義は有機体論的なものへと接近していくだろう。実際にもこの論点は、二〇世紀の「人格主義」的連合主義とプルードンをつなぐ契機となる。[36] 他方でこれは、民族の「自然本質化（naturalisation）」として批判的に評される点でもあった。[37] プルードンによれば自然的な民族集団の基礎にあるのは人種（race）と風土（climat）である（PF 507-508）。たしかにこれは前期プルードンの「アナーキー」からすれば大きな立場の変容に見えるし、集団の自然本質化はそもそも連合論の基礎である契約の理念にも相いれないだろう。

ただしここには留保が必要である。まずプルードンにおいて、共同体の中で個人が倫理的に陶冶されるという発想は希薄である。彼の相互主義は社会的政治的な機能の協働であって慈善や徳とは無縁であるし、彼の秩序観において家族的共同体と社会の峻別はつねに明確であり、家族的一体性が社会のアナロジーとされることはない。[38] キリスト教的な人格主義とプルードンを接近させたのは後年の解釈によるところが大きい。

さらに重要なこととして、彼の連合論においてはいかなるレベルの集団も自明の前提とはされない。たとえば彼は、連合を形成する契約について次のように述べる。「協約は……集合的存在の発現の再認識に他ならない[39]」。あるいは、「自由の原理の自発的表現である民主的な統治はいかにして生まれるのか……協約によってである。ここでは生理学（physiologie）はもはや無となる。国家は有機的な自然本性（nature organique）や肉（chair）の産物ではなく、知性を持つ自然本性、すなわち精神の産物として現れる」（PF 277＝三三七）。すなわち連合契約とは、「有機体的（biologique）」な社会が「合理的（rationnelle）」な社会に転換するものとしてある。[40] だからそれは社会を無から作り上げるものでもなければ、集団にせよ国家にせよ、反省と検討を免れる前提としての共同性に依拠するものでもない。むしろ連合化とは契約を通じて自らの埋め込まれた状況を捉えなおすことであり、言い換えれば反省化のプロセスである。

こうして連合化のプロセスは、「自然発生性（spontanéité）」としての主権に対する反省性の対立に帰着する。この二項対立はプルードンの思想全体を構造化するものであり、その文脈から連合論を位置づけなおすことが本稿の最後の課題となる。

五　主権・連合・社会

プルードンの連合論のもつ特徴についていくつかの点を指摘してきたが、絶対的な「主権性＝至高性（souveraineté）」をもつ存在がそもそも秩序と相いれない、という指摘は、実は最初期のプルードンの思想から繰り返された論点であった。さらに主権的秩序に対して提起される「均衡」の理念もまた、かねてよりプルードンの思想で重要な位置を与えられていたものである。本節では、彼の連合論における国家主権批判を、初期よりなされてきた主権性批判の文脈に置き直して検討する。

1　神の主権と人間の連合

主権性への批判は、最初期の著作『私的所有とは何か』（一八四〇年）にすでに現れている。そこで私的所有（propriété）が強く批判されるのは、単にそれがもたらす不平等の拡大のゆえにではない。より根本的な論点は、私的所有が想定する主権的＝至高的存在としての人間像である。その意味で主権（主権性）への批判は国家論にとどまらず、彼の思想の根本に位置する問題である。前期思想についてここで仔細に論じることはできないが[41]、最低限の点のみ確認すれば以下のようになる。

「法律または規則が禁じる行使を行なわない限り、もっとも絶対的な仕方で物を享受し処分する権利」という民法典五四四条の規定を引きつつ、プルードンは私的所有権の根本を「絶対性」に求める。民法典の淵源たるローマ法もまた、物を所有者が自由に「使用（user）」あるいは「濫用（abuser）」する権利としてそれを規定する点で（jus utendi et abutendi re sua, quatenus juris ratio patitur）、同じ精神を述べているという。彼はそのような「絶対性」を、人間の意志の「至高性（souveraineté）」とも言い換えている。あたかも「神が宇宙と、それが含むすべての事物に対する至高の所有権（domaine）をもつ」（QP 178＝九五）ように、人は自身の私的所有に対して恣意的に、いわば専制君主のごとくふるまう。

「土地所有者は、彼の作物を立ち枯れにし、畑に塩をまき、砂の上に牛の乳を搾り、葡萄畑を荒れ地に変え、野菜畑を公園にすることができる」（QP 156＝六九）。

プルードンからすれば、このような絶対的個人の間に形成される関係は支配服従ないしは闘争でしかありえず、したがって秩序は根本的に不可能である。その意味で私的所有は「反社会的」な権利である（QP 164＝七九）。絶対的な国家主権の専横に対する自由の砦としての私的所有権という伝統的構図に対して、むしろプルードンは国家主権と私的所有権を「至高性」として同時に批判するかたちで問いを転換させている。

なおプルードンの私的所有批判は、共産主義に対する批判をも伴っている。物を自由に処分する権利が共同体に一任される体制が共産主義だとすれば、それは私的所有の単なる拡大でしかない。「ある共同体の成員が、何一つ自分自身固有のものをもたないことはたしかである。むしろ共同体が所有者なのであり、しかも単に財の所有者であるのみならず、〔成員の〕人格と意志の所有者でもある」（QP 326＝二七六）。これらに対して彼は、絶対性をもたない用益の権利であり、より上位の「法（loi）」によって相対化ないし制限された所有形態としての「占有（possession）」を提起することとなる。

同じ論理は政治の次元にも反復されている。すでにみたようにプルードンは、四八年の革命で実現された普通選挙について否定的な見解を示した。その根拠として、上で述べた制度的次元に加えて重要なのが、大衆の政治的能力である。彼はルイ＝ナポレオンの統治や、ローマの人民とカエサルの関係に触れつつ以下のように指摘する。大衆には元来、「自らを巨大な、神秘的な存在として見な」す傾向と、自らが従うべき無制限の権威を求める傾向との二つが併存している。これは矛盾ではない。強大な権威こそが「真の主権者」たる自身の存在を体現すべき「偶像」となるからだ（PF 343-344＝三九三―三九四）。大衆が「自らに委ねられ」ることと「護民官に導かれ」ることは同一事なのである（PF 302＝三五八）。ここに見られるのは巨大な存在への同一化を通じた自己確証の論理である。だがこのような、「広く共有された感情によって、集合体があたかも一人の人間のように投票すること」は、プルードンにとって「理性の崩壊」にほかならない（JRE III 270）。普通選挙は「絶対」としての個人を融合に導きこそすれ、複数性から生まれる「集合理性

(raison collective)」ないし「公共理性(raison publique)」の発揮にはなりえない。

それに対して彼は、選挙にとどまらずに立法プロセスをより包括的に検討することで、社会を律すべき集合理性の生成の条件を探ろうと試みる。五〇年代以降の彼の思想の重要な論点であるこの問題については別の検討が必要であり[42]、ここでは連合論と集合理性論との深い関連を指摘するにとどめるが、集合理性の生成にとって重要な条件は「対立(opposition)」や「衝突(conflit)」を通じて個人あるいは集団の「絶対性(absolutisme)」が除去されることだ。それによって理性が本来持ついわば社会的な特性が発揮され(JRE I 423)、集合理性が生み出される。集合理性が望ましいとされるのは、それが定義上、個の絶対性を挫くものとして想定されているためである(JRE III 253)[43]。

衝突によって他者の視点を認識し、自らの観点が相対化される。融合ではなく衝突を通じてなされる集合理性の形成、「これこそが、言論の自由・出版と報道の自由と通俗的に呼ばれているものだ」(JRE III 249)。このような視点からプルードンは一方で「人民投票」に、他方では検閲に反対するのである。

以上の簡単な確認からも明らかなように、これらの政治的・経済的論点すべてに共通するのは、神に比せられるような絶対的・主権的存在としての人間観への批判である。絶対的な神との類比で捉えられるものは、それが国家であれ個人であれ、プルードンの秩序観には根本的に相容れない。言い換えれば、主権性という理念そのものが人間の世界に適さないということになる。

絶対的・無時間的・一元的な主権に対する反省的・漸進的・多元的な連合の対立は、究極的には神と人の対立である。こうしてプルードンの連合論はある種の「政治神学」の様相を帯びることとなる。「われわれの理想は無限ではなく、均衡である。〔神的な理念としての〕無限が表現するのはわれわれとは別の何かだ」(SCE I 391＝上五四八)。

2　社会における神と人の闘い

神と人の対立についてもっとも明快な論述がされているのは初期の『経済的矛盾の体系、あるいは貧困の哲学』(一八四六年)である。その根本的発想は神人同型論の否定であった。人間的能力の完全化として神を捉えること、逆に言えば神の不完全な似姿として人間を捉えることは根底より否定される。

神学の理解によれば、神は宇宙の支配者であり、無謬にして被造物に責任を負うことのない王であり、人間の理解可能な範型である。それのみならず、それは永遠の、不動の、遍在し、無限に賢く無限に自由な存在である。さて、私が思うに、これらの神の属性は、それに対応する人類の属性を好きなだけ高めた理想や高揚より以上のものを含んでいる。つまりそれらの属性は人間と矛盾している。神は人間と矛盾している。それは慈愛が正義に、完成の理想としての聖性が完成可能性に矛盾し、あるいは立法権力の理想としての王国が法に矛盾するのと同様である（SCE I 389= 上五四五）。

神の属性は人間的特質の完全化ではなく、むしろ人間と矛盾する。たとえば知について言えば、「人間の知識は方法的で反省的で漸進的、つまり実験的」であり、観察によって限りなく前進＝漸進するのが人間の科学である。それに対して神的な知とは普遍的であるのみならず、直観的、自然発生的、本能的である（SCE I 389-390= 上五四六）。それはすでに完成された、永遠のものである。

すなわち神の知は無限であるがゆえに外部をもたず、進歩や変化をすることもない。それに対して人間は有限であるがゆえに反省と進歩が可能である。「われわれは自らの内と外を見る。そしてわれわれの理性は、それが有限であるがゆえに、われわれの地平を越えるのだ」（SCE I 393= 上五五一）。そのような意味で、絶対性を否定されること、有限性を自覚することは人間の理性の条件である。

よって人間的能力の発展は、世界にないしは人間の内部に存在する、神的なもの（自然発生的なもの）との闘いという意味を持つ。

存在のもつそれぞれ敵対する能力をいわば分け与えられた神と人は、世界の指揮権を褒賞とする勝負を演じているように思われる。一方には自然発生性（spontanéité）、直接性、無謬性、永遠、他方には先見、演繹、可動性、時間がある。神と人は永遠に互いを妨げ合い、たえず互いに逃げ続ける。人が反省と理論を通じてたゆまず前進する一方、神は摂理がさだめた無能のゆえに、自然発生性という本性を通じて後退していくようである。だから人類とその理想には矛盾があり、人と神の間には対立がある。その対立をキリスト教神学は悪魔として、つまり神と人の反対者であり敵として寓話的に表し、人格化したのだ（SCE I 393-394＝上五五二）。

人間的なものと神的なものは世界の両極を成す原理であり、世界全体を構造化する対立軸である。したがって、非生物をも含むあらゆる存在がこの両極から成る軸の中に位置づけられる。「諸存在の連鎖は〔人間的なものと神的なものという〕相反する二項の間に含まれている」（SCE II 173＝下二六三―二六四）。両原理が世界の極を成す以上、世界の中でもっとも神的でないものが人間である。よって興味深いことに、自然発生性や直観性という神的な特徴は人間よりむしろ動物に近い、「教育と関係のない」能力とされる（SCE I 390＝上五四七）。人は動物よりも神から遠い。プルードンが残した挑発的な言明の一つとして知られる「神は悪である」（SCE I 384＝上五三六）は、教権主義に対する批判という側面もあるにせよ、より根底的には以上の文脈に位置づけられるべきものだろう[44]。

こうして反省性の原理と自然発生性の原理は諸存在において様々な仕方で入り組みつつ、世界を構成する。もちろん人間もまた全面的に反省的であるわけではない。むしろ反省性とは、この闘いとしての進歩を通じて少しずつ勝ち取られるべきものである。そしてこのような闘いは単に個人の思弁として行われるのではなく、そのもっとも重要な場は「社会」にほかならない。彼の鍵概念である「集合理性」にもみられるように、個人においてよりも社会においてこそ反省性はもっとも鋭く発揮され、「われわれがわれわれ自身の主人となる」可能性を持つからであり、したがって自然発生性との対立もまた最高度に先鋭化するからである。それはまた、社会においてこそ神的なものが人間にとってもっとも明瞭に現れるということでもある。「神は社会の中だけではなく、自然の全体の中に存在する。だが神は社会の中においてのみ、進歩的な存在と対立することによって見出される」（SCE II 251＝下三八二）。この両者の対立を「経済制度および哲学的思考」から見た「社会の歴史」（SCE I 396＝上五五六）を通じて追求することが『貧困の哲学』の目的であった。それゆえにこそ、「経済的矛盾の体系」を論じた本書は「神の仮説」から開始されているのであり、やや不均衡とも思われるほどの紙幅が神の問題に割かれているのである。

連合と主権の対比は、プルードンの思想を貫くこのようなコスモロジーの中にある。その意味で、晩年の連合論は前期思想からの根本的な変化ではないだろう。むしろそれは、神的なものと人間的なものの戦いの一つの形態、一つの領域にほかならない。

六　結論

本稿ではプルードンの連合主義思想の発展と特徴について、とくに主権の問題に焦点化しつつ論述を行なってきた。連合論による主権批判は、時間性の観点を導入することで、主権か無秩序かという問いの地平を無効化してしまうものであったということができる。また主権性への批判は彼の前期思想以来の問題であり、その問題意識が連合論にも継続していることは明らかだろう。この点を確認したことで本稿が設定した目的はひとまず果たされた。そのうえで、以上の作業の含意を示すものとして、本稿から導かれるいくつかの論点を確認して結論としたい。

本論で述べたとおり、連合論は神と人の対立として捉え直すことができる。そして神と人の対立が彼の著作全体を覆う構造であるとすれば、連合論と他の論点――連合以外の領域における、神と人の対立の様相――との類比関係を論じることが可能となるだろう。これはプルードンの思想全体の再検討と再評価に繋がりうると思われる。

第一に、他の領域で見られる論点を示唆として連合論を読み直す可能性が考えられる。プルードンが連合を論じるとき、構成要素間の関係は概して調和的に考えられており、集団間の根本的な抗争や対立の可能性にはさほど重きが置かれていない。だが対立の可能性があらかじめ排除されるとき、それは現存体制についての経験的記述としてもありうべき秩序の叙述としても説得性を欠くことは否めない。とりわけ連合が主権という最終的に秩序を担保する絶対的権力を否定するだけに、主権なき体制がいかにして対立を含みこんだ秩序を維持しうるのかという点はより積極的に問われてしかるべきものだっただろう。

ただし連合論以外の著作に目を移せば、対立や衝突はプルードンがむしろ好んで言及する関係の様相であった。その点は戦争賛美と取られかねない側面を持つ『戦争と平和』などにも明らかだが、「集合理性」の醸成においてもまた、「衝突」の存在は不可欠の条件である。さもなくば、諸要素はまたもや巨大な存在への「融合」に堕してしまうからだ。すなわち、反省性が主権性に取って代わる過程において、衝突や対立は不可欠の条件である。連合による国家主権の置き換えにもこの視角を適用することはどのような視野を開くだろうか。これは本稿から導かれる論点の一つである。

第二に提起したいのは、第一の点とは逆に、連合主義のもつ理論的特徴を手がかりとして、別の領域の問題を新たな視角で論じる可能性である。たとえばプルードンは、後年の著作において私的所有に対する態度を大きく変更させたことが知られている。初期の思想では「私的所有とは盗み」であったのに対し、遺稿『私的所有の理論』(一八六六年)においては私的所有は「自由の保障」とされる(45)。一般に私的所有の重要な機能は個人の権利の保障であると言いうるのであり、その意味で「自由の保障」という規定は理解しうる。だが他方でこの態度の変容は研究者を困惑させてきたものでもある。

連合主義の特徴は国家主権の批判にあった。ただしそれは、国家主権をただ否定するというよりは、ネットワーク的な関係形成のプロセスの中への解消を図るものであった。それによって国家主権の絶対性を否定しつつ、それがもちうるポジティヴな機能を可能な限り代替することが目指される。

同様の発想が私的所有について指摘しうるのではないだろうか。初期プルードンにおいて、私的所有はまさにその主権性・絶対性のゆえに根本的に否定されていた。他方で後年の所有論の要点は、私的所有を他の制度との関連のなかに置きなおすことで、それが持つ機能を保持すると同時に、主権性・絶対性が産む不都合を除去することであったと考えられる。実際にも彼は、私的所有を単独で考察するのではなく、自由を保障すべき「諸制度」あるいは「経済的セリー〔系列〕」(46)の中で捉える必要性を提起している。それによって最終的に目指されるのは、他者から暴力的に奪われないこ

ととしての私的所有の「不可侵性」の保持と、その「濫用（abus）の除去」すなわち絶対性の否定との両立である。(47)
絶対性・主権性を単に否定するのではなく、何らかの関連のなかに置き直すことでその機能と意味づけを変えるというこの発想は、後期のプルードンが様々な領域で適用を試みたものであった。そして連合主義が彼の思想の到達点であったと言いうるとすれば、それは彼が最終的に至ったこの発想をもっとも明瞭に示したという意味においてであろう。そして国家や私的所有（さらには市場）などの近代的「諸制度」を単に否定するのでも肯定するのでもない仕方で、最大限の自由と最小限の悪の両立を追求する点にプルードンの独自の意義があるとすれば、その思想の根本にあるのはまさにこの発想であったと思われる。

【付記】本稿は科学研究費補助金（課題番号15K16628）による研究成果の一部である。

（1）本稿で論じるプルードンのフェデラシオンは政治組織のみを対象とするものではないため、「連邦」ではなく「連合」と訳している。
（2）遠藤乾『統合の終焉』岩波書店、二〇一三年、二九四頁、千葉眞『連邦主義とコスモポリタニズム――思想・運動・制度構想』風行社、二〇一四年、二一六頁。
（3）本稿で引用するプルードンの著作のうち、M・リヴィエール版プルードン全集（*Œuvres complètes de P.-J. Proudhon*, Marcel Rivière, 1923-59）に収められたものは次の略号で指示する。略号の後のローマ数字は巻数を、漢数字は邦訳の頁数を指す（訳文は適宜改変させていただいた）。
QP – *Qu'est-ce que la propriété*, 1840（長谷川進訳「所有とは何か」、『プルードン Ⅲ』三一書房、一九七一年）; SCE – *Système des contradictions économiques ou Philosophie de la misère*, 1846（斉藤悦則訳『貧困の哲学』平凡社、二〇一四年）; IGR – *Idée générale de la révolution au XIXe siècle, choix d'études sur la pratique révolutionnaire et industrielle*, 1851（陸井四郎・本田烈訳「十九世紀における革命の一般理念」、『プルードンⅠ』三一書房、一九七一年）; JRE – *Justice dans la révolution et dans l'église*, 1858; UFI – *L'Unité et fédération en Italie*, 1862; PF – *Principe fédératif et de la nécessité de reconstituer le Parti de la Révolution*, 1863（江口幹訳「連合の原理」、『プルードンⅢ』）; NO – *Nouvelles observations sur l'unité italienne*, 1864; CP – *De la capacité politique des classes ouvrières*, 1865（三浦精一訳「労働者階級の政治的能力」、『プルードンⅡ』三一書房、一九七二年）.

（4）プルードン主義的連合論の系譜については以下が詳しい。Bernard Voyenne, *La ligne proudhonienne*, Presses d'Europe, 1981.

（5）Jean-Pierre Gouzy, Le fédéralisme d'Alexandre Marc et le combat pour l'Europe, in *L'Europe en formation*, n. 355（2010）p. 13.

（6）たとえば以下を参照。Pierre Ansart, Proudhon : Anarchisme ou Fédéralisme?, *Cahiers de Psychologie politique*, n. 16（2010）. http://lodel.irevues.inist.fr/cahierspsychologiepolitique/index.php?id=1412（二〇一六年一月六日最終閲覧）

（7）Olivier Beaud, Fédéralisme et Fédération en France, in *Annales de la Faculté de droit de Strasbourg*, n. 3（1999）p. 15.

（8）もっとも包括的な研究として、プルードンにおける連合思想の発展を丹念に跡づけた以下がある。Bernard Voyenne, *Le fédéralisme de P. J. Proudhon*, Presses d'Europe, 1973. また近年の英語圏における国際関係思想の展開をふまえた文献として、Alex Prichard, *Justice, Order and Anarchy : The international political theory of Pierre-Joseph Proudhon*, Routledge, 2013. より古典的な研究として、Madeleine Amoudruz, *Proudhon et l'Europe : les idées de Proudhon en politique étrangère*, Domat-Montchrestien, 1945 ; Nicolas Bourgeois, *Théorie du droit international chez Proudhon : le fédéralisme et la paix*, M. Rivière, 1927. 以上は書物としての研究だが、他にも連合論を主題とする論文は近年に至るまで著されており、それらについては必要に応じて以下で言及する。

（9）以下に述べる第一と第二の点については、フランスにおける連合主義の代表的論者オリヴィエ・ボーの指摘に示唆を受けている（Beaud, ibid.）。ただし彼はこれらの視点を本格的なプルードン論に繋げているわけではない。

（10）Puech et Ruyssen, Le fédéralisme dans l'œuvre de Proudhon, in Proudhon, *Œuvres complètes de P. J. Proudhon*, t. 15, M. Rivière, 1959, pp. 58-62. 本稿で検討することはできないが、B・コンスタンもまた革命後に連合主義の語を好意的に用いた希少な存在である。大国が有する弊害（専制への堕落など）に対する処方箋として連合主義が知られているが、彼は米国やスイスなどの歴史的経験に依拠する連合主義が不十分であると見なし、それとは異なる定義を与えようと試みる。そこで求められるのは、構成単位に自治・自律を最大限に認めるのみならず、他方でそれらを「相互依存」という観点から密接に結合することである（Benjamin Constant, *Fragments d'un ouvrage abandonné sur la possibilité d'une constitution républicaine dans un grand pays*, Aubier, 1991, pp. 406-8. Cf. Beaud, *ibid.*, pp. 58-65）。国際関係論や主権論がされているわけではない点は異なるが、歴史的経験から意識的に距離を取りつつ連合を理論化した試みであり、また自由と組織化の両立が企図されている点は、プルードンの連合主義にも共通する契機である。

（11）Voyenne, *ibid.*, p. 180.

（12）田中拓道「ジャコバン主義と市民社会　十九世紀フランス政治思想史研究の現状と課題」、『社会思想史研究』第三一号、二〇〇七年、一〇八―一〇九頁。
（13）Pierre Rosanvallon, *Démocratie inachevée : histoire de la souveraineté du peuple en France*, Gallimard, pp. 359f.
（14）Beaud, ibid., pp. 13f. 千葉前掲書、六―一三頁。
（15）Proudhon, *Correspondance*, t. 12, Lacroix, 1875, p. 220.
（16）彼の思想的発展に関する本節の記述については以下に依拠しており、本稿が新たに付け加える知見はとくにない。Voyenne, *ibid.*, Puech et Ruyssen, ibid.
（17）ルソーとジャコバン主義、さらにはそれらを急進化した四八年前後の社会主義者による直接立法・直接統治の試みに対するプルードンの批判については、以下が詳しい。Anne-Sophie Chambost, *Proudhon et la norme : pensée juridique d'un anarchiste*, Presses universitaires de Rennes, 2004, pp. 85-107.
（18）Voyenne, *ibid.*, pp. 31f.
（19）上述の文献に加え、とくに五〇年代の展開を扱った研究として以下がある。Georges Navet, Les échanges entre Proudhon et Michelet : fédérations, ou fédéralisme ?, in *Archives proudhoniennes*, Bulletin annuel de la Société P.-J. Proudhon, 1995 ; Navet, Proudhon, le fédéralisme et la question italienne, in *Corpus*, n. 47（2004）.
（20）ミシュレは一八五一年に『革命史』の最初の五巻を獄中のプルードンに寄贈する。それまでプルードンはミシュレに対して高い評価を与えていなかったが、本書によってその評価は覆る。とくに「連盟（fédération）」を重要なシンボルとしていた革命初期の記述が深い印象を残したことを、同年四月一一日付のミシュレ宛書簡で語っている（Proudhon, *Correspondance*, t. 4, p. 361）。連合論者として知られるフェッラーリは、マッツィーニの国民国家統一路線に対立する政治思想家であった。Navet, Proudhon, le fédéralisme et la question italienne, pp. 181-3. またフェッラーリについての邦語文献として、伊藤綾「諦念としての歴史哲学」、『社会思想史研究』第二九号、二〇〇五年。
（21）Voyenne, *ibid.*, p. 103.
（22）Samuel Hayat, Nationalité, in *Dictionnaire Proudhon*, Aden Éditions, 2011, pp. 357f.
（23）プルードンと補完性原理の関係については、遠藤前掲書、三〇五―三〇九頁。また以下をも参照。Philippe Ch.-A. Guillot, Proudhon et le fédéralisme, in *Corpus*, n. 47（2004）p. 170.

（24）前期思想においてこの発想をもっとも明快に示しているのは、「アンチノミー（antinomie）」と「セリー〔系列〕（série）」という対概念である。前者が二者間の関係に関わる原理であるとすれば、後者はアンチノミーをも含めた諸関係の総体を包括する原理である。この点は以下で論じた。金山準「「絶対」から「均衡」へ　前期プルードンにおける私的所有批判の論理」、『社会思想史研究』第三九号、二〇一五年。

（25）この問題を主題としたプルードンの著作として、『もし一八一五年の条約が消滅したら』（一八六三年）がある。

（26）Puech et Ruyssen, ibid., pp. 51f.

（27）なおこの箇所はフランスによるベルギー併合の呼びかけと見なされてベルギーのナショナリストの強い反発を受け、プルードンがベルギーを出国する原因となる。

（28）プルードンが『連合の原理』で「デモクラシー」の語を用いるとき、そこには理念や政体としての民主主義と同時に、それを主に担うべき階層（端的には労働者と農民）の運動が意味されている。

（29）Voyenne, *ibid.*, p. 156.

（30）Patrice Rolland, Le fédéralisme, un concept social global chez Proudhon, in *Revue du droit public et de la science politique en France et à l'étranger*, t. 109（1993）p. 1540.

（31）千葉前掲書、一七―二〇頁。

（32）Pierre Ansart, Proudhon : Anarchisme ou Fédéralisme ? ただしアンサール自身はこのことの含意について特段に検討していない。

（33）英国の多元的国家論による主権批判を検討した早川は、そこに見られる「一元的で静的な主権」から「多元的で動的な主権（あるいは主権的な機能を果たすもの）」への移行という特徴を指摘している（早川誠「多元的国家論――伝統と革新による自由の実現」、『岩波講座　政治哲学4　国家と社会』岩波書店、二〇一四年、九八―九九頁）。おおむね類似の事態を、遠藤は主権の「居眠り」の「常態化」と表現している（遠藤前掲書、三二〇頁）。このようなプロセス化ともいうべき発想は、多元的な集団の協働を主権に取って代えようとする思想には多少なりとも見られるものであるのだろう。そのうえでプルードン独自の問いは、次に述べるようにプロセスが機構に取って代わることの意味である。

（34）ただしプルードンからすれば、むしろ一体不可分の主権という想定こそが高度に抽象的・人工的で現実から乖離したものであるということは付言すべきだろう。だからこそ、具体的に機能する集団（「自然的集団」）からなる連合が提起されるのである。

(35) たとえばトクヴィルは、合衆国の連邦制度を分析する際に、「抽象的存在」としての連邦の主権と「自然なもの」としての州の主権を区分し、「記憶と慣習」、「地域の偏見」、「地方や家族の利己主義」に支えられた後者の前者に対する優位を指摘している（Alexis de Tocqueville, *Œuvres, II, De la démocratie en Amérique, 1* (*1835*), Gallimard, 1992, pp. 188f. 松本礼二訳『アメリカのデモクラシー』第一巻（上）、岩波文庫、二〇〇五年、二七二頁）。

(36) Guillot, ibid., p. 161., Voyenne, *La ligne proudhonienne*. 人格主義的発想によれば、個人は共同体の中で生まれ、共同体の中で人格を涵養され、その中でのみ生の意味を理解しうる。統一国家はこのような共同体の生命を脅かす点で批判される。

(37) Hayat, ibid., p. 365.

(38) Voyenne, *Le fédéralisme de P. J. Proudhon*, p. 25.

(39) Proudhon, *Carnets*, t. 4, M. Rivière, p. 69. 強調は引用者による。またこの点については、藤田勝次郎『プルードンと現代』世界書院、一九九三年、一七二頁をも参照。

(40) 有機体的と合理的という表現は以下による。Voyenne, *Le fédéralisme de P. J. Proudhon*, pp. 78f.

(41) 前期プルードンの「主権性」批判について、詳しくは金山前掲論文を参照。

(42) 集合理性の問題については、まず以下が参照されるべきである。Chambost, *ibid.*, Navet, Raison, in *Dictionnaire Proudhon*. プルードンの法思想について重要な研究を著したシャンボストによれば、集合理性による規範の形成は、国家による立法プロセスの独占の否定を意味する。集権的国家に委ねられた権能の分散という点で、この問題は連合論と類比的である（Chambost, *ibid.*, p. 242）。

(43) プルードンによれば、集合理性の判断は個人的な理性のそれとは決して同じではありえず、集合理性が生み出す「真実」や「正義」は、個人的理性からすればつねに「逆説」として現れる（JRE III 253-4）。

(44) プルードンにおける神と人の対立（自然発生性と反省性、あるいは摂理と進歩）についてはこれまでも指摘されている（Henri de Lubac, *Proudhon et le christianisme*, Seuil, 1945, pp. 181-209, 森政稔「アナーキズム的モーメント」、『現代思想』第三二巻第六号、二〇〇四年）。本稿が指摘したいのはその対比自体というよりは、第一にそれと連合主義との関係であり、第二に反省性が発揮される条件である。なお自然発生性は大著『正義』を貫く問題であり、そこでは自然発生性が肯定的に論じられる箇所も少なからず見られる。これについてはより包括的な検討が必要になるが、さしあたりの整理をするなら、プルードンは外的権威に対比される概念としての自然発生性は肯定的に用いるが、反省性に対する意味でのそれには概して批判的である。その意味でプルードンにおけるこの概念は、アナーキズム的秩序観にまま帰せられる「自然発生性」とは大いに異なる内実を有している。

(45) Proudhon, *Théorie de la propriété*, Librairie internationale, 1866, p. 75.

(46)『貧困の哲学』第一一章第一節の標題によれば、「経済的セリーの外部では私的所有は説明不可能である」。セリーについては註24を参照。

(47) Proudhon, *ibid.*, p. 190.

[政治思想学会研究奨励賞受賞論文]

ロールズの合理的選択理論とカント的構成主義

犬飼　渉

本論文では、J・ロールズの学説において、カント的構成主義（政治的構成主義）の枠内で合理的選択理論が重要な役割を果たすことを示す[1]。

日本を代表する道徳・政治哲学およびロールズの研究者である川本隆史は、いくつかの優れた著作においてこう論じている[2]。

所有と市場に対して両義的な態度を保持している『正義論』は刊行直後より、左右両翼の夾撃に会い、八〇年代には「共同体論者たち」やフェミニストから糾弾を受けた……。こうした集中砲火を浴びたロールズは、【Ⅰ】格差原理の正当化のためにゲーム理論から借用したマキシミン・ルールを撤回し、【ⅡA】主著において、正義論を合理的選択理論の一分野として特徴づけたことが誤りであったとの反省を綴るまでにいたる（Rawls 1985：237 note 20）。【ⅢA】原初状態における合理的選択というモデルに代わって、【Ⅳ】八〇年代以降のロールズは、自由かつ平等な道徳的人格間の合意を通じて「秩序ある社会」の正義原理を積み上げていくという「カント的構成主義」を全面に押し出し、正義原理の正当化を認識論や形而上学から独立に遂行される「実践的・社会的な課題」と見なすようになった[3]。

原初状態にせよマキシミンにせよ、ロールズがゲーム理論から借り出し自分の土俵で活用を図った用語である。だから、それらが本来の定義からずれているといった攻撃は、あまり実りあるものではない。ロールズも、「分配の公平性の概念」を特集したアメリカ経済学会のシンポジウム（『アメリカン・エコノミック・リヴュー』第六四巻〔一九七四年〕）や財政学者リチャード・A・マスグレイヴ（1910– ）らとの応酬（『クォータリー・ジャーナル・オブ・エコノミックス』第八八巻〔一九七四年〕）あたりまでは、生真面目に経済学者との議論につきあっていたが、あまりのすれ違いに辟易したようで、【ⅢB】ついには一九八〇年代半ばになってゲーム理論・合理的選択理論からの撤退を表明するにいたったのである。【ⅡB】すなわち「『正義論』において、正義の理論を合理的選択の理論の一部に属するものと記述したことは、誤り（しかもきわめて誤解を招きやすい誤謬）であった」と（「公正としての正義――形而上学に関わるものでなく、政治的な構想として」一九八五年[4]）。

便宜のため、これらの記述を四つのテーゼへとまとめたい。【Ⅰ】〈マキシミン・ルールの撤回〉テーゼ、【ⅢA】【ⅢB】〈合理的選択理論からの撤退〉テーゼ、【Ⅳ】〈カント的構成主義の強調〉テーゼ、【ⅡA】【ⅡB】〈正義の理論が合理的選択理論の一部だという記述の修正〉テーゼである。

川本の理解は次のものである。ロールズは、マキシミン・ルールを撤回し、合理的選択理論から撤退した。さらに、川本の記述をこのように読み取ることもできてしまう。ロールズは『正義論』の修正過程にてカント的構成主義を強調するようになったが、これは合理的選択理論からの撤退と関連がある。また、ロールズによりなされた、正義の理論が合理的選択理論の一部だという記述は誤りだったとする修正は、マキシミン・ルールの撤回や合理的選択理論からの撤退と関連がある。これらのことが正しければ、ロールズの合理的選択理論とカント的構成主義は両立しないことになる。さらに、後期ロールズ思想における合理的選択理論の役割などあるはずもないということになりかねない[5]。

しかし、私はロールズの合理的選択理論とカント的構成主義が両立しないという考えを直ちに認めるにはいたらなかった。近年の構成主義の研究を見てみると、いかなる仕方でそれらが両立しているのかについての解説もなく、端から両立が前提されているか両立するのが自然だと想定されているからである[6]。本論文では、それらが両立するという前提を取り去った上で、次のことを示していきたい。ロールズはマキシミン・ルールおよび合理的選択理論を捨てていない。また、合理的選択理論はカント的構成主義に置き換えられたのではないし、正義の理論が合理的選択理論の一部だという記述の修正はマキシミン・ルールの撤回および合理的選択理論からの撤退を意味するわけでもない。合理的選択理論とカント的構成主義は両立し、合理的選択理論はカント的構成主義の枠内でその機能を発揮する。さらに、後期ロールズ思想においても合理的選択理論の機能は保存されている。このことを示すために、以下では上記の四つのテーゼを検討していく。

一 〈マキシミン・ルールの撤回〉テーゼへの反論

ここでは、【I】〈マキシミン・ルールの撤回〉テーゼへの反論がなされる。マキシミン・ルールとは、各代替肢が引き起こしうる最悪の事態に焦点を絞り、それが最もましであるような一つの代替肢を選び出すよう指示する意思決定ルールのことである（*TJ*: 152-4; *TJr*: 132-3; *JFR*: 97）。これは正義の二原理を導出する議論において使用される（*TJ*: §26; *TJr* §26; *JFR*: §§27-33）。

二つの理由からして、ロールズが「マキシミン・ルールを撤回し」たと述べるのは適切でない。第一に、彼自身がマキシミン・ルールを撤回すると明言したことは、私が知る限り一度もない。彼はそのルールを撤回した、と主張するためには典拠を示す必要があるだろう。第二に、「マキシミン・ルール」という用語は、二〇〇一年出版『公正としての正義：再説』（以下、『再説』）にて頻出している[7]（*JFR*: 95, 96, 97, *et passim*）。この用語はもちろん、過去における使用を悔いるためではなく、正義の二原理を導くための推論を補強するために登場させられる。それゆえ、「マキシミン・ルールを撤回し」た、という理解は、適切さを欠いている。

ちなみに、川本は「格差原理の正当化のために」マキシミン・ルールが借用されたと考えているが、これは誤りである。マキシミン・ルールを格差原理の正当化のために使用することはできない。このルールが最低限を最大化することを指示する意思決定ルールでしかないのにたいして、格差原理は最低限の最大化にとどまらない規準であるからだ。格差原理の適用は所得と富の最低水準の最大化だけでなく自尊心および制度ないし社会的協働の安定性をもたらすのであって（*TJ*: 178-82; *TJr*: 155-9; cf. *JFR*: 119-32）、この原理が要求するものはマキシミン・ルールの適用範囲には収まらない[8]。実際、『再説』で述べられているように、「格差原理の推論はこのルール〔マキシミン・ルール〕に依拠しない」（*JFR*: 95, cf. 43）。一体として考えられたときの正義の二原理の推論がこのルールに依拠する。（三の1にて原理の内容を確かめる。）

二 〈合理的選択理論からの撤退〉テーゼへの反論

ここでは、【ⅢA】【ⅢB】〈合理的選択理論からの撤退〉テーゼへの反論がなされる。合理的選択理論とは、意思決定主体のもつ所与の目的のために最良の手段となる行為を選択するよう指令もしくは推奨する、あるいは、選択するのだとして記述する、そういう理論である[9]。

このテーゼの否定は二つの点で支持される。第一に、上述の通り、ロールズは、（合理的選択理論ないしゲーム理論において使用されるはずの）マキシミン・ルールを撤回していない。事実、このルールは『再説』において、正義の二原理の導出のために惜しみなく利用されている。ゆえに、ロールズが合理的選択理論を捨て去った、という立言は疑わしい。「原初状態における合理的選択というモデルに代わって」他の説明すなわちカント的構成主義をもってきて「ゲーム理論・合理的選択理論からの撤退を表明するにいたった」、というように物語るとすれば、それは間違っていることになる。

反論が支持される第二の理由は、私が考えるに、ロールズが合理的選択理論を使った説明をむしろ強化していることにある。ロールズは、『正義論』における合理的選択の過程を細分化して厳しく検討しようと、着々と準備を進めていた。彼は、一九八七年発表の「『正義論』フランス語版序文」にてこのように記す。「もし私が今『正義論』を書くのであれば」「原初状態からの議論を表現する方法」を異なった仕方で扱いたい（PF: 418; cf. TJr: xiv）。すなわち、「正義の二原理」対「平均効用原理」、および、「正義の二原理」対「混合構想（制限つき平均効用原理）」という「二つの比較」を並べ立て、議論を再構成したいと望んでいたのだ[10]。

これと並行して、合理的な選択となりうるための諸条件を探る、傍流の準備研究もなされていた。一九七九年の書評論文にて、S・ストラスニックは、「マキシミン・ルールが合理的となる場合に選択状況がもつに違いないような三つの特別な類の特徴[11]」を取り上げ、ロールズが想定する意思決定状況の特殊性を強調することで、選択が合理的になされていないとするR・P・ウルフの批判からロールズの説を擁護した[12]。一九八九年、ストラスニックの研究から示唆を得たJ・コーエンは、正義の二原理を選択するのが合理的となる諸条件を列挙し、これらが満たされることを示した[13]。ここで彼は、議論A（「正義の二原理」対「平均効用原理」）と議論B（「正義の二原理」対「混合構想」）とに推論を分割して、詳細な議論を展開した。また、同年、S・L・ハーリーは、不確実性およびそれへの回避性と、リスクおよびそれへの回避性とを区別し、原初状態にて前者を想定することとの妥当性を示しつつ、その想定下で格差原理が採用されることを論証した[14]。さらに、同年、E・F・マクレネンは、合理性が安定性といかに噛み合うかを弁明しつつ、安定性が互恵性によって確保される過程を描いた[15]。

ロールズおよび他の研究者たちによる合理的選択理論の補強作業は、『再説』にて結実する。ここにおいて、ロールズは念願の「二つの比較」を具現化した[16]（JFR: Part III）。このうちの第一比較で、「マキシミン・ルールによって導かれるのが合理的であるような三つの条件[17]」（JFR: 98）のうち第一の条件の位置づけを示すために、ハーリーの研究を参照しつつ、不確実性の特徴をまとめている（JFR: 106n.）。第二の条件に関連する点については、コーエンの研究に言及しつつ、原初状態での意思決定問題が急激な限界効用の減少の想定によって解答されるような性質のものでないということを指摘している（JFR: 100n.）。また、第二比較では、マクレネンからの影響をはっきり認めて、格差原理の互恵的な特徴を強調することによって安定性の議論を補強している（JFR: 126n.）。したがって、彼は（他の研究者たちとともに）、『再説』執筆に向かって、合理的選択理論を使った説明をむしろ強化しようと試みたのではないか、と私は考える。少なくとも、『再説』での合理的選択への執着を考える限り、合理的選択理論から撤退したというのを事実だと言い切ることはできないだろう。上記の二つの理由でもって、私は〈合理的選択理論からの撤退〉テーゼを否定する。

ロールズの合理的選択理論にかんする注意点として次のことを指摘しておきたい。〈合理的選択理論からの撤退〉テーゼと『政治的リベラリズム』（以下、『政治的』）において彼が制度ないし社会的協働の安定性の説明を修正したこと（いわゆる政治的転回）はそれぞれ別のことを意味しており、両者を混同してはならない。前者は偽であるが、後者は真である。ロールズはこう言う。

〔『政治的』の目標および内容と『正義論』の目標および内容との〕相違の性質・程度を理解するためには、それらの相違を、……『正義論』第三部での安定性の説明が全体としての見解と一貫していない、という事実から生じているものだと見るべきだ。私が思うに、相違はすべて、その非一貫性の除去の結果である。その他にかんしては、それらの〔『政治的』に収録されている〕諸講義では、『正義論』の構造および内容を実質的に同じままにしてある。(*PL*: xv–xvi)

加えて、いわゆる合理的選択理論が『正義論』の第三部ではなく第一部（『政治的』における修正の対象となる範囲の外側）で展開されていたことにも注意すべきだ。さらに、『政治的』において、合理的選択が行われる場所である原初状態の役割と重要性の説明や、選択されるところの正義の二原理の説明に紙幅が割かれていることにも注意すべきだ[18]（*PL*: 6-7, 22-8, 72-81）。これらのことから考えるに、『政治的』で合理的選択理論を用いた議論の展開がないのは、彼が合理的選択理論から撤退したからでなく、『正義論』第三部の修正作業と直接の関係がないからだと言えよう。政治的リベラリズムが合理的選択理論を葬り去ったわけではない。むしろ、それらは整合する。（ただし、『正義論』第三部の修正は第一部にも修正を求める。つまり、正義の二原理が支持される理由としての安定性の説明を修正するよう求める。この修正は『再説』でなされた（*JFR*: §37）。）

三 〈カント的構成主義の強調〉テーゼの吟味

ここでは、【Ⅳ】〈カント的構成主義の強調〉テーゼの吟味がなされる。今までの考察からして、〈合理的選択理論からの撤退〉テーゼには信憑性がない。このことを受けて、以下では二つの疑問を扱う。カント的構成主義の強調は実際になされたのか。実際になされたならば、その強調は「八〇年代以降」に限ってなされたのか。

1 カント的構成主義

二つの疑問とそれらへの解答（特に第二の疑問への解答）に備えるため、まず「道徳理論におけるカント的構成主義」論文（以下、「構成主義」論文）におけるカント的構成主義の説明を概観する。

管見の限り、ロールズは「構成主義（constructivism）」そのものを明確に定義していない。S・ストリートは構成主義一般を次のように定義している。

倫理学における構成主義的見解は、何らかの（特定された）規範的判断の集合の的確さ・不的確さを、次の問いとして理解する。つまり、それらの判断が、何らかの（特定された）さらなる規範的判断の集合の立脚点からの、何らかの（特定された）精査の手続きに耐えるかどうかの問いとして理解する。[19]

「手続き」がテストとして働く、ということに注目すると理解しやすいだろう。[20] ロールズが主張するところの「カント的（Kantian）構成主義」とは次のものである。

構成主義のカント的形態……は、特定の人格の構想を理に適った構成の手続きの一要素として特定し、その結果が正義の第一原理群の内容を確定する。他の仕方で表そう。この種の見解は、ある理に適った要求に答えるようなある構成の手続きを設定し、また、この手続きにあって合理的な構成の代理人として特徴づけられる人格は、合意を通じ正義の第一原理群を特定する。（KCMT: 304）

引用部分から〈人格〉〈手続き〉〈原理〉をカント的構成主義の三要素として抜き出し、以下では少し長くなるがそれらの内容を順に解説していく。

まず、〈人格〉について。これを簡潔に規定するのは難しいので、三つの観点（KCMT: 320-1; cf. *PL*: 27-8）を区別してから説明しよう。

一つ目の観点は、「自由と平等についての適切な理解をもたらすであろう正義の構想の基礎としての、公正としての正義を吟味する、私たち自身――あなたと私――の観点」である。この観点をもつ私たちは、人格が与えられたとき手続きを通じて導かれる原理や諸要素の配置などが熟考された判断に合致するかを確かめる（KCMT: 321, 354; cf. *PL*: 28）。

二つ目の観点は、「秩序だった社会における市民の観点」である。秩序だった社会における市民は、「自由で平等な道徳的人格であり、また、自由で平等な道徳的人格だと、彼らの政治的・社会的関係において（正義の問いに関連する限り）彼ら自身や互いを見なしている」者たちである[21]（KCMT: 309; cf. *PL*: 18-9）。では、「自由で平等な道徳的人格」とは何なのか。

「道徳的」人格は、「二つの道徳的力と二つの対応する最高次の関心によって特徴づけられる」（KCMT: 312; cf. *PL*: 19, 74）。「二つの道徳的力」とは「実効的な正義感覚の能力、すなわち、正義の原理を理解し、それを適用し、（それとただ一致しているだけでなく）それから行為する能力」および「善の構想を形成し、それを改定し、合理的にそれを追求する能力」である。彼らは、さらに、「それらの〔道徳的〕力を実現し行使する二つの最高次の関心によって動かされる」と想定される。つまり、道徳的人格は、正義感覚についての能力と善の構想についての能力をもっているだけでなく、これらの能力を実現し行使したいと、実際に望んでいる者たちなのだ。また、彼らは、定まった善の構想をもっていて、第三の関心、「彼らの善の構想を、それが何であろうとも彼らがしうる限り守り促進する、ある高次の関心」をもっている（KCMT: 313; cf. *PL*: 19, 74）。

「自由な」人格は、三つの側面をもっている（KCMT: 330-2; cf. *PL*: 30-4）。一つめは、自らを「妥当な主張の自己発生的源泉」だと考えることに見られる。極端な例として、奴隷は、最高次の諸関心や最終目的をもっていても、社会制度の設計にたいして口を挟むことができない。妥当な主張の自己発生的源泉であるとは、社会制度の設計にたいして口を挟めるということである。二つめの側面は、彼らが、「善の構想をもつ道徳的力」が自分たちにあるのだと、互いに認め合うことに見られる。そのため、彼らは、特定の善の構想を押しつけられることがない。三つめの側面は、制度と必要な財が与えられるならば、自身で「目的への責任」を背負うことに見られる。

「平等な」人格について（KCMT: 332-3; cf. *PL*: 79）。市民は皆、「公共的な正義の構想を理解し、それに従う能力を平等にもっている」。それゆえ、彼らは皆、「正義の原理を遵守し、彼らの生涯を通じて社会的協働における完全な参加者となる能力をもっている」。

三つ目の観点は、「原初状態における当事者たちの観点」である。最も重要なこととして、原初状態における当事者たちは自由で平等な道徳的人格を代表する（KCMT: 313, 320; cf. *PL*: 23-8, 72-81）。つまり、当事者たちは、その人格の代弁者であり、彼らの要求を適切に表す。そのとき、彼らは単に合理的である（KCMT: 308, 316; cf. *PL*: 72-7）。

人格についてまとめよう。人格とは基本的には（二つ目に挙げた観点の主体である）自由で平等な道徳的人格である秩序だった社会の市民のことであるが、ただ、手続きであるところの原初状態においては（三つ目に挙げた観点の主体である）当事者たちが自由で平等な道徳的人格の意見を代弁する。

次に、〈手続き〉について。「原初状態」が人格と原理を媒介するところの手続きである（KCMT: 358; cf. *PL*: 22-8）。原初状態では「無知のヴェール」が要請される。これは、当事者たちの特殊利益にかんする情報を奪うものであり、自由で平等な道徳的人格を代表する当事者たちのあいだの公正さを保証するために導入されるものだ（KCMT: 310; cf. *PL*:

23)。このヴェールの作用について、ロールズは、次のような例を挙げて説明している。

> 彼ら〔無知のヴェールの背後にいる当事者たち〕は、社会における位置、階級的地位、社会的ステータスを知らないし、自然本性的な才能と能力の分配にかんする運命を知らない……善の構想すなわち特定の最終目的を知らないし、また、最後に、自身特有の心理的性向・傾向を知らない、などなど。（KCMT: 310）

最後に、〈原理〉について。原初状態で導出される原理とは「正義の二原理」である。

> 一：各人は、最も広範な平等な基本的諸自由の制度枠組みにたいして、それが他者の同様の自由の制度枠組みと両立しうる限りにおいて、平等な権利をもつことになる〔平等な自由の原理〕。
> 二：社会的・経済的不平等は、（a）あらゆる者の利益となるよう理に適った仕方で予期されるようにして〔格差原理〕、かつ、（b）地位と職務が皆に開かれるようにして〔公正な機会均等原理〕、整えられることになる。（*TJr*: 53; cf. *TJ*: 60; *PL*: 5-6）

正義の二原理は「構成主義」論文には一度しか登場せず、しかもその内容はまったく触れられていない（KCMT: 317）。ここでは『正義論』における〔最も素朴な〕定式を示しておいた。

要するに、カント的構成主義の構造は次のものである。まず自由で平等な人格が置かれ、原初状態において彼らを代弁する当事者たちが正義の二原理を選ぶ。私たちは導出された原理やその他の要素の配置などが熟考された判断に合致しているかを確認する。

先に述べた二つの疑問に移る前に、ロールズの構成主義について注意すべきことを指摘しておく。「カント的構成主義」は「政治的構成主義」へと改名されることになるが、両者が断絶していると考えるのは適当ではない。ロールズは、『政治的』において、道徳的構成主義と政治的構成主義を区別して後者を採用する（*PL*: 90）。また、政治的構成主義を論じるとき、「カント的」という形容詞を使用しなくなる[22]（*PL*: Lecture III）。ただし、構成主義が「政治的」であることはそれが「非カント的」であることを意味しない[23]。例えば、次を確認するのがいい。

> 最後に、私が述べておかねばならないのは、それらの講義（「構成主義」論文）の題名「道徳理論におけるカント的構成主義」が紛らわしい、ということであって、論じられる正義の構想が政治的構想なのだから、よりよい題名は「政治哲学におけるカント的構成主義」であっただろう。（JFP: 389n.）

さらに、ロールズは構成主義が「カント的」だということで自身の説がカントの説に似ていると指摘しているに過ぎず（KCMT: 304-5）、カント的構成主義の三要素は『政治的』でも同じ形式を保っている（*PL*: Part 1）、ということも根拠となる[24]。

2　第一の疑問

第一の疑問はこうだった。カント的構成主義の強調は実際になされたのか。合理的選択理論から撤退していないのであれば（二）、カント的構成主義の強調もなされていないのだろう、と予想されてもおかしくはない。

第一の疑問への解答はこうなる。カント的構成主義の強調は実際になされた。「カント的構成主義」という語句は、一九八〇年発表の「道徳理論におけるカント的構成主義」論文では表題に掲げられるまでの重要性を与えられている。また、上で確認したように、そこではカント的構成主義の三要素が詳説されている。これらのことから〈カント的構成主義の強調〉テーゼは真だと言える。

3　第二の疑問

第二の疑問はこうだった。実際にカント的構成主義の強調（「「カント的構成主義」を全面に押し出し」たこと）がなされたならば、それは「八〇年代以降」に限ってなされたのか。

解答はこうなる。カント的構成主義が一九八〇年以降に限って強調されたと断言することは難しく、少なくともそう断言すると誤解を招くことがあるだろう。というのも、カント的構成主義は「構成主義」論文発表の一九八〇年に突如として登場したわけではなく、カント的構成主義の三要素（〈人格〉〈手続き〉〈原理〉）はそれに先立って説明され始め、その説明は少しずつ深められていったからである。

このことを確かめるために、ここからはカント的構成主義の三要素の記載について『正義論』まで遡るかたちで調査する。とは言っても、〈手続き〉と〈原理〉が「原初状態」と「正義の二原理」のことであるのは『正義論』においてさえはっきり示されているから、焦点は〈人格〉に絞られる。（ただし、特にこの時期のロールズが秩序だった社会の市民と原初状態の当事者たちとをはっきり区別していなかった、つまり代表の関係をあまり気にしていなかったことには留意すべきである。）

一九七七年発表「主題としての基本構造」論文では、自由で平等な道徳的人格が原初状態にて原理を決めると述べられているが、彼らについての直接的な規定はなされていない（BS: 160–1）。

一九七五年発表「善さの公正さ」論文（以下、「善さ」論文）では秩序だった社会の七つの特徴が列挙されており、そのうちの三つの特徴の説明にて、自由で平等な道徳的人格について触れられている。

（4）彼らの各々は、通常実効的であるような、正義感覚（その内容は公共的な構想にかんする原理によって規定される）をもち、かつ、もつと彼ら自身を見なす（この構想に従って振る舞う欲求は、彼らの行為をおおかた決める）。

（5）彼らの各々は、根本的な目標や関心（彼らの善の構想）をもち、かつ、もつと彼ら自身を見なしており、その名において、彼らの制度の設計に際して、互いに主張をなすことは正統である。

（6）彼らの各々は、それによって彼らの社会の基本構造が統制されることになる、そういう原理を決める際に、平等に尊重・配慮される権利をもち、かつ、もつと彼ら自身を見なす。（FG: 278–9）

同じく一九七五年発表「カント的な平等の概念」論文では、人格に付与されている自由な・平等な・道徳的な性質についてのごく簡潔な解説がなされている（KCE: 255）。さらに、（正義の原理を含む）正義の構想を採用するところの当事者たちが、この自由で平等な道徳的人格だとされている（KCE: 265）。

一九七四年発表「アレクサンダーおよびマスグレイヴへの返答」論文（以下、「返答」論文）にも、（「善さ」論文とまったく同じ内容の）秩序だった社会の七つの特徴のうち三つで、自由で平等な道徳的人格について触れられている（AM: 233-4）。さらに、原初状態における個々人が、自由で平等な道徳的人格だということも示されている（AM: 236）。

同じく一九七四年発表「マキシミン規準の諸理由」論文では、自由で平等な道徳的人格にかんする規定がなされない。ただ、そうでありながらも、適切な初期状況にて自由で平等な道徳的人格をもつ個々人が原理を決める、ということは明記されている（MC: 225）。

一九七一年発表『正義論』初版においても、自由な人格・平等な人格・道徳的人格がそれぞれ登場するが、それらが具体的に規定されることはない。（自由で平等な道徳的存在者が正義感覚をもつと読み取れる箇所ならある（*TJ*: 574; cf. *TJr*: 503）。）原初状態において自由で平等な合理的存在者が原理を選択するのだということは述べられている（*TJ*: 251-4; cf. *TJr*: 221-4）。

一九八〇年にいたるまでのカント的構成主義についての調査を総括しよう。一九七一年の『正義論』初版においてすでに手続きと原理は詳説されている。人格の内容と役割がはっきり示されることはなかったのだが、それでも確かに人格は登場し、（後に人格と関連づけられることになる）原初状態における合理的存在者も登場する。その三年後に発表された「返答」論文では、人格の内容と役割についての説明の曖昧さがある程度克服されている。後続の諸論文においても、「構成主義」論文での網羅的説明にいたるまでの途中経過と言いうるような、人格の規定を改良させようとする試みがなされている。

この総括によると、一九七一年の『正義論』でもカント的構成主義は形式的には存在しており、その三要素のうち〈手続き〉と〈原理〉の内容も詳説されていて、一九七四年くらいから〈人格〉の内容および〈人格〉〈手続き〉〈原理〉

の相互連関の説明が少しずつ深められていった、ということになる。カント的構成主義は一九八〇年に突然現れたのではない。そもそも、ロールズは、「構成主義」論文の冒頭で、『正義論』で論じたことのうち今まで強調してこなかった側面について論じると言っているので（KCMT: 303）、彼が「構成主義」論文で『正義論』と異なる主張を提示したと考えるのは端から無理がある。確かに彼の論じ方の変更はあったが、整合性を取る作業を超えるような立場の転向があったわけではないだろう。

〈カント的構成主義の強調〉テーゼは真である。しかし、カント的構成主義の強調を転向だと捉えようとするならば、これは極めて困難である。この強調の実情は、せいぜい部分的な改良でしかない。（「原初状態における合理的選択というモデルに代わって、八〇年代以降のロールズは、自由かつ平等な道徳的人格間の合意を通じて「秩序ある社会」の正義原理を積み上げていくという「カント的構成主義」を全面に押し出し[25]」（【ⅢA】【Ⅳ】）と記した川本の真意は必ずしも明らかでないのだが、）再び〈合理的選択理論からの撤退〉テーゼが疑わしいこと（二）をも考慮するならば、『正義論』での合理的選択理論の強調と一九八〇年代のカント的構成主義の強調を撤退と転向として受け取ることが不適切であるのは、今や明白であろう。カント的構成主義が特に一九八〇年代に強調された、というだけのことであり、それ以上を読み込んではならない。

以上を踏まえ、次の仮説を立てておく。合理的選択理論とカント的構成主義は両立可能である。これを確かめるべく、次の吟味へと進む。

四　〈正義の理論が合理的選択理論の一部だという記述の修正〉テーゼの吟味

ここでは、【ⅡA】【ⅡB】〈正義の理論が合理的選択理論の一部だという記述の修正〉テーゼの吟味がなされる。

事実、川本の指摘するように、「正義の理論を合理的選択の理論の一部に属するものと記述したことは、誤り（しかもきわめて誤解を招きやすい誤謬）であった」とロールズは述べている。ゆえに、〈正義の理論が合理的選択理論の一部だという記述の修正〉テーゼは真である。

ただし、川本の記述に誤解を招きかねない部分があることには注意せねばならない。「ついには一九八〇年代半ばになってゲーム理論・合理的選択理論からの撤退を表明するにいたったのである。すなわち「『正義論』において、正義の理論を合理的選択の理論の一部に属するものと記述したことは、誤り（しかもきわめて誤解を招きやすい誤謬）であった」と」（【ⅢB】【ⅡB】）。ここでは、ロールズの誤りの訂正（【ⅡA】【ⅡB】）が、（二ですでに否定された）〈合理的選択理論からの撤退〉説（【ⅢA】【ⅢB】）と関連するかのように記されている。この川本の表現が〈合理的選択理論からの撤退〉テーゼ（【ⅢA】【ⅢB】）肯定を不用意に助長してしまうことを、私は恐れている。

また、次の記述にも注意せねばならない。「格差原理の正当化のためにゲーム理論から借用したマキシミン・ルールを撤回し、主著において、正義論を合理的選択理論の一分野として特徴づけたことが誤りであったとの反省を綴るまでにいたる」（【Ⅰ】【ⅡA】）。ここでは、ロールズの誤りの訂正（【ⅡA】【ⅡB】）が、（一ですでに否定された）〈マキシミン・ルールの撤回〉説（【Ⅰ】）と関連するかのように記述されている。この川本の表現が〈マキシミン・ルールの撤回〉テーゼ（【Ⅰ】）肯定、さらには、（マキシミン・ルールが使用されるところの）〈合理的選択理論からの撤退〉テーゼ（【ⅢA】【ⅢB】）肯定を不用意に助長してしまうことを、私は恐れている。

1 合理的選択理論とカント的構成主義の両立

本題に移ろう。〈正義の理論が合理的選択理論の一部だという記述の修正〉をロールズが行ったのは事実だ。ここでの課題は、その事実にもかかわらず、合理的選択理論とカント的構成主義が両立するのを示すことである。まずは、該当部分を引用する。

原初状態がモデル化するのは、カント的構成主義の基本的な特徴、すなわち、理に適ったもの（the Reasonable）が合理的なもの（the Rational）に優越するとしたときの、理に適ったものと合理的なものとの相違である。……ここでこの相違が関係してくるのは、正義の原理の議論への制限としての合理的ではなく理に適った（あるいは、ときに、適合的な・適切な）諸条件について『正義論』が多かれ少なかれ一貫して言及している、ということである……。それらの制限は、原初状態においてモデル化され、また、そのことによって、当事者たちに課せられる。彼らの熟慮は、理に適った諸条件に従う、絶対的に従うのであって、理に適った諸条件をモデル化することが原初状態を公正にするのだ。理に適ったものは、それゆえ、合理的なものに優越するのであって、また、このことは、正の優先性をもたらす。それゆえに、正義の理論（a theory of justice）を合理的選択の理論の一分野（part of the theory of rational choice）だと記述するのは、『正義論』における過ち（error）（いや、相当紛らわしい（very misleading）過ち）であった……。私が述べておかねばならなかったのは次のことである。すなわち、公正としての正義の構想は、自由で平等な人格の代表者たちとしての当事者たちの熟慮を特徴づけるため、理に適った諸条件に制約された合理的選択の説明（an account of rational choice subject to reasonable conditions）を使用する、ということ。また、このことはもちろん道徳的構想であるところの正義の政治的構想のうちにある、ということ。合理的なものの概念を唯一の規範的な概念として使用するような枠組みのなかで、正義の内容を引き出そうと試みるような思想は存在しない。そのような思想は、いかなる種類のカント的見解とも両立しない[26]。（JFP: 401n.: cf. *PL*: 53n.）

ここでとりわけ注目したいのは、「理に適った諸条件に制約された合理的選択の説明[27]」という語句である。制約や標準化がまったくないただの合理的選択に、公正さの入り込む余地があるはずはない。ただ合理的に選択していると言ったところで、それは単なる事実の記述にしかならないはずだ。したがって、正義の理論が合理的選択理論の一分野だというのはありえない。理に適った諸条件に制約された合理的選択であれば、公正だと言いうる。

明らかに、このことはカント的構成主義の三要素からも説明できる。すなわち、人格を代表する合理的な代理人が公正な手続きを経ず原理を選ぶというのは、およそ正義の理論が扱う類の話ではないし、そもそもこのような話をする意義は不明である。原初状態という手続きが公正さを担保するから、代理人を単に合理的だと想定しても公正さを損なうことはないと考えうるのではないか。正義の理論が扱うのは、人格を代表する合理的な代理人が公正な手続きに従う場合にのみ正義の原理を選ぶに違いない、という話である。合理的選択理論は公正な手続きとともにカント的構成主義に組み込まれるのであって、このような仕方で合理的選択理論とカント的構成主義は両立する。

しかしながら、この論証はまだ完成していない。上掲の引用部分での「理に適った諸条件に制約された合理的選択の説明」を二つの意味で捉えることができてしまうからだ。一つに、「合理的選択の説明」という語句は、「合理的選択の理論」ではない何ものかを指しているのであって、合理的選択理論は拒絶されている。もう一つに、「合理的選択の説明」という語句は、「合理的選択の理論」そのものを指しているのであって、単に言い換えにすぎない。些細なことかもしれないが、前者の読みが正しいのであれば、今までの論証は失敗することになる。

だが、「合理的選択の説明」が合理的選択理論以外の何かではないのか、という心配は杞憂に終わる。後者の読みが正しいということははっきりしているからだ。ロールズはこう述べている。

> ここで、私は『正義論』（第一版）第三節一五頁および第九節四七頁での記述を訂正するのであって、そこでは正義の理論は合理的選択の理論の一分野だと言われている。……述べられておくべきだったのは次のことである。つまり、当事者たちの、また彼らの推論の、説明は合理的選択（意思決定）の理論（the theory of rational choice (decision)）を使用するが、この理論は正義の政治的構想——理に適った正義の原理の説明を与えるよう試みるもの——の一部だ、ということである。単独での規範的概念としての合理性の概念からそれらの原理を引き出すような思想は存在しない。（*JFR*: 82n.）

まさに〈正義の理論が合理的選択理論の一部だという記述の修正〉を論じている箇所で、合理的選択理論の使用と合理性の概念以外のものの使用が認められている。合理的選択の説明ないし合理的選択理論に沿うよう当事者たちが原理を選択するとき、原初状態によって適切な手続きが整備されているならば、公正さにかんして問題が生じることはない。ロールズの合理的選択理論とカント的構成主義は両立する。

2 ロールズによるブレイスウェイト批判

私が考察するに、合理的選択理論とカント的構成主義との両立、特に合理的選択を公正な手続きとともに用いて原理を導出しようとする着想は、ロールズの思想の根底にあるものであり、彼の初期論文の発表時から一貫してそうである。「ついには一九八〇年代半ばになってゲーム理論・合理的選択理論からの撤退を表明するにいたったのである。すなわち「『正義論』において、正義の理論を合理的選択の理論の一部に属するものと記述したことは、誤り（しかもきわめて誤解を招きやすい誤謬）であった」と」(28)（【ⅢB】【ⅡB】）、という川本の記述は誤読を誘う。この記述を「ロールズは、合理的選択理論だけで正義の理論をすべて説明することができるとの考えは誤りであったと認めたものの、一九八〇年代半ば以前の合理的選択理論を用いた著作でまさにその考えを採用していた」と言い換えることが可能だからだ。この言い換えのような理解は明らかに間違っている。『正義論』に先立つ一九五八年発表の「公正としての正義」論文（以下、「公正」論文）のブレイスウェイトへの批判（一般的に言うと協力ゲームの理論への批判）においてすでに、また『正義論』においても、ロールズは合理的選択理論だけで正義の理論をすべて説明することができると考えていなかったからである。つまり、ロールズはゲーム理論を用いるだけで交渉出発時の不公正さを取り除くことができると考えていなかったからである。

R・B・ブレイスウェイトは『道徳哲学者の道具としてのゲーム理論』(29)において、協働に基づく利得分配の問いを示し例解してみせる。背景はこうである。トランペッターのマシューとピアニストのルークが、隣同士の部屋に住んでいる。壁は防音の機能をまったく果たさない。彼らは、一日一時間（同時間帯）の自由時間を与えられていて、各々、その時間を楽器の演奏に使用できる。このとき、P_Mはマシューがトランペットを吹くこと、S_Mは吹かないこと、また、P_Lはルークがピアノを弾くこと、S_Lは弾かないこと、だとする。マシューとルークの戦略はそれぞれ、$X_M = \{P_M, S_M\}$、$X_L = \{P_L, S_L\}$、となる。これらの戦略からして、(P_M, P_L)、(P_M, S_L)、(S_M, P_L)、(S_M, S_L)、という四つの状態（両者演奏、マシューのみ演奏、ルークのみ演奏、静寂、の四状態）がありうる。これらの状態にたいする彼らの選好順序は、マシューの選好順序：（P_M, S_L）≻（S_M, P_L），（S_M, P_L）≻（P_M, P_L），（P_M, P_L）≻（S_M, S_L）

ルークの選好順序：（S_M, P_L）≻（P_M, S_L），（P_M, S_L）≻（S_M, S_L），（S_M, S_L）≻（P_M, P_L）

だと定められている。（ただし、x≻yを、xをyより強い意味で選好する、と読む。）

問いは以下のようにして設定される。話し合いが不可能な場面（非協力ゲーム）では、各々が好き勝手にスケジュールを決めるので、両者とも演奏する日や両者とも演奏しない日ができてしまう。たいして、話し合いが可能で、必要であれば協力を実現する強制力をもつような仲裁者を置くことができる場面（協力ゲーム）では、どちらか一人が演奏する日のみからなるスケジュールが実現可能になる。仲裁者が置かれたとき、彼はマシューのみ演奏できる日数とルークのみ演奏できる日数の比率をどのように決定するべきだろうか。

ブレイスウェイトがよしとする仲裁方法によれば、このように結論づけられる。（順序を比率に書き換えるための情報が与えられるとき）マシューのトランペット演奏に割り当てられるべき日数とルークのピアノ演奏に割り当てられるべき日数との比率は26対17となる。[30] つまり、マシューに割り当てられるべき日数のほうが多くなる。（この仲裁方法は以前J・ナッシュやH・ライファが提唱した類似の方法[31]の対抗策であって、ブレイスウェイトはこれを彼らの方法より公正な結果をもたらすものだと考えている。）

しかしながら、ブレイスウェイトの方法は（ナッシュやライファによる従来の方法と同様に）不公正な性質を拭いきれていない。ブレイスウェイトは、確かに「公正な分配と両立するようにして」この問題に取り組むのだと表明している。[32] それにもかかわらず、彼は、自身の仲裁方法に次のような性質を認めているのだ。

> マシューの利益が生じるのは、純粋にこのことによる。すなわち、トランペッターのマシューが、両者が同時に演奏するのを両者とも演奏しないのよりも選好しており［（P_M, P_L）≻（S_M, S_L）］、他方で、ピアニストのルークが、静寂を不協和音よりも選好する［（S_M, S_L）≻（P_M, P_L）］、ということ［あるいはそれらの比率］による。[33]

このような状況にあることにかんして、R・D・ルースとライファは「マシューが脅しの強み（threat advantage）をもっている」と述べる[34]。つまり、マシューは次のように脅すことで有利になっているのだと解釈できる。もしルークがピアノを弾くのならこちらもトランペットを吹いてやる、ブレイスウェイト式のスケジュールを組むなら別だが[35]。このような脅しによって有利不利の決まる分配は、公正さと両立するのだろうか。

ブレイスウェイトが「脅しの強み」を許容することについての、他の論者たちによる評価は芳しいものではない。J・R・ルーカスによれば、ただマシューが静寂を嫌っているがために好き勝手できる、というのは公正でありそうにない[36]。また、A・センによれば、ブレイスウェイト（やナッシュ）のアプローチは、結果を予測する場合にのみ意味をもつのであって、倫理的な含意はない[37]。

ブレイスウェイトを批判するときのロールズの関心は、（ロールズ自身の主張とは裏腹に）「脅しの強み」ではなくそれを越えたところにある[38]。つまり、彼は交渉出発点においてすでに存在しているような不平等にこそ関心があるのだ。「公正」論文において、ブレイスウェイトの例に触れ「脅しの強み」に言及した後に、ロールズは例を自作しそれを分析する。

しかし、まさにここで私たちが想定しようとするのは、マシューがドラムを演奏するジャズ狂であり、ルークがソナタを演奏するヴァイオリニストだ、ということである。この場合、この〔ブレイスウェイトの〕分析に基づけば、マシューがいつでも好きなだけ演奏するのは、彼はルークが演奏するかしないかを気にしないのだと仮定するならば――もちろん仮定するのは妥当なのだが――公正に違いないのだ。明らかに何かがおかしい。各人は脅しの強みに従え、というのは、公正の原理ではありえない。（JF: 58n.; cf. *TJ*: 134n.; *TJr*: 116n.）

ロールズは、この例中の不公正さを「脅しの強み」に帰している。しかし、これは誤りである。新しい例では、ルークもマシューも「脅しの強み」をもたない。ロールズの例にたいして判断を下すならば、マシューがルークを気にせず勝手にドラム演奏したことでブレイスウェイトの意味での「公正な」分配が達成された、ということになるからである。つまり、彼らの得ている利益をそのままにしておくのが「公正だ」ということになる。脅しが追加的な利益を生んでいるわけではない。ただ、ロールズが誤っているということは重要なことではない。彼はさらに踏み込んだ論点にかんしてブレイスウェイト（一般的に言うと協力ゲームの理論）にたいする批判を行っている、ということに注目すべきである。この例にてロールズが批判の矛先を向けているのは、「脅しの強み」が結果を左右してしまうことにたいしてではなく、交渉出発点での不公正が結果を左右してしまうことにたいしてなのだ。いくら道具的合理性を発揮しようとも、また、その発揮に際して不公正な圧力がなかったとしても、ただ特定の選好をもっていたというだけで不公正な事態が発生してしまうことがある、というのが彼の問題提起である。

ロールズが危惧するのは、交渉出発点にて与えられる有利不利が解すなわち分配結果に影響してしまうことであるが、どうしたらこの事態を避けることができるのだろうか。先の引用にたいし、彼はこう続ける。

> 欠けているのは道徳性の概念であって、推測的説明のうちに何らかの仕方で組み込まれねばならない。〔「公正」論文の〕本文では、手続きのかたちでもってこれがなされており、この手続きによって原理が提案され承認されるのだ……。知られている特定の事例でもって直接的にはじめるのであれば、また、どのような当事者たちの選好や相対的地位をも所与で確定的だと認めるのであれば、公正という道徳的概念を分析するのは不可能である。ブレイスウェイトのゲーム理論の使用は、公正の概念を分析するよう意図される限り、誤っていると私は考える。（JF: 58n.）

すなわち、ゲーム理論における合理的選択は、公正な手続きによって制約されねばならない。この制約により交渉出発点の不公正が除去されることになる。ロールズは初期論文においてこのような姿勢を取っていた。

ちなみに、この姿勢は「公正」論文発表以降に刊行された『正義論』のブレイスウェイト批判においても同様に見られる。

欠けているのは、道徳的観点から受諾可能である、現状（status quo）〔交渉出発点〕の適切な規定である。私たちは、様々な偶有性が既知であり個々人の選好が所与であると見なすことなどできないし、交渉の理論によって正義（あるいは公正）の概念を解明するのに期待できもしない。原初状態の構想は、妥当な現状の問題に対処するよう設計されなければならない。（*TJ*: 134-5nn.; cf. *TJr*: 116n.）

ここまでの論証からして、ロールズが「公正」論文や『正義論』ですでに原理の合理的選択を公正な手続きによって制約する着想をもっていたことがわかった。そのため、ロールズは合理的なものの概念だけで理論をつくろうとしたが行き詰まって理に適ったものの概念を導入することになった、と理解するとしたら、それは間違っていることになる。理に適ったものの概念は「公正」論文や『正義論』でも想定されていた。したがって、「正義の理論を合理的選択の理論の一部に属するものと記述したことは、誤り（しかもきわめて誤解を招きやすい誤謬）であった」というロールズの弁明は、文字通りに捉えてやればいい。『正義論』での記述は「相当ミスリーディングなエラー」（JFP: 401n.）で「ただ不正確なだけ」（*PL*: 53n.）であって、その記述の修正はもちろん立場の転向を意味しているのではない[39]。要点はこうである。カント的構成主義の枠内に合理的選択理論が収まる。ゆえに、正義の理論と合理的選択理論は相容れない考え方なのではない。ロールズの正義の理論には、合理的選択理論がまずあり、その上で公正な手続きも必要になる。このようにして合理的選択理論とカント的構成主義は両立する。さらに、合理的選択を公正な手続きとともに用いて原理を導出しようとする着想は、ロールズが「公正」論文や『正義論』から一貫して主張してきているものである。

五　結語

【Ⅰ】〈マキシミン・ルールの撤回〉テーゼは偽である。ロールズがマキシミン・ルールを撤回したと主張したことは一度もないし、『再説』においてはそれが頻出するからである（一）。マキシミン・ルール撤回が偽であれば、それが使用されるところの合理的選択理論からの撤退もなされていないのだと推量できる。さらに、合理的選択理論はむしろ強化されているように見える。このことから、【ⅢA】【ⅢB】〈合理的選択理論からの撤退〉テーゼも偽であるのだと主張された（二）。カント的構成主義の詳細は、「構成主義」論文において明らかにされた。しかし、それ以前の諸論文にてすでにその内容はある程度示されていた。このことからして、【Ⅳ】〈カント的構成主義の強調〉テーゼは真であるものの、注意深く解釈される必要がある。合理的選択理論からカント的構成主義への転向がなされたわけではなく、人格についての説明が詳しくなされるようになっていっただけである（三）。【ⅡA】【ⅡB】〈正義の理論が合理的選択理論の一部だという記述の修正〉テーゼは真である。ただし、このことにも注意が必要となる。原理を選択するのは、原初状態という手続きに制約された合理的な当事者たちである。したがって、合理的選択理論はカント的構成主義にその部分として組み込まれるのが適当である。また、合理的選択を公正な手続きとともに用いて原理を導出する思考方法は「公正」論文のときから一貫している。このようにして、ロールズの合理的選択理論とカント的構成主義は両立する（四）。また、政治的リベラリズムと合理的選択理論は整合的であり（二の最終段落）、構成主義が政治的であることはそれが非カント的であることを意味するわけではない（三の1の最終段落）。そのため、ロールズの合理的選択理論と政治的構成主義は両立する、と表現してもいい。

最後に、カント的構成主義のうちに合理的選択理論が組み込まれているような構造を採用する利点を述べておこう。その利点は、合理的に選択されるところのものがある、つまり、決まった原理がある、ということにある。もちろん、後期ロールズの理論枠組みにおいてもこのことを指摘できる。

ロールズの著作に沿って、合理的選択理論の機能を分析していこう。『正義論』で「構成的（constructive）」という言葉を使用したとき、彼は、構成的である（異なる要求を突きつけてしまう諸原理のあいだの優先性が定まる）理論となるように、原理決定のために当事者たちが「道徳的」ではなく「打算的（prudential）」判断を（もちろん原初状態の制約の下で）下すことを認めた（*TJ*: 34, 40-4: cf. *TJr*: 30, 36-9）。つまり、その他の曖昧な手法ではなく原初状態での合理的選択を想定することで、原理についての判断の確定性を担保しようとしていた。その後、「構成主義」論文でカント的構成主義（特に人格の構想）を本格的に展開するとき、彼の問題意識はより具体的になった。彼は、現代の政治社会では自由と平等にかんする考え方が複数あるのにそれらの調停の仕方が定まっていないことを気にかけ、この困難を解決して原理についての判断を確定するような枠組みを提示しようと試みた（KCMT: 305-6; cf. JFP: 391-2; *PL*: 4-5）。『政治的』での彼は、制度ないし社会的協働の安定性を考えるならただ理に適っている原理を採用しさえすれば十分である、との主張に力点を置くことになった。それでも、『正義論』と「構成主義」論文の問題関心を引き継ぎ、「最も理に適った原理」や「より理に適った原理」を定める方法の吟味を怠らなかった（*PL*: xlvi-xlviii, lx, 4-7, 22, 28, Lecture III; cf. *JFR*: Part III）。このような原理の絞り込みは現実離れした単なる理想の追求のように見えるかもしれない。しかし、これは避けて通れない重要な作業である。確かに、構成手続きを使用しなくとも、（「互恵性規準」（*PL*: xlii, 49-50）あるいは「リベラルな正統性原理」（*PL*: xliv, 137）に違反しないような）何らかの理に適った原理を支持すべきだと言うことはいつもできる。しかし、あの原理でなくこの原理を支持すべきだと言うことができず、あの原理でもこの原理でも支持してよいと言わざるをえないこともあるだろう。つまり、「理に適ったリベラルな正義の政治的諸構想の一群（a family of reasonable liberal political conceptions of justice）」のうちどれかであれば支持しても問題ないと言えるものの、そのうちの一つの構想（あるいは一つの混合的な構想）である「最も理に適った構想」があの構想でなくこの構想であると言えないような場合である（cf. *PL*: xlvi-xlviii）。このとき、政治社会にどの原理を適用すればいいのかは不明である。だが、適切な場面で合理的選択理論を用いる構成手続きを使用すると、あの原理でなくこの原理を支持すべきだ、ただ理に適っているだけでなく最も理に適っているとも考えることができるのはこの原理だ、と言うことができる。原初状態において合理的選択理論を用いるからこそ、どの特定の原理を採用すべきなのかを確定することができる。[40]

本論文での論証が正しく、カント的構成主義（政治的構成主義）のうちに合理的選択理論が残されているのだとしよう。そうであれば、原初状態の設定と原初状態からの議論が適切であるときに政治社会における見解の不一致の克服を着実に成し遂げる、そのような手法が残されていることになる。合理的選択理論が残されていなかったならば、原初状態以外の理論装置を用いる手法を編み出すところから議論を再開せねばならなかった。代替的な手法はないとは断言できないだろうが（cf. *PL*: xlix）、それをすぐさま思いつくことはできそうにない[41]（cf. *PL*: 26）。そのため、定まった原理を導出する試みは困難を極めたはずである。

（1）本論文では、J・ロールズ（J. Rawls）の著作を参照する際、以下の略号を使用した後に原典のページ数を記す。（ロールズの著作からの引用に付された傍線および傍点は引用者による。また、翻訳にあたって日本語訳を適宜参考にしている。）

JF: "Justice as Fairness," *CP*, pp. 47–72（田中成明編訳「公正としての正義」、『公正としての正義』、木鐸社、一九七九年、三一―七七頁）.

TJ: *A Theory of Justice*, original edition, Harvard University Press, 1971.

MC: "Some Reasons for the Maximin Criterion," *CP*, pp. 225–31.

AM: "Reply to Alexander and Musgrave," *CP*, pp. 232–53.

KCE: "A Kantian Conception of Equality," *CP*, pp. 254–66.

FG: "Fairness to Goodness," *CP*, pp. 267–85.

BS: "The Basic Structure as Subject," *American Philosophical Quarterly*, Vol. 14, No. 2（1977）, pp. 159–65.

KCMT: "Kantian Constructivism in Moral Theory," *CP*, pp. 303–58.

JFP: "Justice as Fairness: Political not Metaphysical," *CP*, pp. 388–414.

PF: "Preface for the French Edition of A Theory of Justice," *CP*, pp. 415–20.

PL: *Political Liberalism*, paperback edition, Columbia University Press, 1996.

CP: *Collected Papers*, S. Freeman（ed.）, Harvard University Press, 1999.

TJr: *A Theory of Justice*, revised edition, Harvard University Press, 1999（川本隆史・福間聡・神島裕子訳『正義論――改訂版』、紀伊國屋書店、二〇一〇年）.

JFR: *Justice as Fairness: A Restatement*, E. Kelly（ed.）, Harvard University Press, 2001（田中成明・亀本洋・平井亮輔訳『公正としての正義　再説』、岩波書店、二〇〇四年）.

（2）川本の文章が『公正としての正義：再説』が出版された二〇〇一年よりも前に書かれていることは、配慮されるべきである。

（3）川本隆史『現代倫理学の冒険』、創文社、一九九五年、三三一―四頁。亀甲括弧は被引用者、傍線および隅つき括弧は引用者による。ほとんど同じ文章が次にある。川本隆史「正義と平等」、宇都宮芳明・熊野純彦編『倫理学を学ぶ人のために』、世界思想社、一九九四年、一六三頁。

（4）川本隆史『ロールズ』、講談社、一九九七年、一七〇―一頁。亀甲括弧は被引用者、傍線および隅つき括弧は引用者による。

（5）最近の研究も参照するのがいいだろう。「ロールズの理論が時代とともに変化している……。『正義論』の初版……は、合理的選択理論にある程度接近している。しかし、ロールズの理論はその後、合理的選択理論から距離をとり、隔絶するようになっていく。……後期のロールズの理論はあまりにも合理的選択理論から離れており、合理的選択理論との位置関係を測量しにくい」（若松良樹「法哲学からみた政治哲学――ロールズと合理的選択理論を手がかりに」、井上彰・田村哲樹編『政治理論とは何か』、風行社、二〇一四年、二二七―八頁。

（6）T. Baldwin, "Constructive Complaints," C. Bagnoli（ed.）, *Constructivism in Ethics*, Cambridge University Press, 2013, pp. 202–11; L. Krasnoff, "Kantian Constructivism," J. Mandle and D. A. Reidy（eds.）, *A Companion to Rawls*, Wiley-Blackwell, 2014, p. 81; S. Street, "Constructivism about Reasons," R. Shafer-Landau（ed.）, *Oxford Studies in Metaethics*, Vol. 3, Oxford University Press, 2008, pp. 209–12.

（7）『再説』はE・ケリーがロールズの草稿を編集することによってできた本であるので、これをロールズ自身の主張の典拠とするのは適切ではないかもしれない。ただ、ケリーが言うには「草稿の大部分がほぼ完成して」いて「第四―五部が最も仕上がっていない」のだから（*JFR*: xii）、第一―三部は最も仕上がっていないわけではないことになるし、さらに第一―三部がほぼ完成している部分を比較的多く含んでいる公算は大きいとの推量も成り立つ。本論文で言及するのは第三部のみなので、範囲を限定している分だけ『再説』を典拠とすることの不適切さを割り引いて考えていいだろう。（これ以上の弁護は編集される前の草稿への参照を必要とする。）また、『再説』を典拠とする説明を取り除いたときにも、（本論文の主張の信憑性が比較的低くなることはあっても）筋道が完全に途切れることのないよう論証の骨格を整えてある。

（8）次も参照すると理解が深まるだろう。J. Cohen, "Democratic Equality," *Ethics*, Vol. 99, No. 4（1989）, pp. 736–50; S. Scheffler, "Rawls and Utilitarianism," S. Freeman（ed.）, *The Cambridge Companion to Rawls*, Cambridge University Press, 2003, pp. 431–6.

（9）合理的選択理論は利己主義者のためだけのものではない。なぜなら、例えば、マザー・テレサが希望する状態をもたらすために、少しの無駄もなく最もふさわしい慈善行為をなしうるよう彼女を手助けすることもありうるからだ。つまり、利他主義者のためのものでもありうるからだ。（この理論は、目的合理性の妥当性を想定するのであって、目的それ自体の「合理性」や利己主義・利他主義の妥当性に言及することはない。）

（10）『正義論』においても、二つの比較にあたることは一応のところなされている（*TJ*: §§26–9, 49; cf. *TJr*: §§26–9, 49）。しかしながら、第二比較にあたる第四九節は、第一比較にあたる第二六―九節からずいぶん離れているし、それらの比較の関係もはっきりしない。

（11）ロールズは、『正義論』にて「例外的なルール〔マキシミン・ルール〕に妥当性を与える状況にかんする三つの特徴」を以下のように示している。第一の特徴：「このルール〔マキシミン・ルール〕が起こりうる諸情況の公算を考慮に入れない以上、それらの確率の見積りをきっぱりと無視する理由がなくてはならない」、第二の特徴：「選ぼうとしている者は、ある善の構想をもっている。すなわち、彼がマキシミン・ルールに従うことによって実際確かになりうる最低の給付金より多く得るかもしれないということにかんして、もしそうなっても彼にはほとんど関心がない、というような構想をもっている」、第三の特徴：「却下される代案が、受け入れがたい結果を含んでいる」（*TJ*: 154; *TJr*: 134）。

（12）S. Strasnick, "Review of Robert Paul Wolff's *Understanding Rawls: A Reconstruction and Critique of 'A Theory of Justice,'*" *Journal of Philosophy*, Vol. 76, No. 9（1979）, p. 506.

（13）Cohen, 1989, pp. 731–50.

（14）S. L. Hurley, *Natural Justice*, Oxford University Press, 1989, pp. 368–82.

（15）E. F. McClennen, "Justice and the Problem of Stability," *Philosophy & Public Affairs*, Vol. 18, No. 1（1989）, pp. 3–30, esp. 6–9, 19–24.

（16）二つの比較の簡易版は、『正義論』初版発行から三年後の諸論文に見られる（MC: 227–31; AM: 238–52）。

（17）第一の条件：「マキシミン・ルールは、確率を、つまり、諸情況が各人に起こる最悪の結果となるのはどのくらいありそうなのかを考慮に入れないので、第一の条件は、当事者たちは、彼らが代表する人びとの基本的な利益に影響するような起こりうる社会的諸情況についての確率を見積もる信頼しうる基礎をもっていない、ということになる」、第二の条件：「マキシミン・ルールは、当事者たちに、彼らの最悪の起こりうる結果のみによって代案を評価するよう指図するがゆえ、受託者としての当事者たちにとって、他のすべての代案の最悪の結果よりも、その最悪の結果がましであるような代案を採用することで（当事者たちが代表している者たちに）保証されうるもの以上に得られるかもしれないものをさほど案ずることがないというのは合理的であるに違いない。この最良な最悪の結果を「保証水準」と呼ぼう」、第三の条件：「マキシミン・ルールは、当事者たちに、最悪の結果が保証水準を下回るような代案を避けるよう指図するがゆえ、第三の条件は、他のすべての代案における最悪の結果が保証水準を著しく下回る、ということになる」（*JFR*: 98）。

（18）Cf. T. M. Scanlon, "Rawls on Justification," S. Freeman (ed.), *The Cambridge Companion to Rawls*, Cambridge University Press, 2003, p. 162.

（19）Street, 2008, p. 208. 彼女は、いくらかの規範的判断の的確さに言及する「制限的構成主義」とすべての規範的判断の的確さに言及する「徹底的・メタ倫理学的構成主義」とを区別し、ロールズの政治的構成主義を前者に分類する（pp. 209-12）。

（20）ただし、ストリートは「立脚点」のほうが基礎的な概念であることを強調する。S. Street, "What is Constructivism in Ethics and Metaethics?," *Philosophy Compass*, Vol. 5, No. 5（2010）, pp. 364-7.

（21）秩序だった社会とは、「公共的な正義の構想によって実効的に統制されている」社会であり、「皆が同じ正と正義の第一原理群を受け入れ、また、他者が同様に受け入れると知っている」社会である（KCMT: 308-9）。

（22）彼が「カント的」という言葉を使用しなくなったのは、彼自身の政治的構成主義と包括的教説である「カントの（Kant's）」道徳的構成主義（*PL*: 99-101）との混同を避けようとしたからなのではないか、と私は推測している。

（23）M・サンデルは、『正義論』における人格の構想を「カント的」、『政治的』における人格の構想を「政治的」と表していて、「政治的」という語を「非カント的」という意味で使用している（M. Sandel, *Liberalism and the Limits of Justice*, second edition, Cambridge University Press, 1998, pp. 187-95）。ここでの「カント的」とは自由で独立した自我を本性とするような人格の構想を指しての表現である。サンデルが人格の構想を指して言う「カント的」とロールズが構成主義を指して言う「カント的」は異なる意味をもっているわけなので、これらを混同してはならない。

（24）次も参照すると理解が深まるだろう。福間聡『ロールズのカント的構成主義』、二〇〇七年、一九―二〇頁。

（25）傍点は引用者による。

（26）傍線部分（川本が引用していた部分）が指している修正前の記述は次である。「正義の理論は、合理的選択の理論の一分野でたぶん最も重要な分野（a part, perhaps the most significant part, of the theory of rational choice）である」（*TJ*: 16; *TJr*: 15）。

（27）この箇所を、ロールズが当事者たちの選択に合理的でない性質を与える記述だとして見るのは不適当である。「理に適った諸条件」とは、（本文中で述べるように）無知のヴェールなどの、当事者たちが置かれる意思決定の場にかんする制約であって、当事者たちの合理性にかんする制約ではない。当事者たちの選択はあくまで合理的になされる。（当事者たちの観点と秩序だった社会の市民の観点が異なるものであること（三の1）に注意せよ。また、合理的な自律と完全な自律との相違（KCMT: 308, 312-20; *PL*: 72-81）を確認するのもよい。）現にロールズは意見変更後でさえ次のように述べている。「そのような市民であるような私たちは、理に適っているし合理的でもある。対照的に、代表装置に存在している人工的人格であるような――このことを強調しておくのは重要だ――原初状態における当事者たちは、ただ合理的であるのみだ」（*PL*: 104）。

そのため、人格の道徳的諸力やそれらへの諸関心（特に正義感覚の能力やそれへの関心）にかんする規定の精緻化が、原初状態における当事者たちの合理的選択を無効にした、というような考えも（少なくとも理論的には）不適当である。S・フリーマンの解説を参考にせよ。「彼ら〔当事者たち〕の道徳的諸力への最高次の諸関心は、理に適ったものではなく合理的なものの一側面であって、なぜなら、それらの〔道徳的〕能力は社会的協働からの利益を得るのに必要とされるためである――この理由からして、理に適っているのが合理的になるのだ」（S. Freeman, *Rawls*, Routledge, 2007, p. 297）。「彼ら〔当事者たち〕の正義感覚を発達させるよう求めることについて、当事者たちが、それ自体のために、あるいは、他の道徳的な理由のために〔例えば、彼らが不偏的に他者の福祉に関心があるから〕、正義に適っていることをするよう欲する、というような仮定は存在しない。むしろ、彼らはこう想定されるのだ。正義感覚が他者との社会的協働にとって必須であり、さらにその社会的協働が彼らの合理的人生計画を達成することになる場合に必須であるから、彼ら自身の善を促進するために正義感覚を発達させるのを欲する、と」（p. 303）。

（28）傍点は引用者による。

（29）R. B. Braithwaite, *Theory of Games as a Tool for the Moral Philosopher*, Cambridge University Press, 1955, pp. 8-10, 21-3. 簡略化のため表現を改めている。

（30）Braithwaite, 1955, p. 35. ここでの考察において数そのものは重要ではない。計算過程については次の解説も参照せよ。R. D. Luce and H. Raiffa, *Games and Decisions*, Wiley, 1957, pp. 148-9.

(31) J. Nash, "The Bargaining Problem," *Econometrica*, Vol. 18, No. 2（1950）, pp. 155–62; J. Nash, "Two-Person Cooperative Games," *Econometrica*, Vol. 21, No. 1（1953）, pp. 128–40; H. Raiffa, "Arbitration Schemes for Generalized Two-Person Games," *Contributions to the Theory of Games*, Vol. 2, H. W. Kuhn and A. W. Tucker（eds.）, Princeton University Press, 1953, pp. 361–88.

(32) Braithwaite, 1955, p. 9.

(33) Braithwaite, 1955, p. 37.

(34) Luce and Raiffa, 1957, p. 149.

(35) ナッシュによる脅しの規定を参照せよ。「AがBを脅すというのは、次のことをBに納得させることによる。もしBがAの要求に追従するよう振る舞わないのならば、Aは特定の方針Tに従うに違いない」（Nash, 1953, p. 130）。

(36) J. R. Lucas, "Moralists and Gamesmen," *The Journal of the Royal Institute of Philosophy*, Vol. 34, No. 1（1959）, pp. 6–11.

(37) A. Sen, *Collective Choice and Social Welfare*, Holden-Day, 1970, p. 122.

(38) このことにかんしては、B・バリーの著作に負うところが大きい。B. Barry, *Theories of Justice*, University of California Press, 1989, pp. 70–4.

(39) 次も参照すると理解が深まるだろう。B. Barry, *Justice as Impartiality*, Oxford University Press, 1995, pp. 53–5.

(40) 確定性については次も参照せよ。Scanlon, 2003, pp. 155, 162; T. M. Scanlon, "The Appeal and Limits of Constructivism," J. Lenman and Y. Shemmer（eds.）, *Constructivism in Practical Philosophy*, Oxford University Press, 2012, pp. 231–5; T. M. Scanlon, *Being Realistic about Reasons*, Oxford University Press, 2014, pp. 91–6. ただし、原初状態で選択される原理についての判断が確定的であるということは、私たちがその原理を受け入れるべきだとの無条件の規範的判断を下しているということを意味しない。どんなに少なく見積もろうとも、原初状態の設定の妥当性にたいする熟考された判断が得られたという条件がないと規範的判断を下していることにはならない。次も同時に参照せよ。Scanlon, 2003, pp. 155–6; Scanlon, 2012, pp. 238–41; Scanlon, 2014, pp. 100–4.

(41) Cf. Scanlon, 2003, p. 156.

* 本論文を完成させるにあたって、阿部崇史氏、網谷壮介氏、今村健一郎氏、押谷健氏、宮本雅也氏、二名の匿名査読者、他の多くの質問者の協力を得た。また、日本学術振興会科学研究費補助金特別研究員奨励費（15J00077）の助成を受けた。関係者各位に感謝する。

◆書評

現代をめぐる思索と精神史の試み

●――苅部　直

小野紀明『西洋政治思想史講義――精神史的考察』（岩波書店、二〇一五年）

いま現役の政治思想研究者のうちには、駆け出しのころ小野紀明の『精神史としての政治思想史――近代的政治思想成立の認識論的基礎』（一九八八年）に衝撃をうけ、自分のなかの西洋政治思想史の見取図をそこから確立した世代が、確実に存在すると思う。少なくとも評者はその一人である。

これはルネサンス期からホッブズ、スピノザに至る時期の思想史研究ではあったが、随所にプラトン、アリストテレスに始まる前時代の諸思想への言及があるので、古代から近代初期にかけての通史の展望も探ることができる。個人的には、大学院に入って研究者修業を始めたころ、あれこれと乱読した本のなかで、もっとも興味深かったものの一つだったという思い出がある。

しかしその後、著書で読める小野紀明のおもな仕事は、『現象学と政治』（一九九四年）から『ハイデガーの政治哲学』（二〇一〇年）へと続く、二十世紀政治思想の研究へと移っていった。そのため長いあいだ、古代から現代までに至る通史の全体については、ほとんど神戸大学・京都大学の聴講者のみが知る、大げさに言えば秘教的な領域の内にあった。その講義録がこのたび、本書の刊行によって公開性の明るみへと躍り出たのである。

ヴィルヘルム・ディルタイに由来する「精神史」の方法は、『精神史としての政治思想史』から本書に至るまで一貫している。それは、時代を覆う、不定形でしばしば非合理的な「雰囲気」や「気分」を理解するところから、個々の思想を読み解こうとする方法である（本書六頁）。一定の政治哲学をテクストから読み取る方法や、政治史などの歴史史料からコンテクストを再現する方法によっては汲み尽くせない、その時代の思想の根源にある気分を追体験すること。本書が美術様式の概念を参照して、マキアヴェッリを「マニエリスムの思想家」（一三四頁）と呼び、バロック時代の美術と文学に長い叙述を割いているところなどに、その特徴は明瞭に表われている。

ただ、こうした方法は、日本の西洋政治思想史研究では珍しいのかもしれないが、日本政治思想史の研究では、ある意味で定番ではあった。丸山眞男が共編著『近代日本思想史講座』全九冊（予定）の発刊のさい、内容見本に寄稿した「企画・編集にあたって」（一九五九年）にはこうある。「この講座が対象とするのはたんに思想家や学者の思想・学説だけでなく、そうした抽象を経ないいわばムードの次元にとどまるような時代の潮流や民衆の感覚、断片的な心情などが広く包含される」（『丸山眞男集』第十六巻、岩波書店、一九九六年、所収)。
　丸山の言う「ムード」が、ディルタイが説くような、心の深部での非合理的な「生」の動きまで対象に含んでいるかどうかは、評価の難しいところかもしれない。だが、丸山の論文「開国」「忠誠と反逆」といった仕事に親しんでいれば、この「精神史」の方法は、思想史研究のむしろ王道ではないかと思えてくる。小野が「性的人間と政治的人間——政治概念の再検討のために」(共著『近代日本の意味を問う』木鐸社、一九九二年、所収)などの文章で橋川文三の著作にふれているのも、そうした面で「精神史」の方法に深く通じるからだろう。

　そして本書が特に注目するのは、この「現代」とよく似た「生感情」(三二六頁)を抱えた時代としての、ヘレニズム時代と後期ルネサンスのマニエリスムの時代である。もちろん、小野の筆致は主としてそれぞれの時代の特色を綿密に描くことを主眼としており、現代との安易な類推によって時代像を作りあげているわけではない。

　しかし、前者についてはヘーゲルの言う「不幸な意識」をその時代精神に見出し、「現代との近さ」(八四頁)を指摘する。また後者については、先にふれたようにマキアヴェッリをその時代の代表者として挙げながら、そこに見える「人間と道徳的理想に対するシニシズム」に、現代にまで至る「近代自由主義」の病弊の起源を見出している(一三六、一二九頁)。さらにこの二つの時代の思潮に加えて、現代に直結する問題を提起した営みとして、十九世紀のロマン主義に注目している(三四九頁)。

　古代ギリシア以来、世界観を支える価値の源泉であった「存在の秩序《オンティック・ロゴス》」の確固とした実在が疑われ、「没価値的な理性」(三八九頁)のみが肥大し、「功利主義的自由主義」(二二九頁)と「社会工学」(二四一頁)が大手を振ってまかり通る時代。「衰退しているのは、善悪について考える道徳的理性であり、その際に「他者」と意見を交換する能力である」(三八九頁)。二十世紀以降の現代とは、小野によればそうした「文化ペシミズム」の時代にほかならない。マルティン・ハイデガーの哲学とそれを継承したポスト・モダンの潮流が、「存在の秩序」の実在への信念を破壊し尽くしたのち、「今まさに巨大な過渡期にあることは、おそらく間違いない。しかし、出口はまだ見えない」(五〇二頁)。この両義的な時代診断の言葉で、本文が閉じられている。

　だがたとえば、デカルトが書簡で示している政治思想についての説明に注目してみよう。「慣習を重んじつつ、その都度他者との間に緩やかな合意を見出してゆこうとする彼の実践的で常識的な態度」(一七七頁)。確固とした世界観を共有した上で「他者」と交流できるという期待は、哲学上の基礎づけに関しても、また異文化どうしの交錯という社会状況からしても、大きく揺らいでいる。しかし、そうした困難のなかでも、「緩やかな合意」を「その都度」編み出していこうとする人間の営み。そうした可能性もまた、本書のそこかしこから立ち昇っているのではないだろうか。

◆書評

複数の「近代」像を求めて

●――山岡龍一

原田健二朗『ケンブリッジ・プラトン主義――神学と政治の連関』（創文社、二〇一四年）

博士論文として書かれた本書は、近年の西洋政治思想史研究の一傾向を表している。つまり、①一次資料の徹底的な利用と、②これまで充分に研究されてこなかった対象の探求である。これに、今や負担とまで感じられるようになった大量の二次文献の渉猟が加わって、いかにして研究の意義が論証されるかが勝負となる。②に関して、単なるニッチ研究でないと示されることが望まれるが、この点で研究・解釈史の適切な理解が問われる。

ケンブリッジ・プラトン主義（以下CP）を取りあげる本書は、この問題に明確に答えている。カッシーラーという権威が確立した視座、つまり啓蒙主義への貢献の度合からCPを評価する解釈への挑戦がある。さらに、主知主義的で観想主義的だというプラトン主義理解への異議が提示される。本書の意欲的な試みは、CPの中にある実践性の契機の指摘であり、観想的生vs.実践的生という対立項を超越する視座が、CPを通じて探求されている。これに加えて本書では、伝統的な〈近代〉理解も再考される。つまりピューリタニズム中心主義的な近代観や、経験論中心主義的な近代科学論、ホッブズ的な世俗国家論以外の構想が、初期近代イギリスにおいて果たした重要性に着目する。

CPに関する再解釈や再評価が、すでに諸研究の中で起こりつつあることを指摘しつつも、本書はそれがいまだに過渡期的存在という評価に留まっており、後付け的な読みから、しばしば非一貫性や矛盾が指摘されることを問題視している。本書は新たなイギリス的近代の析出を目指す。少なくとも「複数の『近代』」（二〇頁）の存在を主張している。これは「啓蒙」に関する複数の理解が、近年の思想史研究において提示されていることと呼応する。当然「世俗化」の再解釈が問われる。しかし、大胆なテーゼを掲げているが本書は結局、控えめな主張に帰着しているようにみえる。つまり本書が明らかにするものは、「あくまで歴史において『起きうるはず』だった、一つの潜在的可能性にとどまる」（六五頁）というのである。

本書は、「神学から道徳へ」と題された第一部と、「道徳から国家・教会へ」と題された第二部に、序論と結論が付された構成になっている。第一部では一七世紀イギリスにおけるCPの思想・実践的位置づけ（第一章）に続いて、神的理性（第二章）、自由意志（第三章）、神愛（第四章）といった鍵概念が検討される。その際「偶然的確かさ」「第三の道」「中道」といった概念が解釈において援用されるが、これらは本書のCPの「実践性」理解と深くかかわる。神学的・政治的問題において深刻な対立があった時代にCPは、独断と懐疑、権威と放縦、理性と啓示、といった対立項を和解させるような包摂的中間概念を主張したというのが、本書の理解である。現実への直接的な影響があまり認められないCPに帰せられる本書における実践性の意味は、和解の提示という、限定的なものに留まっているように思える。

本書の読解による評者の理解では、CPの特徴は理性を介した神と人間の関係性を深く論じた点にある。主知主義であるCPは当然、主意主義と対決する。理性を重んじる立場は、不可避的に神の全能性の問題と直面する。本書によればCPは、この問題を神的理性の議論で乗り越えた。「内なる神性」でもあるこの概念は、神罰という恐怖に訴える主意主義に対抗して、神の愛を強調する。これは、理性をもって神意に参与するという人間観や、可謬性を自覚した理性観、そしてストア的な「ヘゲモニコン〔自己統率力〕」の考えを継承しながらも「自己救済論」は回避するという自由意志観を生みだしたとされる。CPにおいて伝統的な愛の観念、エロース、フィリア、アガペー、カリタスがキリスト教的に総合され、神とのコミュニケーションとしての愛の在り方が示されたというのが、本書の解釈である。

第二部はCPの政治思想を、自然法論〔第五章〕、教会論〔第六章〕、千年王国論〔第七章〕、政治論〔第八章〕という内容で再構成する。コンフェッショナリズムに対抗する理性的なキリスト教政治思想という一般的性格と、「イングランドの教会と王政に対する『保守の中の革新』」〔二二五頁〕というイデオロギー的性格をもつCPの思想の内在的な解明がなされている。包容教会の理念を掲げるCPの寛容論は、理性という公共的原理に訴える点で異教徒への寛容に開かれていたが、救いの問題において最終的にはキリストの受容を不可欠とする、限界があるものだったと評価されている。そしてホッブズとの対比によって明確化されているCPの政治哲学は、恐怖に基づく外面的国家論に対抗する、内面的統治に裏付けられた自由な国家の構想として描かれる。

後の時代に確立された〈近代〉の視角からすると、矛盾に満ちたものに映る思想群に、当事者の視点から統一的解釈を与えんとする本書の方法論的意識には共感するところが多い。しかし方法論的な問題点も指摘せざるをえない。本書はベンジャミン・ウィチカット、ヘンリー・モア、ラルフ・カドワース、ジョン・スミスを中心とするCPの研究である。CPを説明するにあたり著者は、この四者の思想を自家薬篭中の物として見事に論じるが、結果として個々の思想家の観念がパズルのピースのようになっている。したがって、CPが何であるかに関して、論点先取りという恣意性がある危険性を生んでいる。実際、教会論や政治論において、強引な再構成が必要だったことは著者自身も認めるところである。少なくとも、この恣意性の回避を保証する方法論は示されていない。

とはいえ、本書によって一七世紀イギリス思想におけるヘレニズム思想や大陸神秘思想の影響等が明らかになり、この時代に関する我々の理解が大いに進歩したのは確かである。著者には、ここに総合された思想世界のさらなる分節化を望みたい。

◆書評

一八世紀フランスの政治経済学の特徴は何か

●――古城　毅

安藤裕介『商業・専制・世論――フランス啓蒙の「政治経済学」と統治原理の転換』（創文社、二〇一四年）

政治は経済活動にどの程度介入しうるのか、介入すべきなのか。農業政策は経済的観点のみならず、政治秩序の観点から、どのように立案されるべきなのか。統治者は政策立案にあたって世論といかに向き合うべきなのか。本書は、現代政治においても極めて重要なこれらの問題が、一八世紀中盤のフランスの「政治経済学」においてどのように議論されていたのかを非常に明晰な筆致で描いた好著である。

まず第一章では、一七六〇年代以降のフランスにおける穀物取引政策の転換が指摘される。すなわち、従来、君主は臣民が飢えぬように注意する義務を負うとされ、それゆえ穀物取引は厳格な統制下に置かれたのに対して、一七六〇年代を境に、君主の役割は、穀物取引をはじめとする臣民の経済活動の自由を保証し、それによって国富を増大させることである、という新しい統治権正当化論が台頭したとされる。第二章では、一七六〇年代に穀物取引の自由化を支持したケネーが取り上げられる。ケネーの特徴は、アダム・スミスを思わせる経済的自由主義（私的所有権の擁護、自由競争の推奨、利己心の肯定）を唱えつつも、同時に中国の専制政治をモデルとした強力な中央集権体制を理想化したことである。著者によれば、この両面性は、ケネーが、当時のフランスの課題は、貴族や同業者組合といった中間団体の権力を排して、私的所有権を確立し、個人を単位とした自由競争を実現することであると考えたことの帰結である。第三章では、ケネーの思想的継承者であるメルシエ・ド・ラ・リヴィエールがケネー流の中央集権的な統治を、新たに世論と結びつけて正当化しようとしたことが紹介される。ラ・リヴィエールが世論の機能を重視するのは、政策を上手く実現するためには、被治者の自発的同意を取り付ける必要があると考えたからである。第四章では、テュルゴーとコンドルセが、フィジオクラットのように、開明的な君主権力に期待するのではなく、自由な経済主体として立ち上がるべき民衆、あるいは理性的な「世論」に期待したこと、しかしながら、現実において「世論」や民衆が理性的な政策を支持しようとしないという問題に直面したことが描かれる。第五章では、先行の論者たちに対する批判者としてネッケルが登場する。ネッケルは、理性的な世論、理性的な経済主体に過大な期待をかける社会構想は夢想であり、むしろ統治者は複雑に錯綜する階級利害と民衆の生活防衛意識に注意を払いながら、賢明な統治を行う必要があると主張した。

以上の説明を通じて著者が一貫して強調するのは、ネッケルのみならず、彼によって批判された先行の論者たちも、経済秩序を政治の力によって人為的に構築しようとする志向を強く持っていたということである。

本書の大きな成果と評者に思われたのは、穀物自由化論争という一つの論点を巡る議論の変化をたどることによって、一八世紀半ばのフランスにおける、統治者、世論、民衆を巡る考え方の対立と揺れを鮮やかに描いたことである。加えて、本書は読者に対して二つの重要な問いを投げかける点でも優れている。

第一の問いとは、新しい社会秩序を構想する際に、社会の中に併存する諸集団の関係をどのように処理するべきか、というものである。ケネーの秩序構想において、合理的な経済人と官僚はどのような関係に立つべきなのか。ラ・リヴィエールの秩序構想において、統治者と知識人の関係はいかなるものになるべきなのか。対立するテュルゴーとネッケルにおいて、商人、地主ならびに小作人の間の対立はどのように調停されるべきなのか。これらの問いは、フランス革命以降のフランスにおいて重要な論争主題となるが、本書は論争の起源に関する貴重な知見を提供する。

本書が投げかける第二の問いとは、経済学はどのような主体によって担われ、そのことが経済学の在り様に対してどのような影響を与えるのかというものである。本書では、商人出身のグルネー、医師出身のケネー、行政官であるラ・リヴィエールやテュルゴー、数学者出身のコンドルセ、銀行家であるネッケルといった多様な職業背景を有する人々が登場する。医学や数学が経済学とどのように関わるのか。行政官（ラ・リヴィエールやテュルゴー）よりも銀行家（ネッケル）が、より実務的な政策論を唱えたのはなぜなのか。当時の政治経済学者たちは、フランス革命以後に登場してくる経済学者たちとどのように異なるのか。これらの問いを考えるうえでのヒントが本書には豊富に見出される。

他方、以下の二点について評者はもう少し知りたいと思った。まず、本書が、関連する先行研究群——従来の経済学史的な研究、近年Philippe Steinerらが牽引する新しいフランス経済思想研究、「富と徳」や共和主義に関する研究など——と、いかなる関係に立つのかということである。次に、当時の政治経済学者たちが、宗教に対してどのような考えを抱いていたのかということである。本書によれば、一八世紀半ばのフランス政治経済学の重要課題は、統治の正当性原理の転換と、転換の前提となる中間団体の排除であったという。そうであるとすれば、政治・経済と宗教との関係が不可避的に問題となるであろう。当時、統治の正当性や中間団体の地位を論じることは、宗教・教会の地位・役割を問うことと密接に関連していたからである。コンドルセの反宗教論、ネッケルの宗教擁護論は政治経済学的にどのような意味を持つのか。宗教にほとんど言及していないようにみえるケネーやラ・リヴィエールの態度はいかなる意味を持つのか。

著者は本書出版と並行して新しい研究論文を公表されており、今後、著者がその成果を踏まえて、さらに包括的な一八世紀フランス像を提示されることを楽しみに待ちたい。

◆書評

ポスト・ロールズ主義の地平?

●――井上　彰

神島裕子『ポスト・ロールズの正義論――ポッゲ・セン・ヌスバウム』(ミネルヴァ書房、二〇一五年)

今日ほど、グローバルな正義が先鋭的に問われている時代はない。国境をまたいで広がる経済格差は、政治的・文化的・宗教的信条に代表される根源的価値観の対立と相俟って、深刻なコンフリクトを生んでいる。二〇一五年十一月に起きたパリ同時多発テロは、その典型例とも言える。その首謀者とされる過激派組織「イスラム国」に若者が身を投じる背景には、母国での社会経済的境遇に対する不満があるとされる。このような過激派組織が様々な出自の若者を集めている背景ともなっているグローバルな貧困問題に、われわれはどう切り込むべきなのか。

本書は、その問題に応答しうるグローバルな正義論を模索する試みである。本書の論旨は明快である。著者は第一に、ジョン・ロールズの正義論の不偏性の要請と反照的均衡の手法を評価しつつも、国境を越えた分配的正義の成立に対し懐疑的なロールズの姿勢を批判する。第二に、トーマス・ポッゲのコスモポリタニズムに基づくロールズ批判に共感しつつも、ポッゲの資源主義へのコミットメントについては、その福利指標としての貧弱さを理由に批判する。第三に、資源主義の欠陥を克服しうるケイパビリティ・アプローチの利点を確認し、とくにその核となるケイパビリティのリストを明示し、その道徳的基礎として真に人間的機能に関するアリストテレス的観念を据えるマーサ・ヌスバウムの「中心的ケイパビリティ」に基づくアプローチを高く評価する。

このように本書の論旨は明快だが、大きく二点の疑問ないし懸念を評者としては抱く。一つ目は、ロールズによるコスモポリタン的な国際正義論に対する批判への向き合い方についてである。著者は、ロールズの国際秩序構想である「諸人民の法」がリベラルな観点からの相互尊重をベースとした、リベラル陣営の「寛容」に基づく外交政策の指針にすぎないという批判を展開している(第二章)。その根拠として、「諸人民の法」をめぐる後期ロールズの議論では、「理に適った多元主義の事実」を前提とするアメリカ政治文化に親和的なリベラルな政治構想に大きく準拠することにより、国際的な分配的正義の成立を無碍に否定する「不偏性の観点の欠如」がみられる点をあげている。

そのロールズ批判自体、ロールズの問題設定を無視しているのではないかという懸念を抱かせるものだが、その点は措くとしても、ロールズおよびロールズの基本的着想を受け継ぐトーマス・ネーゲルらがコスモポリタン的正義構想を批判する根拠についての検討がないことに疑問を覚える。ロールズやネーゲルが主張するように、国家生成の歴史的な経緯をふまえると、国家は自分たちの領土や環境保全、人口規模に責任を負っており、その恣意性をあげつらってグローバルな分配的正義を可能にする仕組みをつくることは、そうした政府の責任を蔑ろにするだけでなく、現在最も有力な諸国家にとって都合のよいグローバルな権力構造を醸成することになりかねない。コスモポリタン的正義構想を擁護したいのであれば、こうした国家主義者（statists）からの批判を無視することはできないように思われるのだが、本書にその批判に真正面から向き合っている箇所は見当たらない。

二つ目は、ヌスバウムのアプローチに対する無批判的な受容の仕方についてである。先にみたように著者は、ヌスバウムの「中心的ケイパビリティ」を（資源主義に代表されるような）単なる分配的正義の指標としてではなく、その規範性の源泉をアリストテレスの「真に人間的な機能」という考え方に求めている。それは、人間のあるべき姿を外在的に振りかざす「形而上学的実在論に基づく本質主義」ではなく、古今東西の神話や古典作品を通じて了解しうるような人間の本質を提示する「内在主義的本質主義」に根ざすものである。このような規範的源泉を有する「中心的ケイパビリティ」は、すべての人間にとっての共通の道徳的基礎となり、ひいては人権の根本理念として、グローバルな分配的正義の準拠枠にもなると指摘される。その際に援用されるのが、理に適った包括的信条や原理による重なり合うコンセンサスの観念である（第六章）。

この、新アリストテレス主義を称揚する九〇年代前後のヌスバウムの議論と、後期ロールズの影響を受けて重なり合うコンセンサスに根ざしたケイパビリティ・アプローチを展開する二〇〇〇年代前後のヌスバウムの議論に不整合を見出さない整理の仕方には疑問が残るが、その点については措くとしよう。なお残る根本的な疑問としては、「中心的ケイパビリティ」のリストを特定する正義構想がどういうもので、しかもいかなる義務を誰に対して要求するものなのかが不分明な点があげられる。まず、（著者が翻訳した）ヌスバウムの議論から窺えるのは、「中心的ケイパビリティ」のリストが、社会正義の最小限の構想において不可欠な要素とされていることである（M・C・ヌスバウム『正義のフロンティア』法政大学出版局、二〇一二年、八九頁）。重要なのは、その最小限の社会正義が、「いかなる義務を誰に対して課すのか」という問いにどう応答しうるものなのか、である。管見の限り著者は、その問いへの理論的応答を試みておらず、一足飛びに実践的な指針としてグローバルな保障政策や制度の活用を提唱している（終章）。グローバルな正義をめぐる議論は、そうした義務（の賦課）をめぐる原理的問題を抜きに語り尽くせるものではない。現に昨今活発に議論されている「関係主義（relationism）か、非関係主義（non-relationism）か」という論点は、この部分に深く関わっている。

本書にはそうした論点に代表される最近のグローバルな正義論をふまえた考察に乏しく、そのせいか、ヌスバウムによる既知のロールズ（主義）批判を皮切りに、著者が訳した本に直接当たれば理解しうる議論のパラフレーズが多いように思えてならない。

◆書評

「再帰的近代」における代表制の再評価

●——杉田　敦

早川誠『代表制という思想』（風行社、二〇一四年）

　今日、代表制の危機について語られることが多いが、それが何を意味しているかは、必ずしも明らかではない。本書は、現代において代表制システムが直面している困難を見つめ、代表制システム本来の意義に立ち返った上で、その「固有の長所」を明らかにし、新たな文脈における再評価を試みるものである。

　著者は、現代における代表制批判が、二つの異なる方向からなされていると指摘する。すなわち、一方において、今日の代表制民主主義では政治的なリーダーシップがなかなか確立しないことが批判され、他方では、多様な意見が反映されないことが批判される。前者は、権力による上からの民意の集約が不足しているという批判であり、後者は、下からの民意の伝達が不足しているという批判であり、両者は対立しているようにも見える。

　これら二つの批判は、現代の政治理論では、それぞれ首相公選論と熟議民主主義論の主張につながっているというのが著者の見立てである。これらはいずれも、代表制批判から、直接性に向かおうとする方向を示している。有権者が首相を直接に選べないから首相にリーダーシップがないのだとして、それを直接に選ぶことを求めるのが前者である。しかし、首相公選は執行権には影響を及ぼすが、立法権には影響を及ぼせないし、ひとたび選ばれれば、首相はかなりのフリーハンドをもつことになり、実際には直接民主主義からは遠ざかる。熟議民主主義は、有権者が十分に発言の機会をもてないのが問題だとして、人びとが意見を表明する機会を増やそうとするが、直接性を担保しようとすれば、「完全に直接民主制的な熟議民主主義」を考えなければならなくなるが、実際の熟議民主主義は、そこまで徹底したものとはならない。

　ハンナ・ピトキンの代表論を参照しながら著者が整理するところでは、リーダーシップへの関心を示すのは代表についての「権威付与理論」であり、多様性への関心を示すのは、主として、代表についての「描写的理論」である。前者によれば、代表される側は、代表に権威を付与した後は、代表に服従する。他方、後者によれば、代表は、代表される側の多様性を反映すべきものとされる。ピトキン自身は、代表概念について、こうした二つの側面が相補的であるとした上で、さらに、第三の類型として「実質的代表論」をも提起する。代表が十分に機能しているかどうかを、事の進行中に評価するというものだが、その評価基準はあいまいなままであると著者は述べる。

　そもそも、現代日本で代表概念はどのような文脈の中に置かれているか。九〇年代からの政治改革の中で、それまでの白紙委任的な政治からの脱却を進めるものとして、リーダーシップの確立が説かれたが、これは権威付与型である。しかし、著者によれば、今日の状況では、そうした代表のあり方を確立することは困難である。グローバル化の中で、特定政策に「利害関係や関心を有する有権者の範囲を定めるのは難しくなってくる」からである。さらに、近代の「再帰的」側面、すなわち、あらゆる問題がつねに新たに問い直される傾向が強まっているからである。

そこで、反動として直接性への希求が強まるわけだが、それにも望みはない、というのが著者の見解である。単に直接制を導入するだけでは、代表制の危機を回避することはできない。いかに人びとの意志を形成するかという問題が残るからである。ヨーゼフ・シュンペーターの民主主義論は、しばしばエリート主義的と批判されるが、それは的外れである。シュンペーターは、民意が多様であり、簡単に一元化できないとしたからこそ、「公益」や「一般意志」の概念に不信を示した。人民の一体性を当然視できないから、民主政治が、政治家の間の競争という形でしか運営できないと主張した。そもそも、抽選で官職を選んだ古代ギリシア的基準からすれば、選挙で代表を選ぶこと自体が、能力などに注目する点でエリート主義的だ、とするのである。

かくして著者は、安易に民意が確定できないからこそ、代表制の重要性が際立ってくると論ずる。代表制では民意が直接に反映されないと批判されがちだが、「代表制では、いかなる意志も制度上ひとまず政治への反映を阻止される。市民の意志は、代表者を通して表明されなければならないからで」あり、実はそこに効用がある。「代表は有権者の意志を受けとりはするが」、有権者の意志からは切り離されているからこそ、彼／彼女は「総合的な視点と判断力をもつ。」「なぜなら、多数の有権者によって選出される代表は、特定の個人や集団の民意だけを尊重することはできないからである。」

このように考えれば、政治家が有能であることは、さほど必要ではない。代表は、「高い能力ゆえに良質な判断ができるのではなく」、有権者と距離があることによって「客観的視点からの判断」をするようになる。

以上に要約を試みたような本書の議論は、代表概念をめぐるさまざまな混乱を解きほぐし、この重要な概念についての見通しをよくする点で、きわめて有益なものといえる。また、代表というものがもつ両義性が、そこでは的確に表現されている。

しかしながら、「多数の有権者によって選出される代表は、特定の個人や集団の民意だけを尊重することはできないから」客観性を帯びるという論点には、疑問も残る。多数の票を得て選出されるためには、「総合的な視点と判断力」までは不要で、多数派が支持しそうなことを言っていれば足りるのではないか。

著者と評者との見解の相違はどこからくるのか。それはおそらく、評者にとっては選挙を軸とした代表制が、少数意見の表現を阻む「壁」として主に意識されているのに対して、著者にとっては、怒濤のような代表制批判から何とか守られるべき対象として主に意識されている点であろう。

◆書評

グローバリゼーションと新たな政治主体の可能性

●――伊藤恭彦

古賀敬太『コスモポリタニズムの挑戦――その思想史的考察』(風行社、二〇一四年)

地球環境問題、貧困と格差、紛争とテロリズムの台頭など、地球規模での政治問題が深刻化している。これらの問題の解決に失敗したならば、地球の存続は不可能である。その意味で国境を越える何らかの統治が求められている。しかし、私たちの基本的な政治単位は国家(国民国家)であり、それを越える政治単位は未だ形成されていない。こうした状況を受けて、国家の境界を越えて地球規模で問題を捉えようとする新たな政治主体の彫刻が再び始まった。古代ギリシアのポリスが解体し帝国の時代に移行し始めた時に登場したコスモポリタニズムの政治伝統に、二一世紀的観点から再び注目が集まり始めたのである。ハーヴェイが言うように「コスモポリタンが帰ってきた」のである。コスモポリタニズムは今や古くて新しい政治思想の一大テーマとなっている。

本書はこのような政治思想上の大問題を正面から扱った労作である。「コスモポリタニズムの挑戦」と題された第Ⅰ部では、古典古代からカントを経て現代に至るコスモポリタニズムの思想史が描かれ、その後、マリタン、ヌスバウム、ヘルド、ハーバーマス、ポッゲという現代の代表的なコスモポリタンの思想が検討される。第Ⅱ部は「国民国家の側に立つ人々」というタイトルもと、シュミット、ロールズ、ウォルツァー、ミラーら現代のアンチ・コスモポリタンの思想が検討される。

本書の特徴を整理しておきたい。第一にコスモポリタニズムとアンチ・コスモポリタニズム(国民国家派)の対抗関係という枠組の中で、各思想家の微妙な差異を含めて、丁寧に、そしてわかりやすく思想内容が描かれている。我が国においてもグローバルな正義への関心と同時にコスモポリタニズムへの関心が高まっているが、これからコスモポリタニズムを学ぼうとする人にはもちろん、再度、基本的な論点を確認したい専門家にも有益な一冊である。第二に本書においては、コスモポリタンの中にマリタンが、アンチ・コスモポリタンの中にシュミットが位置づけられていることが、類書にない新鮮さを与えている。古代から近代までのコスモポリタンの思想史を描き、その後いきなり二〇世紀末の論争状況にジャンプするという叙述が多い中で、二〇世紀前半に活躍した二人を位置づけることで、ウェストファリア・システム動揺期のコスモポリタンとアンチ・コスモポリタンの意義を明らかにすることに貢献している。第三にいわゆるリベラリズムとコミュニタリアニズム論争以降の政治哲学の最大争点を、リベラリズムとコミュニタリアニズム論争との論点の異同を踏まえ明らかにしている。リベラリズムとコミュニタリアニズムがそのままコスモポリタニズムとアンチ・コスモポリタニズムの対抗に移動しているわけではない。コスモポリタニズムと国民国家派という新たな対抗の中にリベラリズムとコミュニタリアニズムが位置づくのである。国民国家を規範的に再考する上でも示唆に富んだ内容を含んでいる。

本書の意義を踏まえた上で、さらに深められるべき論点を一点指摘したい。ベイツはコスモポリタニズムとして「制度に関するコスモポリタニズム」、「道徳に関するコスモポリタニズム」以外に「忠誠心に関するコスモポリタニズム」を挙げている。本書では「制度（法制）」と「道徳」に関するコスモポリタンという枠組でコスモポリタンが整理されているが、「忠誠心に関するコスモポリタン」には明示的な言及がない。確かにヌスバウムのコンパッション論ならびにそれに対する批判者の主張を検討する箇所では、「忠誠心に関するコスモポリタニズム」に深く関係する重要な論点が提示されていると言える。コスモポリタニズムとアンチ・コスモポリタニズム（国民国家派）の対抗は、グローバル化した世界をどのように見据えて、それがはらむ問題をどのように解決していくのかという政治実践をめぐる問題だと言える。本書の意義はそこに焦点をあてたことにある。しかし、グローバル化した世界と地球が直面する問題を、一個の政治主体である「私」がどのように引き受けるのか、そして引き受ける根拠は何かという深刻な問題も私たちには突きつけられている。それは骨の髄にまで染みこんだナショナルな感情を超えることができるのか、そして、超えることが正しいのかという厄介な問題でもある。「私」は貧困問題など世界の悲惨さに共感し涙を流すかもしれない。しかし数分後には隣国の領海侵犯に立腹しているかもしれない。ポッゲ流に貧困国への加害責任を反省しながらも、テロとの闘いという「美名」のもと子どもたちを巻き添えにしている暴力を肯定しているかもしれない。グローバル化は政治主体である私たちを激しく揺さぶる。「私」はどのような政治主体なのか？コスモポリタニズムとアンチ・コスモポリタニズムの論戦は、グローバル化した世界を生きる個人の内面的葛藤でもある。こうした「忠誠心に関するコスモポリタニズム」に関する、一歩踏み込んだ考察が必要であると思える。それは文化研究などで近年注目されている「コスモポリタン文化」研究の成果と政治思想研究の連携という課題とも言える。

たしかに本書は「忠誠心に関するコスモポリタニズム」を明示的に扱ってはいない。しかし、本書を繙いた者は必ず自らのアイデンティティを揺さぶられる。その意味で本書は「制度に関するコスモポリタニズム」と「道徳に関するコスモポリタニズム」の思想的整理とそれらへの国民国家派の意義申し立ての整理という叙述を通して、読者ひとりひとりに自らの「忠誠心」の反省を迫るものだと言えるのかもしれない。いずれにせよ政治思想研究者だけでなく、二一世紀の課題を深刻に受け止めようとする多くの人に読んでいただきたい一冊であることは間違いない。

◆書評

多様性の尊重と社会的統合の両立という課題にいかに答えるか

●――施　光恒

千葉眞『連邦主義とコスモポリタニズム――思想、運動、制度構想』（風行社、二〇一四年）

連邦主義とコスモポリタニズムの理念や制度、制約、可能性について論じた本書は、それらに関する歴史や思想、理論を踏まえつつ、世界や日本の現状への提言も含み、大いに示唆に富む。

「連邦主義」とは、「複数の構成体の間に統合と分権との連携の仕組みを創出する分節的結合の原理ないし理論」（一頁）であり、連邦制は、その制度的現れを指す。

第一章では連邦主義の思想史が素描され、第二章ではカントのコスモポリタニズムと連邦主義構想の検討がなされる。第三章では、戦後、欧米でも日本でも盛り上がりを見せた世界連邦運動の経緯が概観され、それが提起した理論的問題も検討される。第四章は、連邦主義の実験としての欧州連合（EU）が論じられる。続く第五章、第六章では、それぞれ現代政治理論におけるナショナリズム、コスモポリタニズムの検討が行われる。終章、ならびに付論では、これまでの多角的な検討を踏まえたうえで、国連改革や東アジアの平和構築に関する議論が提起される。

連邦主義への近年の関心の高まりには様々な要因がある。地域統合体への注目、少数者の承認をめぐる社会運動の興隆、グローバル化の負の側面に対する政治的制御の必要性などである。いずれも主権国家の絶対性をいかに緩和し、地球大の多様な問題に取り組みうる制度を構想するかという問題意識と関連している。

本書は、既存の国民国家体制や主権国家の絶対性への懸念を表明しつつも、決して、一足飛びに、世界政府やいわゆる制度的コスモポリタニズムを礼賛するものではない。そもそも連邦主義の前提には「自由かつ平等な人々や諸集団が、相互の自由と独立を尊重しながら、同時に共通の目的をより効果的に追求し、リージョンにおける平和な秩序と安全保障をより確実なものにしていくという意味合いが常に存在する」（一三頁）。そのため、制度構想としては「権力の集中化をできるだけ避けて権力を分散化させ、既存の主権的国民国家の主権を相対化していくことを追求する面がある」（同頁）からである。この点について本書では、例えばR・ニーバーの議論、すなわちニーバーが「頭」（世界政府）のみを作ったとしても、「体」（政治共同体）が伴わなければ、秩序形成のために強大な権力をかえって要請することになり、全体主義的帰結に陥る危険性があると指摘したことなどが言及される。

だがその上で本書は、核拡散やテロリズム、格差拡大といった地球大の様々な問題の解決のために、人々が世界市民的アイデンティティを高め、相互に協力・協調する必要があることを説く。

加えて、その制度的実現としての連邦制の可能性を探求する。

本書は次のような提案を行う。一つは、「パトリア主義」である。これは「各人の自由と複数性に基づく人々の連帯意識の絆」を、排他的・閉鎖的ではない形で作り出そうとするものである。制度としては、「以前よりも格段に凝集性と連携性を高めてきた」世界市民社会の登場に期待を寄せつつ、国連の大規模な改革を提言する。そして、分権型であり、根本的にネットワーク型である軽装備の世界統治の仕組みを模索する。東アジアについては、日本の戦争責任の「再履行」を前提としたうえで、「和」や「共生」といった理念の下に、平和な秩序構築の道筋を展望する。

私が本書評を依頼されたのは、リベラル・ナショナリズムの議論にここ数年関心を持っているからであろう。コスモポリタニズムやそれに基づく連邦主義の立場を、ナショナリズムの観点から批判的に検討することが私のここでの役目なのかもしれない。

だが実際のところ、私は、本書に共感するところが決して少なくなかった。私は、本書よりもナショナルなものを重視する立場から出発し、各々の文化や伝統が少なくとも部分的には個人の構成的属性であり、そしてそれを十分に評価する政治共同体が重要だと強く意識するが、他方、そうした文化的存在としての各人や各集団の尊重のために国際協調が必要であることも、特に近年、痛切に感じている。

一例をあげれば、本書でもしばしば触れられているが、金融資本主義の跋扈という問題に現代世界は直面している。D・ロドリックらの論者が明らかにしているように、資本の国際的移動の増大は、自国からの資本流出を避け、また外資を引き付けなくてはならない必要性のため、事実上、各国から経済政策や福祉政策の自律性を奪ってしまう。結果的に、グローバルな投資家や企業の利益が、国民一般の声よりも優先される政治が日本を含む各国で常態化しつつある。この状態を是正し、各国で民主主義や平等（格差是正）を実現するには、ケインズらが戦後の国際経済秩序の創設の際に試みたように、国際協調の下で資本の国際的移動に一定の歯止めをかける必要がある。つまり、グローバルな市場の力を制御し、ナショナルな自律性を確保するためにも、ナショナルな諸主体の連携や協調が今日では大いに求められる。

本書は、（道徳的）コスモポリタニズムから出発し、世界政府などの制度的コスモポリタニズムの孕む危険性を指摘したうえで、緩やかなネットワーク型の連帯や制度の必要性を丁寧に説く。私は、各々のナショナルなものの重要性をより強く意識する立場から出発するが、その保障のために、国際協調やそれを可能にする仕組みが不可欠であると考える。このように私は、第一の問題関心の所在を本書とは異にするものの、本書の体系的かつ豊饒な議論には啓発されるところが非常に多かった。

思想や文化、アイデンティティなどの多様性を各主体が互いに認め、敬意を払い合う安定した政治秩序をいかに実現するかという問い、つまり多様性の尊重と社会的統合をいかに両立するかという問いに答えることは、自由民主主義の政治理論の最大の課題だといえよう。本書は、この課題についての現時点での一つの最良の到達点を示している。

◆書評

御用学者と呼ばれた男の実像

●――大久保健晴

田頭慎一郎『加藤弘之と明治国家――ある「官僚学者」の生涯と思想』（学習院大学研究叢書、二〇一三年）

本書は、「近代日本の思想家のなかで、加藤弘之ほど嫌われた人物はいないだろう」という印象的な一文から始まる。加藤弘之（一八三六―一九一六）は、徳川末期に蕃書調所につとめ、ドイツ学興隆の先駆けとなり、維新後は「明六社」の一員として学問・言論活動に従事する一方、文部大丞、外務大丞、元老院議官、東京大学綜理、帝国大学総長、貴族院議員、宮中顧問官、帝国学士院長、枢密顧問官など歴任した。特に、学者職分論争で「私立」の立場をとる福澤諭吉に反批判を加え、民撰議院設立論争では時期尚早論を主唱し、また明治十年代に入ると社会進化論に傾倒して、それまで自ら立脚してきた天賦人権論を「妄想」と放棄し、民権運動を排撃したことは、よく知られている。そのため、序章でも指摘されるように、時に加藤弘之は明治政府の「御用学者」「藩閥政府のイデオローグ」と称され、福澤や植木枝盛ら主役に対する脇役、論敵として描かれてきた。むろん政治思想史の世界では、加藤によるブルンチュリら一九世紀ドイツ国法学や進化論との思想的格闘に光を当てた、山田央子、安世舟、春名展生ら各氏による優れた先行研究が存在する。しかしなお、大正五年の死に至るまでの、彼の政治活動や学問思想を正面から包括的に精査した研究は、ほとんどない。本書は、そうした従来の一般的イメージに解消されない、「官僚学者 bureaucratic intellectual」加藤弘之の実像の解明に挑んだ意欲作である。

本書の第一の学問的貢献は、多彩な一次史料を駆使してその生涯を丹念に辿り直したことにあり、加藤の評伝として一級の価値を有する。特に出石藩の権力闘争・仙石騒動で自害した祖父を持ち、「逆臣の一族」として「孤独な少年時代」を過ごし、江戸での蘭学修行中も貧窮生活を強いられたことが、その後の加藤の進路や政治観、ならびに自己保身的な性向の原点にあるという著者の見立ては興味深い。また第一部第二章では、徳川末期に加藤が洋学者として、西周、津田真道らとともに、後期水戸学的な「国体」祭政一致論とは異なる、「公明正大」なヨーロッパ「政体」の新知識を自らのうちに血肉化していく姿が、克明に描かれている。

第二の特質は、これまで十分に検討されていない、明治政府内における加藤の活動を解明したところにある。著者は第二部で、木戸孝允や江藤新平ら明治政府の政治家との関係や人事について、それぞれの日記や回顧談を精緻につき合わせながら分析する。そこからは、加藤が「学者肌」であるが故に、二度にわたり官僚としての栄達の機会を逃し、文部行政でも、政府中枢から融通がきかないと疎まれていたことが明らかになる。「加藤は学問を『真理』を追求する営みと考えたため、政府の公定イデオロギーに抵触することも厭わなかった」。南北朝正閏問題でも、加藤は水戸学的国体論に距離をとる学問的立場から、南北朝並立論を唱えて山縣有朋の怒りを買い、さらには穂積八束と対立した。他方で著者は、天賦人権論に立脚して「非人穢多」の称を廃すべしと唱えた加藤が、社会進化論に傾倒し天賦人権論を放棄した後にも、融和運動家の岡本弥と交流を持つなど、一貫して身分差別に批判的であったことに注目する。こうして本書は「御用学者」という仮面を剥ぎとり、等身大の加藤弘之の姿を明るみに出す。

第三に、本書は「鄰艸」から開化史、そして進化論への旋回を経て晩年に至る加藤の学問思想の持続と変容を内在的に分析し、一つの道筋として再構成している。なかでも重きをなすのが、徳川末期に先駆的に「立憲政体」論を展開した加藤が、学問的蓄積と変遷の末に辿り着いた「立憲的族父統治」論である。著者に従えば、晩年の加藤は国家を「自然的一大有機体」と捉え、立憲政治を支える「徳義」の涵養を説くとともに、政党間の「競争」によって「公議輿論」が明らかになり、それが君主の権力を抑制すると考えた。著者は、吉野作造が加藤の議論に言及していることに注目し、「国家の形式」以上に「国勢の実質」を問う加藤の政治学的視座は大正デモクラシーの思想へと引き継がれたとする。これは今後の日本政治思想史研究において、重要な論点となろう。

最後に、以上のような高度な学問的達成の先にある課題として、副題に掲げられた、全体を貫く主軸となる「官僚学者」という分析枠組みについて、議論したい。著者によれば、加藤弘之は、政治権力に媚び諂う従順な「御用学者」ではなく、むしろ官界にいながら、「真理」を探究する「学者的生真面目さ」を持っていた。本書はそうした意味で、加藤を「官僚学者」と呼ぶ。だがそうである時、その本職である「学者」としての加藤弘之に対する、同時代の人々の評価はどうであったか。中江兆民は『一年有半』の中で、加藤について、「其実は已れが学習せし所の泰西某々の論説を其儘に輸入し」丸呑みしているだけで、「哲学者と称するに足らず」と断じている。外山正一は加藤の『人権新説』を、「少しく欧米の政治書をのぞきたる者」にとっては「陳腐なる説」と揶揄した。また加藤は同作品でスペンサーの学説を論じる際、専ら雑誌『コスモス』の独語部分訳に依拠しており、彼のスペンサー理解を問題視する、山下重一氏の研究もある（『スペンサーと日本近代』）。むろん評者は決して、加藤による西洋学術との取り組みが浅薄であったと言いたいのではない。むしろ、その逆である。それ故にこそ、著者がこれらの言説や評価に対してどう応答し、論証を試みるか、訊ねてみたい。研究対象の著作を内在的に解読し再構成するとともに、その学問思想の深度や知的世界の広がりを測り示すこともまた、政治思想史研究者の仕事の一つであろう。そうした作業を通じて、近世・近代日本の政治とアカデミズムの間に身を置く、「官僚『学者』」の知的系譜と特質がより鮮明に浮かび上がるのではないか。

本書は、加藤弘之研究はもとより、日本政治思想史研究の発展に大きく寄与する、貴重な研究成果である。

◆書評

理念の政治史

●——小原　薫

佐藤健太郎『「平等」理念と政治——大正・昭和戦前期の税制改正と地域主義』（吉田書店、二〇一四年）

本書は、大正・昭和戦前期の税制改正論議と地域にかかわる問題について、個人、制度、地域のそれぞれのレベルに現れる平等の問題に注目し、「理念の政治史」として描出したものである。従来、折衷主義者としての立場と、河上肇の『自叙伝』における酷評の故に、京都帝国大学教授であり、財政学者である神戸正雄の評価は低いものであった。が、本書は神戸の折衷主義の思想が目指した税制改正論を、同時代の思想及び政治過程を丹念に検証することによって神戸の思想の再評価をするものである。特に、税制改正論議の政治過程を追うのだけでなく、神戸の学者としての思想（理念）が現実の政治過程にどのように実践されていったのかという側面に注目しているところに特徴がある。

本書の構成は、以下の通りである。

第一章は、明治末期から第一次大戦前後に至る時期を対象とし、折衷主義者神戸正雄の思想形成過程を河上肇との対比によって浮き彫りにしている。特に、河上の『貧乏物語』に注目し、両者の対比によって、神戸の思想の持つ河上や社会主義思想との親和性とともに、その相違を描いている。と同時に、河上の思想の特徴を描くために、山路愛山、北一輝、ベルゲマンの思想との詳細な比較がされている。その上で、社会政策学会の歩みの中で、租税による分配の公正を求める社会政策的税制論に対し、神戸は租税の目的をあくまでも財政収入とし、給付能力に基づく租税論の立場に立っていたことを論じている。ここでは、社会主義の立場に親近感を持ちつつも、非社会主義の立場に立っていた神戸の特徴を描き出している。また、従来、河上の『貧乏物語』に対しては、道徳的改造論という評価がされがちであった。が、本書は、河上の真意を、天皇への生産権奉還という国家主義的な福祉構想と、高い精神性を持つ日本人に「日本独特」の道徳改造を実現しうることへの期待、独特の「分化的進化」への期待と見ている点が非常に興味深い。

第二章は原敬・高橋是清内閣期を対象とし、臨時財政経済調査会（財調）における税制改正案の政治過程の分析を丹念に行っている。特に、地租と営業税を地方財源として委譲し、代替財源として財産税を導入するという税制改正案の展開に焦点を当てて論じられている。特に本章では、高橋是清、神戸正雄、浜口雄幸の三人の税制改正案に焦点があてられている。高橋は、地方からの教育費の増額要望に対し、地方の財源レベルに応じた財政支出を唱えた。高橋は、画一的な制度の下での平等を批判し、地方に財源を与えることによって、地方の責任で教育を行うことを主張し、委議論を支持した。神戸は全国民が給付能力に応じて税負担をすべきという租税観に立ち、地租営業税の委譲と財産税の導入を主張した。他方、憲政会の浜口雄幸は、社会政策的税制論の視点から財産税を支持した。これら三人は財産税の導入という視点では近い立場にあったが、税制改正に対する微妙な視点の違いから妥協が成立せず、特に浜口雄幸とのわずかな視点の差異が結局は神戸の目標としていた財産税の導入と税源移譲という税制改正案の実現の失敗に至った過程を論じている。

第三章は、田中義一内閣期に注目し、地域の平等に関する政治過程について、特に東北を中心とした松岡俊三の雪害運動に焦点を当て、地域の「画一主義」と「特殊性」との問題について触れている。画一主義批判が取り上げる問題として、知事公選問題、政友会の主要政策となった委譲案がなぜ実現できなかったか、沖縄問題、東北の雪害運動等を指摘している。特に、沖縄問題において、沖縄が本土との平等な扱いを切望しつつも、経済的には国からの支援を受けざるを得ないというジレンマの指摘は、現在の沖縄が抱える問題でもある。また、松岡俊三の雪害運動が国レベルの課題へと結実していく過程は、一人の政治家の理念の現実化のプロセスとしても読み応えがある。

本書を通じて指摘できることは、第一に、同時代の政治過程と思想についての丹念な目配りである。神戸の思想を描くために河上と対比するだけでなく、河上の思想的特徴を描出するために山路、北、ベルゲマンに対しても深い検証が行われている。また、社会政策的税制論と神戸の立ち位置の違いについても詳細な検証が行われている。加えて、原・高橋内閣期の財調の審議過程についても、非常に詳細に審議の過程が検証され、論議の行われた背景にまで分析が及んでいる。第二に、第二章で展開される財調での詳細な議論の分析を通じて、なぜ神戸は浜口との小異を超えてなぜ財政論で合意ができなかったのかという問いかけの検証は、近代日本の政治過程の中でたびたびおこる、統合方向へとまとまるのではなく、分裂を加速していく日本の思想的課題を浮き彫りにしている。

本書は極めて精緻に同時代の政治過程と、同時代の思想家との比較を、比較対象者の思想的背景にまで踏み込み、丹念に検証している。それがあまりにも詳細であるために、肝心の神戸正雄の思想的特徴がやや埋没しているきらいがある。折衷学者である神戸の思想故の問題であるかもしれないが、もう少し神戸の思想を前面に出してもいいかもしれない。であるが、「平等」の観点から大正・昭和の戦前期の税制改正論議を「理念の政治史」として描き切った点、政治史でありながら、同時に思想史の本としても非常に読み応えのある本である。

◆書評

「市民社会」の内と外

●——趙　星銀

小野寺研太『戦後日本の社会思想史——近代化と「市民社会」の変遷』（以文社、二〇一五年）

副題「近代化と『市民社会』の変遷」から分かるように、本書は戦後日本の思想家たちが構想した近代の姿を、彼らの「市民社会」像を中心に分析した研究書である。近年、植村邦彦やSimon A. Avenellなどの研究が「市民社会」と「国家」の関係を中心に日本の「市民社会」論を批判的に検討してきたが、本書の問題意識はそれらとは距離がある。著者は本書の「序」の中で、「市民社会」論に投影されている「〈近代〉の機制のあり様を批判的に解明し、わたしたち自身の思考の枠組みを解きほぐすこと、そしてそれを異なる可能性へとずらしていくこと」に課題を設定している。つまり、〈近代〉性の限界を指摘するポストモダニズムの立場が常識化している今日においても、〈近代〉を超える何かを求める際には「民主化」と「自由化」という〈近代〉の要素が依然として有効であり、必要な作業は〈近代〉との葛藤とむきあいながら、それを理解することだという問題意識である。

第一章では、戦中期の大河内一男と高島善哉の統制経済論と生産力論が分析されている。統制経済論は、総力戦を遂行するための時代的な要求としてのみならず、一九世紀的な自由主義体制への根本的な見直しを求めるものとしても理論的関心を集めた。著者は、日本の新体制を伝統的な「良習美風」の育成による公益と私益の調和に求めた革新官僚たちと違って、大河内と高島が経済合理性に基づく生産力論・統制経済論を展開したことを強調する。スミスの思想に依拠して近代像を構築し、さらにリスト研究を通じてそれを相対化しようとした両者が描き出した「市民社会」の骨子は、農業と工業の緊密な連結による国内市場の健全な維持と、経済合理性に適合した近代的な労働力の形成にあった。著者はそれを、経済外の論理に基づいた当時の対外膨張政策に対する軌道修正の要求として位置付けている。

第二章と第三章は内田義彦の市民社会論を、第五章は内田以降のそれを取り上げる。戦後初期、内田は産業構成の高度化を通じて社会の近代化を部分的に実現し、戦後の民主化の底流を形成したものとして戦中期の生産力論を再評価した。しかしまだ日本の経済構造には前近代性と高度な資本主義生産様式が共存していると考えた内田は、その矛盾を変革するための可能性を労働者と農民との連帯に見出した。労働者と農民との自由な交換と分業からなる水平的な社会像を「市民社会」と呼び、それをスミスとマルクスに共通する要素として捉えた内田は、後年、資本主義のさらなる進展が社会主義につながるという結論に到達する。

このような「市民社会」と社会主義の連続面は、平田清明と望月清司にも受け継がれた。共同体的所有から「個体化」していく「歴史貫通」的な過程として「市民社会」化を理解した平田は、個々人の分離した生産と所有が「交通」によって結合し相互に依存する連帯性の社会を「市民社会」と捉え、その発展的継承が社会主義であると考えた。また望月は、中世ドイツにおいて独立自由農と都市民との交易から生まれた小規模な商品市場が資本主義の起源となったことに着目し、その過程で現れた人間同士の依存関係の変化に注目した。このように両者がマルクスの著作から読み取ったのは、正統派マルクス主義の唱える「階級」や「生産手段の国有化」とは異なる、社会主義的な紐帯であった。

第四章は政治学者松下圭一を取り上げ、戦後日本における「自治」の理論として構想された彼の「市民社会」論を紹介する。そして第六章は、以上の議論に見える〈近代〉の普遍性への信頼を批判した見田宗介／真木悠介の議論を取り上げる。見田／真木は、〈近代〉そのものの価値を相対化し、合理化や効率化がもたらした現代社会の機制を超えるものを、「他者」の両義性に基づいて構築しようとした。ともに生きる喜びによってつながる小規模な「関係のユートピア」同士が、他者と生きることで生じる不幸の最小限化を目指す「関係のルール」に従って共存する「メタ・ユートピア」の秩序像がそれである。

本書の中で、著者は普遍的なものとして構想された「市民社会」言説における「包含と排除の境界」を繰り返して指摘する。そしてそれがこれまで変更されてきたことを知り、これからもその「閉域」の境界を変えていくことが重要だと主張する。この主張には評者も同意する。しかしその「閉域」性をめぐる叙述が充分な説得力を持っているかについては疑問が残る。たとえば著者が批判する松下の「市民社会」論の「一国主義」性に関しては、松下の政治思想が戦後日本の「特殊」性に基づいていることと、それを日本国民のみの「閉域」の論理と主張することは別の問題であると反論したい。一貫して「国家」の内外からの相対化を目指し、グローカリズムの発想を持っていた松下の思想を「一国主義」とは呼びにくいのではないか。また著者は見田／真木のユートピア構想についても、それがたとえば「人を殺す」ことによって喜びを感じる人や「市民社会」そのものを破壊しようとする人の「魂の自由」に対しては開かれていないと書いているが、この批判が「市民社会」の「閉域」性を変革するための有意義な議論にどのようにつながるかは不明確である。

「市民社会」の「閉域」性を指摘するに止まらず、その内側と外部とがいかに関連しているかを問うことも必要だろう。階層、ジェンダー、宗教、国籍などの差異に、平等を旨とする「市民社会」の原理がいかに柔軟に対応できているか。「市民社会」論のどのような要素が「閉域」性を作り出し、またそれを崩すことができるかをより内在的に検討する営みが、その「包含と排除の境界」を変えてゆくはずである。

二〇一五年度学会研究会報告

◇二〇一五年度研究会企画について

企画委員長　齋藤純一（早稲田大学）

第二二回（二〇一五年度）研究会は、二〇一五年五月二三日、二四日に、武蔵野大学有明キャンパスで、「政治思想における意志と理性」を統一テーマとして開催された。シンポジウムは三つのセッションにおいて行われ、自由論題については、三つの分科会において計一一の会員による報告、それに続く質疑応答が行われた。

企画委員は、眞壁仁会員（北海道大学）、宇野重規会員（東京大学）、青木裕子会員（武蔵野大学）、および齋藤がつとめた。青木会員、中村孝文会員をはじめ、研究会開催の労をとってくださった武蔵野大学の皆様に、この場を借りて心よりお礼を申し上げたい。また、報告、討論、司会をお引き受けくださった非会員を含む皆様にも企画委員会を代表して感謝を申し上げる。

統一テーマを「政治思想における意志と理性」とした際、おおよそ次のようなことが念頭にあった。一つには、意志と理性の関係、あるいは主知主義と主意主義との関係をどのようにとらえ、位置づけるかは、古代以来の政治思想において繰り返し問われてきた中心的な問いの一つだということ。また、現代の政治理論においても、規範の正統（当）化に際して公共的理性（推論）を重視するJ・ロールズやJ・ハーバーマスらの議論がある一方で、意志や感情など動機づけを重視する議論もそれに対して提起されており、理性と意志をどのように媒介するかが問われていること。加えて、現代の政治状況において、主意主義的な傾向を色濃くもつ勢力――それらを指して「ポピュリズム」あるいは「反知性主義」といった言葉も使われるようになった――が台頭しており、そうした思潮の理解が求められていること。

シンポジウムは、時系列に沿って構成した。シンポジウムⅠ「秩序形成をめぐる意志と理性」（一七世紀～一九世紀前半）、シンポジウムⅡ「秩序転換をめぐる意志と理性」（一九世紀後半～二〇世紀前半）、シンポジウムⅢ「秩序再生をめぐる意志と理性」（二〇世紀後半以降）、である。各シンポジウムでどのような議論が行われたかについては、各司会者によるご報告をご覧いただきたい。

シンポジウムの登壇者には、統一テーマの趣旨についてごく簡単に次のようにお伝えした。「秩序や（法）規範、また制度を正当化する際に「意志」に依拠するか、「理性」に依拠するかにはつねに緊張が存在します。それぞれの思想家は、自らの思想において、また先行する思想を批判する際に、意志と理性の緊張関係をどのように扱ったのか。いずれかを重視する、いずれかに他方を実質的に還元する、意志を（公共的）推論によって媒介するなど問題の扱い方は、各思想家によって異なると思いますが、ご報告においては、意志と理性の緊張関係にご留意いただければ幸いです。」

報告者のお一人である渡辺浩会員（法政大学）からは、この問いの立て方に異論が提起された。政治秩序の形成・維持を「意志」と「理性」のタームによってとらえようとするのは依然として西洋中心主義的であり、人々が秩序に従い、それを維持する理由は、意志にもとづく同意や決定内容が正しいという判断には還元されえないという批判である。

このご批判に対しては、今回の統一テーマで問おうとしたのは、秩序や規範の正統性に関する問い、それらを人々が受容すべき理由であり、秩序が「現に妥当している」という理由は問いの範囲外にあった、そして、人々が秩序や規範に従うべき理由をこれらの言葉を用いて考えるのは、法学的思考が優位した西欧近代に特殊であると言えるのか、と応じることも可能である。とはいえ、渡辺会員のご批判は、意志と理性という枠組みを予め用意して秩序や規範について考えることの陥穽を指摘するものであり、重要な問題提起として受けとめたい。

そのほかにも、登壇者をはじめシンポジウム参加者からは、意志と責任との関係——たとえば帰責するための意志の「ねつ造」——を問い直すことの必要性、意志という言葉にすでに理性（推論）が入っている場合の用語法への注意、感情（情念）の契機を入れた場合に意志と理性の布置がどのように変わるかについての考察の必要性、合理性には還元されない道理性ないし「理」の意味合い、手続きに関わる正統性（legitimacy）と認知的に見た意志決定内容の正しさ（correctness）との関係など、統一テーマについて多くの、有益なご指摘、問題提起があった。このシンポジウムは、この問いについてあらためて考えていくための有意義な機会になったのではないかと思う。参加者の活発なご議論にあらためて感謝を申し上げる。

【シンポジウムⅠ】

秩序形成をめぐる意志と理性

司会　犬塚　元（東北大学）

「政治思想における意志と理性」という研究大会の統一テーマのもと、シンポジウムⅠ「秩序形成をめぐる意志と理性」では、おもに一九世紀以前の政治思想における意志と理性をめぐる議論を再検討した。過去の政治思想史に意志と理性をめぐる議論を求めるのは、根拠がないことではない。政策や公共的意思決定の質を保障するために、人間の精神能力をさまざまに区分し、しかるべき精神能力やその成果を政治過程のなかに組み込もうとする発想は、プラトンやハリントンの政治構想のように、政治思想の歴史に少なくない実例を観察できるからである。そのうえで今回のシンポジウムでは、企画委員会から登壇者に対して、過去の思想家における「意志と理性の緊張関係」にとくに注目するように事前に要請がなされていた。

このシンポジウムⅠでは具体的には、川添美央子会員（慶應義塾大学）から一七世紀イングランドのホッブズ、古城毅会員（学習院大学）から大革命後のフランスの政治思想、渡辺浩会員（法政大学）から儒学や日本の政治思想について報告がなされ、企画委員の一員である眞壁仁会員（北海道大学）が討論者を務めた。

報告に先立つ司会からの発題は、現代のデモクラシーの政治過程・政治理論における意志と理性の緊張関係を糸口に、本シンポジウムが取り扱う理論的・思想史的問題を概括したうえで、討議の前提として、「意志」や「理性」という精神能力を実体として捉えるのでなく、あくまで言語や理論によって構築されたものとみなす方法的視座の重要性について留意を促した。

「ホッブズにおける意志と第三者的理性――意志と理性の結託と緊張：『市民論』『リヴァイアサン』の比較考察」と題する川添会員の報告は、ホッブズの『市民論』と『リヴァイアサン』では理性概念の転換があり、それに応じて、理性と意志の関係も複数のかたちで論じられていたことを示した。『市民論』において理性は、経験に根ざして実践と結びついた「第三者的（自然）理性」として把握されており、意志とは一定の緊張関係を保持していた。これに対して『リヴァイアサン』では、理性は後天的・主観的な人工的理性として定式化されるとともに、主権者の意志を理性で抑制しようとする傾向は弱まった。実践と結びついた自然理性は、制作と結びついた人工的理性に置き換わったのである。

「フランス革命期から一九世紀前半の『社会契約論』解釈――一般意志論と市民宗教論を巡って」と題する古城会員の報告は、ルソーの政治思想との対抗関係という補助線のもとに、フランス革命後の、代表制をめぐる多様な政治構想を検討・精査し、シスモンディ、スタール、コンスタンの代表制論における統治・政治参加と公論空間の緊張関係を、意志と理性の緊張関係として示した。シスモンディは、代表制を採用した世襲君主政というイギリス型の政治体制を最良とみなし、議会を通じて公論の支配が実現すると論じた。これに対してスタールは平等社会を志向して、知識人階層による理性・公論にもとづく自然的貴族政の構想を示したうえで、同時に、情念に働きかける国家宗教も論じた。コンスタンは、自由な社会の公論を土台にした代表制の構想を示すとともに、その構想の欠陥を補うために宗教の役割を重視して、古代アテナイの多神教に注目した。

「意」「志」・「理」「性」と「治国・平天下」――儒学から考える」と題する渡辺会員の報告は、まず、「意志」や「理性」が明治期につくられた翻訳語であること等を指摘したうえで、研究大会の統一テーマ「政治思想における意志と理性」やシンポジウムの問題設定に異議を申し立てた。意志と理性の区別は、西洋で近代法学を前提に成立した区分であり一般化することはできず、「意志と理性の緊張関係」を時代や地域を越えて求めうるかのような問題設定は、偏っている、というのである。そのうえで渡辺会員の報告は、「意志と理性の緊張関係」を権威・権力（「御威光」）と正しさ・合理性（「道理」）の関係として読み替えて、その観点から東アジアの政治思想を再検討した。朱子学は、生まれながらの「性」である「道理」を発揮するための修養を通じ、有徳な人間と善き社会が達成されると論じた。他方、「御武威・御威光」の支配する江戸期日本において、制度のなかでの人間の改善をめざした荻生徂徠の政治構想は、「御威光」でも「道理」でもないアプローチを採用したと評価できる。

以上の三報告に対して、眞壁会員は、思想史学において意志と理性を論じる際に「カント以前か以後か」に着目することの重要性を指摘したうえで、個々の論点にコメントを加えた。フロアからは、ホッブズにおいて意志と情念の関係はどうなっているか、なぜホッブズの議論は変化したのか、フランスにおいて公論はどのように理解されていたか、意志をめぐって仏陀の思想と儒学の関係はどうか、戦国期以前の日本においても中国思想の流入や統治の正統性をめぐる議論はあったのではないか、等の質問が提示された。

【シンポジウムⅡ】

秩序転換をめぐる意志と理性

司会　齋藤純一（早稲田大学）

このシンポジウムでは、まず、野口雅弘会員（立命館大学）「「人民の意志」なきレジティマシー論と「反動」の問題――『合法性と正当性』以前のマックス・ウェーバー」、大竹弘二会員（南山大学）「カール・シュミットと決断の理由」、松田宏一郎会員（立教大学）「中江兆民における「衆意」と「理」」の報告が行われ、次いで鏑木政彦会員（九州大学）のコメントをもとに活発な質疑応答が行われた。

（1）野口報告は、支配の正統性を類型化したウェーバーには、「人民の意志」に正統性の根拠を求める発想がなかったこと、それは端的に「フィクション」とみなされていたことをまず指摘した。そのうえで、野口報告は、正統性を合法性に求めるウェーバーに対して提起されてきた批判は、丸山眞男によるそれを含めて、合法性と法の埒外にある実質的な正統性を対抗的にとらえる、『合法性と正当性』におけるC・シュミットからの「逆読み」になっているのではないか、と論じた。ウェーバーの眼から見れば、かりに法の外部に実質的正義の拠り所を求めたとしても、その結果現れるのはまた新たな反動であるほかはない。それは、ウェーバーにおいては、理性は、複数の合理性というかたちをとりうるだけであり、したがってそれらの間の抗争を解消することはできないからである。

（2）大竹報告は、決断主義者、極端な主意主義者というシュミットに抱かれがちなイメージを正し、彼を決断の根拠を問い続けた思想家として描き直した。大竹会員によれば、一九一〇年代のシュミットは、「計算可能な」合理的決断を主張していたのであり、このことは、初期著作『法律と判決』やロマン主義の機会原因論に対する彼の批判に読みとることができる。一九二〇年代になるとシュミットは、秩序の「正常性」という観念によって決断を根拠づけようとし、それによって、ウェーバーとは異なり、法の外部に正統性が位置づけられることになる。だがこの観念は、状況的・具体的なものとして規範をとらえるシュミットにあって、内容的に見て無記のものであり、それゆえ決断の根拠づけがそのつどの偶然的な状況に左右されてしまう余地を生むことになった。そのことが、その時々の既存の政治体制を「正常な」秩序とみなすシュミットの理論構造へとつながり、一九三〇年代に彼がナチス体制を現状追認的に正当化する一因ともなった。

（3）中江兆民の『民約論』を考察の対象とする松田報告によれば、『社会契約論』の兆民による解釈（翻案）には次の特徴が見られる。兆民において、一般意志に従う責務は人民の合意によって導かれるものではなく、「処当然」、「まさに然るべきの理」への洞察から導かれる。「原初の合意」によって設立されるsociétéを「邦」と訳し、「約」に合意とともに政府設立条項（の内容）の双方の意味をもたせる兆民にとって、「民約」は、既存の倫理的秩序のなかに生きる人々が「話し合って取り決めた規則」という意味合いに還元される。松田報告は、政治秩序そのものの正統性＝正しさ（一般意志）を理性的な推論をともなう契約に求めたルソーと、すでに受容されている倫理的秩序を前提として「衆意」を論じた兆民との違いを明らかにした。

（4）討論者の鏑木会員は、三つの報告内容の主要な論点を手際よく指摘したうえで、政治秩序と人間像との関係に焦点を絞り、各報告に対して次のように質問を提起した。①野口報告に対しては、ウェーバーのように実質的な正統性に依拠する議論の陥穽を指摘することは、逆に、秩序の転換を求める批判的言説が生じる場所を切り詰めることにならないか、②大竹報告に対しては、シュミットにおいて秩序転換の試みが現状追認に終わった理由は、法秩序の外部に正統性の根拠を求める思考法に求められるのか、それとも彼の描いた正常な秩序像の内容に求められるのか。③松田報告に対しては、兆民の議論のなかに、原初の合意という秩序外の理論的擬制ではなく、「話し合う」という相互行為にもとづく法の正統化という可能性を読み取ることはできないか。その上で、鏑木会員は、秩序の転換を市民の側から展望するためには、既存の関係に即して形づくられた合理性や意志を相対化し、「まだ見えない現実や自分との関係を構想する想像力／構想力」が必要になると思われるが、そうした問いかけをそれぞれの思想家の議論に探ることはできないか、という問いを提起した。

各報告には、会場から次のような質問が寄せられた（応答については紙幅の制約のため省略する）。野口報告に対しては、「反動」よりも「社会主義」の脅威がウェーバーにとって重要だったのではないか、また、「人民の意志」をフィクションとする視点を強調するのは、シュミット＝シュトラウス的な見方に過度にもたれかかってはいないか、との指摘があった。大竹報告に対しては、『法律と判決』での司法決断の理論と二〇年代のシュミットの決断主義との違いや、法を超える「正常性」の観念がフーコーの統治性との関連でもつ意味などについて質問が寄せられた。また、松田報告に対しては、兆民の議論と荻生徂徠のそれとの距離をどのように見るべきか、といった質問があった。

引き続き検討されるべき重要な論点を示した報告者、討論者および会員諸氏に感謝したい。

〈自由論題　分科会A〉

司会　小田川大典（岡山大学）

本分科会では、和田泰一会員の「ホッブズにおける意志と理性」、松下力会員の「常備軍論争期の政治理論：フレッチャーの王権制約論」、中村逸春会員の「A・D・リンゼイの「英国社会主義」論：近代民主主義の継承という観点に注目して」、速水淑子会員の「トーマス・マン『ファウスト博士』における文化と野蛮：アドルノを手掛かりに」という四つの報告が行なわれた。

和田報告は、ホッブズの唯物論的な人間本性論における理性と意志の位置づけを検討し、両者が人格において並置された能力であり、理性が意志を規制する可能性が存在しないことを示した上で、両者の関係が、ホッブズ政治学における①意志が理性に制御されないが故の戦争状態の必然性、②コモンウェルスの設立と単一の公的な意志による私的な意志の規制の正当性、③当事者の責任能力による社会契約締結の可能性の前提となっていることを論証する試みであった。質疑応答では、前日のシンポジウムで関連する報告を行なった川添美央子会員との間で活発な議論がなされた。

松下報告は、一七世紀末の常備軍論争においてアンドルー・フレッチャーが展開した民兵論を、①商業に対して肯定的であり、②貴族の役割を重視せず、国王と臣民という「二項対立」に焦点を当てているという二つの点において古典的共和主義の枠組みとは一線を画する独自の王権制約論として再構成する試みであった。質疑応答では、事前に配布された予稿では必ずしも十分に触れられていなかった先行研究との関係やフレッチャーが貴族の役割を重視しなかった背景について議論がなされた。

中村報告は、A・D・リンゼイがアトリー労働党政府の産業国有化政策の是非を論じた二つの論考を手がかりに、イギリス「民主的社会主義」をめぐる晩年の彼の一連の議論が、フェビアン協会、特に、国有化の下で産業運営への労働者の参加を認めず効率的な産業運営を好ましいと考えたウェッブ夫妻に代表される立場に対する批判を含意するものであったことを示す試みであった。質疑応答では、平石耕会員、梅澤祐介会員、山本卓会員、寺尾範野会員とイギリス社会主義におけるリンゼイの位置づけをめぐって活発な議論がなされた。

速水報告は、小説『ファウストス博士』執筆時におけるトーマス・マンとテオドール・アドルノの共同作業を手がかりに、ナチズムと教養をめぐる両者の思想的交錯を再構成し、作品の中で来たるべき「新しい秩序と調和」のヴィジョンを語ろうとしたマンが、あくまでも否定性にこだわったアドルノとの決別を余儀なくされたことを示す試みであった。質疑応答では、安武真隆会員、司会の小田川と、マンが唱えるに至った「戦闘的デモクラシー」や「戦闘的人文主義」の内実をめぐって議論がなされた。

今回のように自由論題報告を複数の会場で実施する場合は、各報告の間に移動と休憩のための時間を設ける等、選択的に参加できるような工夫を強く希望する。

〔自由論題　分科会B〕

司会　松元雅和（関西大学）

本分科会では、網谷壮介会員（東京大学大学院）「カントの共和主義と市民――抗議としての言論の自由について」、宮本雅也会員（早稲田大学大学院）「運の平等主義論争の変遷――ロールズ以降の平等論における焦点の変化」、柏崎正憲会員（東京外国語大学）「全体性への意志――急進民主主義におけるポピュリスト的情動と理性」の三つの報告が行われた。

網谷報告は、I・カントの政治思想における「抗議」の側面に注目し、それとカントの共和主義論との関連を探るものであった。はじめに、カントにおける言論の自由としての抗議と抵抗の違いを明らかにし、かつその内実を、フランス革命前後のドイツという歴史的文脈も交えながら、諸著作の時系列的比較のなかで検討した。最後に抗議の意義が、将来的な共和主義を促進・展望するうえで、一種の行為遂行的な効果を帯びる狡猾さのもとに描かれていたことを指摘した。質疑応答においては、カントの政治思想が現代の人間にとってもつ教訓的意味について、またカントにおける根源的契約の役割などについて、フロアから質問がなされた。

宮本報告は、ロールズ以降の平等主義的正義論における主要論点のひとつとして、運の平等主義と関係論的平等主義のあいだの論争を取り上げた。近年、K・C・タンらの運の平等主義者は批判に対して多元主義を採用することによって応答しようとしている。本報告は、E・アンダーソンに始まる批判の要点（放置の反論・屈辱の反論）を再確認したうえで、その批判に対する多元主義的な運の平等主義の立場がはたして十分な説得力を有するものであるのかを、道徳的行為者性と恣意性に関する二つの観点から批判的に検討した。質疑応答においては、報告においてタンの主張の解釈が強すぎるように思われること、またI・ヤングの分配的平等論批判に関連して、経済格差とセグリゲーションの問題をどう評価するかなどの指摘がなされた。

柏崎報告は、E・ラクラウの政治思想を中心に、ポピュリズムと民主主義の関連について論じるものであった。はじめに両者の緊張関係が今日の欧州政治などの文脈に基づきつつ提起され、次に、前者が後者を是正する可能性について考察するM・カノヴァンの議論とその問題点が指摘された。さらに、それを補うものとしてラクラウの急進民主主義論が紹介され、理性と情動の観点から、その意義が示された。最後に、ラクラウの理論において残された論点として、民主主義の積極的ヴィジョンの検討、リベラリズムの批判的見直しの必要性が提起された。質疑応答においては、現実政治を念頭に置きながら、ポピュリズムの定義やその担い手についての確認などが行われた。

今回、各報告者の問題提起はそれぞれであったが、いずれの報告も、先行研究を精査しつつ自らの主張・解釈とその根拠を説得的に示すものであり、報告後は活発な質疑応答が展開された。当日分科会にご参加下さった皆様には改めて深く御礼申し上げたい。

〔自由論題　分科会C〕

司会　大久保健晴（慶應義塾大学）

本分科会では、柳愛林（東京大学大学院）「金子堅太郎と「国体」――金子堅太郎『政治論略』における「国体」の意味」、Flavia Baldari（東京大学大学院）「ニヒリズムと「日本精神」――K・レーヴィット、西谷啓治、丸山眞男」、小松優香（筑波大学）「石橋湛山の「欲望統整」論と小日本主義思想――一九三〇年代の言論を中心に」、小野寺研太（東京大学・学術研究員）「戦後政治学における大衆社会認識と変革思想の一系譜」の四報告が行われた。その後、参加者との間で活発な討論が交わされた。

柳報告は、金子堅太郎がエドマンド・バークの *Reflections on the Revolution in France* を抄訳した『政治論略』を取り上げ、特に第七節の「国体」の語が 'fundamental political principle of England' の翻訳であることに注目する。その背景には「立憲ノ政体」が、「万世一系」の「国体」を侵犯するものではないと説く金子の主張があった。そこから同書訳述が、「急進」派とともに、立憲政体に反対する「守旧」派への対抗をも意図することが明らかにされた。質疑では、水戸学の国体論との相違や、金子の立憲政体論における自由や権利の所在について、議論がなされた。

Baldari報告は、カール・レーヴィット、西谷啓治、丸山眞男のニヒリズム観を主題に、近代観や時間・個性・政治の観念との連関から、比較分析を行った。特にレーヴィットの「日本精神」批判を受けて、西谷は禅仏教を基礎に、忘れられた伝統の再考を通じて、東洋的な方途でニヒリズムを乗り越えようとした。それに対し丸山は、ファシズムを「能動的ニヒリズム」と捉え、日本における「伝統」化の問題を直視し、「精神的雑居」の克服を企図した。会場からは、近世日本の世俗化と普遍的価値の問題や、丸山が西谷の思想をどう捉えていたのかなど質問があった。

小松報告は、石橋湛山の「欲望統整」論と「小日本主義」思想について、一九三〇年代の言論変遷過程に注視しながら検証した。同報告では欲望統整論に焦点を当て、初期の言論においてそれが小日本主義の哲学的基盤を為していたこと、さらに一九三〇年代においても「多」と「一」といった概念を用いて同内容の考察がなされていたことが指摘された。そこから、対外政策や経済論にとどまらない、思想概念としての小日本主義の本質が明らかにされた。参加者との間では、先行研究との関連や、石橋の思想を「小日本主義」に還元することの是非について討議がなされた。

小野寺報告は、松下圭一と永井陽之助の初期の議論を分析し、「大衆」観を中心に、両者の思考様式を再構成した。松下は、反ファシズムの拠点となるべく編成される左派の政治戦略として「大衆」の出現を捉えた。それに対して永井は、政治意識論に依拠し、「大衆」の出現が統治主体と世論の分断による政治的空洞化を生むとした。報告では、この相違が、松下においてはマルクス主義的な社会認識に、永井の場合はリースマンを経由した科学主義批判に由来することが指摘された。フロアからは、丸山眞男や蠟山政道、京極純一らとの関係性や、両者が六〇年以降に辿った分岐の起源などについて質問が寄せられ、議論がなされた。

執筆者紹介〔掲載順〕

川添美央子

一九七〇年生。慶應義塾大学商学部准教授。博士（法学）。『ホッブズ　人為と自然――自由意志論争から政治思想へ』（創文社、二〇一〇年）、「「国家」と「善い国家」――スピノザはホッブズのアポリアを克服しえたか」（『スピノザーナ』第一三号、二〇一二年）。

古城　毅

一九七五年生。学習院大学教授。博士（法学）。「商業社会・宗教感情・連帯――コンスタンとボナルド」（宇野重規・高山裕二・伊達聖伸編『社会統合と宗教的なもの――十九世紀フランスの経験』白水社、二〇一一年）、「商業社会と代表制、多神教とデモクラシー――バンジャマン・コンスタンの近代世界論とフランス革命論（一）～（五）」（『国家学会雑誌』第一二七巻第三・四号～一一・一二号、二〇一四年）。

大竹弘二

一九七四年生。南山大学外国語学部准教授。博士（学術）。『正戦と内戦――カール・シュミットの国際秩序思想』（以文社、二〇〇九年）、「シュミット――自由主義批判のジレンマ」（杉田敦編『岩波講座　政治哲学4　国家と社会』岩波書店、二〇一四年）。

川口雄一

一九八二年生。東京女子大学特任研究員（丸山眞男記念比較思想研究センター）。博士（政治学）。「南原繁の「世界秩序」構想――戦前・戦中・戦後」（南原繁研究会編『南原繁と平和』ＥＤＩＴＥＸ、二〇一五年）、「和辻哲郎における福澤諭吉論の原像――『福翁自伝』への書込みを通じて」（『福澤手帖』第一五二号、二〇一二年）。

乙部延剛

一九七六年生。茨城大学人文学部准教授。Ph.D. in Political Science.「政治理論にとって現実とはなにか――政治的リアリズムをめぐって」（『年報政治学』二〇一五―Ⅱ）、「真の代表は可能か」（山崎望・山本圭編『ポスト代表制の政治学』ナカニシヤ出版、二〇一五年）。

斎藤拓也

一九八〇年生。北海道大学准教授。博士（学術）。「民主政のパラドクスとカントの共和制概念」（『社会思想史研究』第三九号、二〇一五年）、「カントにおける自然状態の概念――批判期にみられる概念の起源について」（『ヨーロッパ研究』第一三号、二〇一四年）。

上田悠久

一九八九年生。早稲田大学大学院政治学研究科博士後期課程。

金山　準

一九七七年生。北海道大学大学院メディア・コミュニケーション研究院准教授。博士（学術）。「「絶対」から「均衡」へ――前期プルードンにおける私的所有批判の論理」（『社会思想史研究』第三九号、二〇一五年）、「ソレル――主体の変容と想像力」（杉田敦編『岩波講座 政治哲学4 国家と社会』岩波書店、二〇一四年）。

犬飼 渉
一九八九年生。東京大学大学院総合文化研究科博士後期課程・日本学術振興会特別研究員DC1。「権利・不確実性・互恵性とリスク評価」（『立命館言語文化研究』第二六巻第四号、二〇一五年）。

苅部 直
一九六五年生。東京大学法学部教授。『歴史という皮膚』（岩波書店、二〇一一年）、『秩序の夢――政治思想論集』（筑摩書房、二〇一三年）。

山岡龍一
一九六三年生。放送大学教授。Ph.D.（ロンドン大学）。『西洋政治理論の伝統』（放送大学教育振興会、二〇〇九年）、『西洋政治思想史――視座と論点』（共著、岩波書店、二〇一二年）。

井上 彰
一九八五年生。立命館大学大学院先端総合学術研究科准教授。Ph.D.（オーストラリア国立大学）。『実践する政治哲学』（宇野重規・山崎望との共編著、ナカニシヤ出版、二〇一二年）、『政治理論とは何か』（田村哲樹との共編著、風行社、二〇一四年）。

杉田 敦
一九五九年生。法政大学教授。『両義性のポリティーク』（風行社、二〇一五年）、『権力論』（岩波現代文庫、二〇一五年）。

伊藤恭彦
一九六一年生。名古屋市立大学大学院人間文化研究科教授。博士（法学）。『貧困の放置は罪なのか――グローバルな正義とコスモポリタニズム』（人文書院、二〇一〇年）、『さもしい人間――正義をさがす哲学』（新潮新書、二〇一二年）。

施 光恒
一九七一年生。九州大学大学院比較社会文化研究院准教授。博士（法学）。『英語化は愚民化――日本の国力が地に落ちる』（集英社新書、二〇一五年）、『ナショナリズムの政治学――規範理論への誘い』（黒宮一太と共編、ナカニシヤ出版、二〇〇九年）。

大久保健晴
一九七三年生。慶應義塾大学法学部准教授。『近代日本の政治構想とオランダ』（東京大学出版会、二〇一〇年）、「近代日本の黎明とヨーロッパ国際法受容――二つの「万国公法」を手がかりに」（酒井哲哉編『日本の外交 第三巻 外交思想』岩波書店、二〇一三年）。

小原　薫

一九六四年生。國學院大學法学部准教授。苅部直・片岡龍編『日本思想史ハンドブック』（新書館、二〇〇八年）。

趙　星銀

一九八三年生。日本学術振興会外国人特別研究員ＰＤ。博士（法学）。「『高度成長』反対――藤田省三と『一九六〇年』以後の時代」（『思想』第一〇五四号、岩波書店、二〇一二年）、「藤田省三と清水幾太郎」（河野有理編『近代日本思想史――荻生徂徠から網野義彦まで』ナカニシヤ出版、二〇一四年）。

●政治思想学会規約

第一条　本会は政治思想学会（Japanese Conference for the Study of Political Thought）と称する。

第二条　本会は、政治思想に関する研究を促進し、研究者相互の交流を図ることを目的とする。

第三条　本会は、前条の目的を達成するため、次の活動を行なう。

（1）研究者相互の連絡および協力の促進

（2）研究会・講演会などの開催

（3）国内および国外の関連諸学会との交流および協力

（4）その他、理事会において適当と認めた活動

第四条　本会の会員は、政治思想を研究する者で、会員二名の推薦を受け、理事会において入会を認められたものとする。

第五条　会員は理事会の定めた会費を納めなければならない。会費を滞納した者は、理事会において退会したものとみなすことができる。

第六条　本会の運営のため、以下の役員を置く。

（1）理事　若干名　内一名を代表理事とする。

（2）監事　二名

第七条　理事および監事は総会において選任し、代表理事は理事会において互選する。

第八条　代表理事、理事および監事の任期は二年とし、再任を妨げない。

第九条　代表理事は本会を代表する。理事は理事会を組織し、会務を執行する。理事会は理事の中から若干名を互選し、これに日常の会務の執行を委任することができる。

第十条　監事は会計および会務の執行を監査する。

第十一条　理事会は毎年少なくとも一回、総会を召集しなければならない。理事会は、必要と認めたときは、臨時総会を招集することができる。総会の招集に際しては、理事会は遅くとも一カ月前までに書面によって会員に通知しなければならない。総会の議決は出席会員の多数決による。

第十二条　本規約は、総会においてその出席会員の三分の二以上の同意がなければ、変更することができない。

付則　本規約は一九九四年五月二八日より発効する。

【論文公募のお知らせ】

『政治思想研究』編集委員会では、第一七号の刊行（二〇一七年五月予定）にむけて準備を進めています。つきましては、それに掲載する論文を下記の要領で公募いたします。多数のご応募を期待します。

1　投稿資格

査読用原稿の提出の時点で、本会の会員であること。また原則として修士号を取得していること。ただし、『政治思想研究』本号に公募論文もしくは依頼論文（書評および学会要旨などは除く）が掲載された者は、次号には応募することができない。

2　応募論文

応募論文は未刊行のものに限る。ただし、インターネット上で他者のコメントを求めるために発表したものはこの限りではない。

3　エントリー手続

応募希望者は、二〇一六年七月十五日までに、編集委員会宛（yamaoka@ouj.ac.jp）に、①応募論文のタイトル（仮題でも可）、②執筆者氏名、③メールアドレス、④現職（または在学先）を知らせること。ただし、やむを得ない事情があってこの手続きを踏んでいない場合でも、下記の締切までに応募した論文は受け付ける。

4　審査用原稿の提出

原則として、電子ファイルを電子メールに添付して提出すること

締切　二〇一六年八月三十一日

メールの「件名」に、「公募論文」と記すこと。

次の二つのアドレスの両方に、同一のファイルを送付すること　yamaoka@ouj.ac.jp　nenpoeditor@yahoo.co.jp

5　提出するもの：ファイルの形式は、原則として「Word」にすること

（1）論文（審査用原稿）

審査における公平を期するために、著者を特定できないように配慮すること。（「拙稿」などの表現や、特定大学の研究会や研究費への言及を避けること。また、電子ファイルのファイル情報（プロパティ欄など）の中に、作成者名などが残らないように注意すること）

ファイル名には、論文の題名をつけること。題名が十五文字を超える場合には、簡略化すること。（ファイル名には著者の名前を入れないこと。）

例：「社会契約説の理論史的ならびに現代的意義」→「社会契約説の意義.doc」

（2）論文の内容についてのA4用紙一枚程度のレジュメ

（3）以下の事項を記載した「応募用紙」

（「応募用紙」は本学会ホームページからダウンロードできるが、任意のA4用紙に以下の八項目を記入したものでもよい。）

①応募論文のタイトル、②執筆者氏名、③連絡先の住所とメールアドレス、④生年、⑤学部卒業年（西暦）月、⑥修士以上の学位、⑦現職（または在学先）、⑧主要業績（五点以内。書誌情報も明記のこと）。

6　審査用原稿の様式

（1）原稿の字数は、本文と注を含めて三万二四〇〇字以内とする。この字数を超えた論文は受理しない。この字数の中には、改行や章・節の変更にともなう余白も含まれるが、論文タイトルとサブタイトルは含まれない。なお、欧文は半角入力にして、欧文二字を和文一字分として数える

（2）論文タイトルとサブタイトルのみを記載した「表紙」を付けること。

（3）A4用紙へのプリントアウトを想定して作成すること。

（4）本文及び注は、一行四〇字、一ページ三〇行で、なるべく行間を広くとる。注は文末にまとめる。横組みでも縦組みでもよい。詳しくは「執筆要領」に従うこと。（なお、この様式の場合、三万二四〇〇字は二七枚になる。）

（5）図や表を使用する場合には、それが占めるスペースを字数換算して、制限字数を計算すること（原稿に明記すること）。使用料が必要なものは使用できない。また印刷方法や著作権の関係で掲載ができない場合もある。

7　審査

編集委員会において外部のレフェリーの評価も併せて審査した上で掲載の可否を決定する。応募者には十月下旬頃に結果を通知する。また編集委員会が原稿の手直しを求めることもある。

8　最終原稿

十二月初旬に提出する。編集委員会から修正要求がある場合には、それに対応することが求められるが、それ以外の点については、大幅な改稿は認めない。

9　転載

他の刊行物に転載する場合は、予め編集委員会に転載許可を求め、初出が本誌である旨を明記すること。

10　ホームページ上での公開

本誌に掲載された論文は、原則としてホームページ上でも公開される。

以上

【政治思想学会研究奨励賞】

本賞は『政治思想研究』に掲載を認められた応募論文に対して授与されるものである。

・ただし、応募時点で政治思想に関する研究歴が一五年程度までの政治思想学会会員に限る。
・受賞は一回限りとする。
・受賞者には賞状と賞金（金三万円）を授与する。
・政治思想学会懇親会で受賞者の紹介をおこない、その場に本人が出席している場合は、挨拶をしてもらう。

【執筆要領】

1　入稿はWord形式のファイルで行うこと。ただし特殊なソフトを使用しているためPDF形式でなければ不都合が生じる場合は、PDF形式も認める。

2　見出しは、大見出し（漢数字一、二……）、中見出し（アラビア数字1、2……）、小見出し（⑴、⑵……）を用い、必要な場合にはさらに小さな見出し（i、ii……）をつけることができるが、章、節、項などは使わないこと。

3　注は、文末に（1）、（2）……と付す。

4　引用・参考文献の示し方は以下の通りである。

①洋書単行本の場合

K. Marx, *Grundrisse der Kritik der politischen Ökonomie*, Diez Verlag, 1953, S. 75-6（高木監訳『経済学批判要綱』（一）、大月書店、一九五八年、七九頁）.

②洋雑誌掲載論文の場合

E. Tokei, Lukács and Hungarian Culture, in *The New Hungarian Quarterly*, Vol. 13, No. 47 (1972) p. 108.

③和書単行本の場合

丸山眞男『現代政治の思想と行動』第二版、未來社、一九六四年、一四〇頁。

④和雑誌掲載論文の場合

坂本慶一「プルードンの地域主義思想」、『現代思想』第五巻第八号、一九七七年、九八頁以下。

5　引用・参考文献として欧文文献を示す場合を除いて、原則として数字は漢数字を使う。

6　「、」や「。」、また「　」（　）等の括弧類は全角のものを使う。

7　校正は印刷上の誤り、不備の訂正のみにとどめ、校正段階での新たな加筆・訂正は認めない。

8　『政治思想研究』は縦組みであるが、本要領を遵守していれば横組み入力でも差し支えない。

9　「書評」および「学会研究会報告」は、一ページの字数が二九字×二四行×二段（すなわち二九字×四八行）という定型を採用するので、二九字×○行という体裁で入力する。

10　その他、形式面については第六号以降の方式を踏襲する。

二〇一四—二〇一五年度理事および監事（二〇一四年五月二五日、総会において承認）

［代表理事］
押村高（青山学院大学）

［理事］
飯田文雄（神戸大学）　石川晃司（日本大学）
宇野重規（東京大学）　梅森直之（早稲田大学）
大久保健晴（慶應義塾大学）　大澤麦（首都大学東京）
岡野八代（同志社大学）　小田川大典（岡山大学）
鏑木政彦（九州大学）　苅部直（東京大学）
川出良枝（東京大学）　菅野聡美（琉球大学）
北川忠明（山形大学）　木部尚志（国際基督教大学）
木村俊道（九州大学）　権左武志（北海道大学）
齋藤純一（早稲田大学）　向山恭一（新潟大学）
杉田敦（法政大学）　田村哲樹（名古屋大学）
辻康夫（北海道大学）　堤林剣（慶應義塾大学）
中田喜万（学習院大学）　野口雅弘（立命館大学）
萩原能久（慶應義塾大学）　松田宏一郎（立教大学）
安武真隆（関西大学）　山岡龍一（放送大学）
山田央子（青山学院大学）

［監事］
森川輝一（京都大学）　重田園江（明治大学）

【おわびと訂正】

『政治思想研究』一五号（前号）において、研究奨励賞受賞論文の記載を誤記し、実際には受賞していない論文三本を受賞作と表記してしまいました。関係各位に深くおわび申しあげるとともに、二〇一五年度総会にて公表した正確な受賞論文の一覧を、以下に再録します。

・千野貴裕「アントニオ・グラムシのカトリック教会論——クローチェの教会批判の検討を中心に」
・長野晃「カール・シュミットの均衡理論」
・松尾隆佑「ステークホールディング論の史的展開と批判的再構成」
・宮本雅也「分配的正義における功績概念の位置づけ——ロールズにおける功績の限定戦略の擁護」

政治思想における意志と理性（政治思想研究　第16号）

2016年5月1日　第1刷発行

編　　者　政治思想学会（代表理事　押村　高）
学会事務局　〒603-8577　京都府京都市北区等持院北町56-1
立命館大学法学部　野口雅弘研究室内
Fax. 075－465－8294
学会ホームページ：http://www.jcspt.jp/
発 行 者　犬 塚　　満
発 行 所　株式会社 風　行　社
〒101－0052　東京都千代田区神田小川町3－26－20
Tel.・Fax. 03-6672-4001／振替 00190-1-537252
印刷／製本　モリモト印刷

ISBN978-4-86258-103-7　C3031　　Printed in Japan